追寻历史轨迹　触摸文明脉搏

中华文明史

朱亚娥　主编

中华工商联合出版社

图书在版编目（CIP）数据

中华文明史 / 朱亚娥主编 . -- 北京：中华工商联合出版社，2017.1（2021.6 重印）

ISBN 978-7-5158-1911-2

Ⅰ . ①中… Ⅱ . ①朱… Ⅲ . ①文化史－中国 Ⅳ . ① K203

中国版本图书馆 CIP 数据核字（2017）第 010483 号

中华文明史

主　　编：朱亚娥
责任编辑：李　瑛　袁一鸣
装帧设计：北京东方视点数据技术有限公司
责任审读：郭敬梅
责任印制：迈致红
出版发行：中华工商联合出版社有限责任公司
印　　刷：唐山富达印务有限公司
版　　次：2017 年 7 月第 1 版
印　　次：2021 年 6 月第 2 次印刷
开　　本：710mm × 1020mm　1/16
字　　数：260 千字
印　　张：16
书　　号：ISBN 978-7-5158-1911-2
定　　价：78.00 元

服务热线：010-58301130
销售热线：010-58302813
地址邮编：北京市西城区西环广场 A 座
19-20 层，100044
http: //www.chgslcbs.cn
E-mail: cicap1202@sina.com（营销中心）
E-mail: gslzbs@sina.com（总编室）

工商联版图书
版权所有　侵权必究

凡本社图书出现印装质量问题，请与印务部联系。
联系电话：010-58302915

前　言

从绵亘万里的雄伟长城到金碧辉煌的巍峨故宫，从古朴雄美的商周青铜器到色彩缤纷的明清陶瓷，从群星闪烁的诸子百家到影响深远的宋明理学，从《国风》《离骚》的天才吟唱到博大深邃的《红楼梦》，从钻木取火到四大发明……拥有五千年历史的中华文明可谓博大精深，流光溢彩，每个中华儿女无不为拥有这份丰厚而珍贵的遗产感到无比的自豪。

中华文明是一代又一代中华先民智慧的沉淀，其于我们的重要性犹如大海之于游鱼。文明是我们灵魂的生发与归依，是我们内在生命的本源和精神的活动场所，它滋养着我们的心灵，启迪着我们的良知，激发着我们的创造力，承载着我们精神活动的一切成果。同时，文明又是我们生命真实个体的存在方式，它包涵着我们外在的生存环境，记录着我们改造客观世界的一切结果，又是我们衣食住行等生存形式的具体体现。

中华文明是现实中国的物质与精神母体，并孕育着我们民族的未来。鲁迅先生说过："只有民族的，才是世界的。"在我国扩大开放并日益融入全球的今天，只有保持我们民族鲜明文化性格才能真正受到世界的尊重；只有根植于如此深厚的土壤里，我们的民族才能根深叶茂。中华文明曾哺育一代又一代的伟人巨匠、英雄豪杰，新一代中国人更需要从中华文明中吸取营养，提高人文素质，借鉴前人的智慧，结合现代观念创造前无古人的辉煌业绩。传承文明即是在延续我们民族的灵魂。因此，我们组织编写了这本《中华文明史》。

本书选择了先秦至晚清时期的思想文化、文学、汉字、建筑、科技、绘画、雕塑等多个方面，系统完整地展示中华文明的广阔外延，同时全方位多视角深入开掘中华文明丰富内涵，把中华文明的博大精深全面立体展示出来。

我们编辑此书的思路是以文为枝干，以图片为绿叶繁花，让文因图而丰满，图因文而贯通。图文并茂，构造出一部血肉丰满、鲜活生动的中华文明史。因此行文力求精炼简白，系统、生动地勾勒出中华文明史每个侧面的发展历程。配图则力求丰富多彩，用历史文物、绘画、复原图等相结合的手法，把绚丽斑斓的中华文明用多元的视像元素鲜活再现，以全新的视角全面展示各个文明要素。

目 录

第一章 思想文化的发展

第二章 汉字、文学

第三章　美术（造型艺术）

第四章 科技

第五章 生活习俗与民俗文化

第一章

思想文化的发展

思　想

一、圣哲时代

春秋时代，礼崩乐坏，许多圣贤为这垂危的时代寻找着早已为世人遗忘的“大道”与“绝学”，一时思潮就从这里泛起。

老聃开显玄妙之道

老聃，姓李，名耳，字聃，楚国苦县（今河南鹿邑）人。中国春秋末期的思想家，是道家学派的创始人。李聃，世人称他为“老子”。相传，他曾为周朝藏书室史官，见闻广博，熟悉各种典章制度，比他年轻的孔子曾向他请教过周礼。老聃“修道德，其学以自隐无名为务”。晚年看到周王朝日益衰微破败，于是辞官，西出函谷关过着隐居的生活。

老子像

他受楚国的巫风仙学的影响，一生修行道德之学，到周室为官，受北方书经文化的影响，晚年才有“著书言道德之意”。《道德经》是他留给后人最珍贵的著作。《道德经》原为《老子》，全书分上下篇，共81章，约五千言。春秋末年，人们为天道观问题，各抒己见。老子第一次提出了“道”的哲学学说。他把“道”作为最根本的哲学范畴，用以说明世界万物产生的根源及其运动变化的规律，“道生一、一生二、二生三、三生万物”。他还说，“道”是人类自身和社会必须遵循的规则，“人法地、地法天、天法自然”。老子不仅把“道”视为世界万物的本源，而且视为万物的归宿，万物从“道”而生，最后又复归于“道”，“万物各归其根，归根复命”，重返纯朴的自然状态。

在认识论上，老子认为这“道”是可以体验认知的，他认为体认“道”，只需“虚静”、“玄鉴”即可达到闻道的目的。

老子首创以“道”为最高范畴的哲学思想，反对上帝有知、天道有为，针锋相对地提出天道自然无为的思想，这种对天上神权的大胆质疑，是人类思维的一次重大发展。

从朴素的哲学思想出发，老子主张“无为而治”。他敏锐地洞察了现实社会中的种种不合理现象，认为只有摒弃礼乐、赋税、政刑等人为措施，实施无为之政，老百姓才能真正地安居乐业。而他自己并不能确切地提出“无为而治”的具体方案来，只能在幻想中描绘一幅理想社会的蓝图：

小国寡民。使有什伯之器而不用；使民重死而不远徙。虽有舟舆，无所乘之；虽有甲兵，无所陈之。使民复结绳而用之。甘其食，美其服，安其居，乐其俗。邻国相望，鸡犬之声相闻，民至老死，不相往来。

《道德经》五千言，包容着极大的智慧，在中国哲学史乃至文化史上占有十分重要的地位。这部著作不仅影响先秦诸子各家各派，而且对整个哲学史中的重大哲学派别都有极大的影响。当然由于受时代和阶级的限制，老子的自然辩证观是直观的、原始的、朴素的。然而作为与黑暗现实的对照，它却是一种永恒的精神家园，书中光辉的思想火花是值得我们珍视的一份历史遗产。

老子的哲学思想，在后世向两个方向发展。一是庄子将老子的世界观发展壮大，后与儒学和佛学三足鼎立；另一个是将“道”解释为规律，为礼、法思想的依据，形成了法家学派。

老庄哲学后来成为中国传统文化的主干之一，在整个中国思想史上产生了极其重要的影响。

孔丘倡导“圣王”之治

孔丘，字仲尼。中国春秋末年的政治家、思想家，是儒家学派的创始人。

相传，孔丘的祖先是殷人的后代，宋国流亡贵族，后来才在鲁国陬邑（今山东曲阜）定居。他 3 岁丧父，自幼贫且贱，早年做过小官，少年时就懂“礼”，曾做过丧事赞礼的“儒”这一职业，中年开始招收弟子讲学，50 岁时在鲁国从政，政绩显著。后来开始周游列国，以求施展政治抱负，可惜一路艰辛，未能如愿：拘于匡，畏于宋，饿于陈、蔡。70 岁时返回鲁国，从事文化典籍的整理工作。曾编辑《尚书》，整理《诗经》，考订《礼》、《乐》，删修《春秋》，研究《周易》。73 岁时病逝。

孔子生前的言论由门徒记录整理，后编成《论语》一书。

孔子的思想以仁学为主，他所讲的“仁”，可以说是一种政治思想、一种道德标准，或是培养人的最终宗旨。孔子首次把“仁”作为一种哲学范畴提出来。在他看来，“仁”就是仁爱之心，“仁”的要求是“己欲立而立人，己欲达而达人”，“己所不欲，勿施于人”。孔子将“仁”看作道德的最高准则，把求仁看作是人生的根本原则，在求仁行义问题上，他认为求仁或违仁是君子与小人的分水岭，有志之士应当为实现崇高的道德理想而奋斗。孔子把以“仁”为核心的伦理道德思想贯彻到政治领域，提出“仁政”的学说。他希望统治者“节用以爱人，使民以时”，反对对人民过分剥削压榨，而提出富民惠民的主张。他又希望统治者“为政以德”，反对一味使用严刑峻法，而要先用严格的道德标准要求自己，以身作则，通过道德感化搞好政治。综观《论语》，孔子以德治天下的决心和构想昭然可见。以“仁”为核心，他还提出了孝、悌、忠、恕、宽、信、惠、敏、恭、直、温、良、俭、让等道德规范。

但他认为这些都是局部性的东西，能做到某项或几项，值得肯定，但还不能算是达到“仁”。孔子把求仁看作是人生的根本原则。一个人能否成为品质高尚的君子，关键还在于他能否自觉地按照“仁”的要求去进行实践活动。孔子反对“过”和“不及”，以中庸为至德，对人处事常采取“无可无不可”的态度，但在求仁行义问题上，他认为求仁或违仁是君子与小人的分水岭，有志之士应当为实现崇高的道德理想而奋斗。

孔子的另一重要思想是礼和正名。他看到当时“礼崩乐坏”，想恢复周礼。他的礼，既是政治制度，又是道德规范，还包括礼仪、礼节。在当时名不副实的情况下，孔子还提出正名，以正名来引导当时的风气，他认为“名不正则言不顺，言不顺则事不成，事不成则礼乐不兴，礼乐不兴则刑罚不中，刑罚不中则民无措手足”。在他看来，只有名实相副，社会才会兴礼乐，才能长治久安。孔子主张德政，首先教化、引导人民知“礼”。德政的主要内容是保民、惠民、恤民、养民、富民。他主张统治者注意自身修养，“修己安人”，以身作则。

在天道观上，孔子不否认天命鬼神的存在，但又对其持怀疑态度，主张“敬鬼神而远之”。相对天命而言，孔子更加注重人事，强调人的主观努力，把探讨和解决人世间的实际问题放在优先地位。

孔子重义轻利，但并非一概否定功利。他重视公利，主张见利思义，旨在谴责见利忘义、为谋私利而不择手段的行为，要人们追求合乎正道的利益。孔子的义利观，有义利相分的倾向，也有义利并重的倾向。

孔子的一生大部分时间是从事文化教育事业。他开创私学，广收门徒，号称弟子三千，身通六艺者有 72 人。在世时，人们就尊其为“孔圣人”。孔子编订的《五经》奠定了儒家基础，儒家在汉代以后成为文化主流。

墨子“兼爱”天下

墨子，中国春秋战国时期的思想家和政治家，墨家学派的创始人。墨

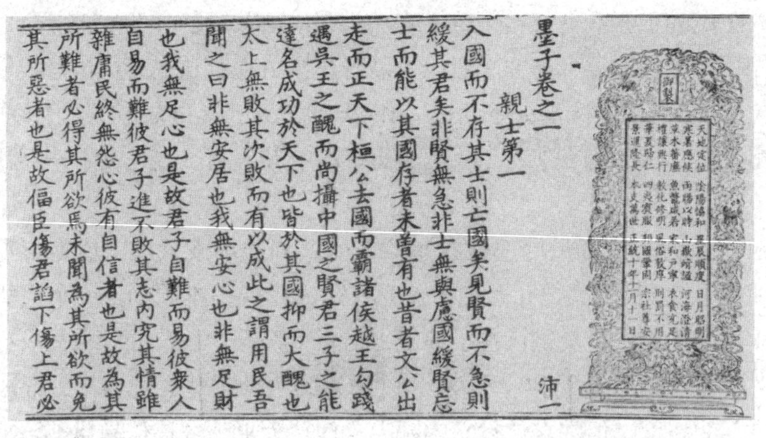

墨子卷之一　沛一

親士第一

入國而不存其士則亡國矣見賢而不急則緩其君矣非賢無急非士無與慮國緩賢忘士而能以其國存者未曾有也昔者文公出走而正天下桓公去國而霸諸侯越王勾踐遇吳王之醜而尚攝中國之賢君三子之能達名成功於天下也皆於其國抑而大醜也太上無敗其次敗而有以成此之謂用民吾聞之曰非無安居也我無安心也非無足財也我無足心也是故君子自難而易彼衆人自易而難彼君子進不敗其志內究其情雖雜庸民終無怨心彼有自信者也是故為其所難者必得其所欲焉未聞為其所欲而免其所惡者也是故偪臣傷君諂下傷上君必

《墨子》书影

《墨子》一书总计 53 篇，大多为墨翟弟子及其后世门人对墨翟言行的记述。

子，名翟，鲁国人，有说是孔子的同乡。他自称“上无君上之能事，下无耕农之难”，是当时的“士”，曾为宋国大夫。他求学于孔子，后不同意孔子的学说而另创学派。他载书出游，到过齐、鲁、宋、楚、卫、魏等国，身体力行，宣传自己的主张。墨子有众多的追随者，形成了一个带有宗教色彩的团体，其成员均称为“墨者”。他们平时囚首垢面，亲自劳作，以苦为乐，需要时人人为理想赴汤蹈火，在所不辞，有严格的教条和勇武的精神。他们分别被派到各国宣传墨子的政治主张和思想路线，在很长的一段时间内产生了广泛影响。儒、墨两家在当时并称“显学”。

墨子一生主要从事讲学和政治活动。墨家学派既是学术团体也是政治组织。墨子倡导尚贤、尚同、兼爱、非攻、节用、节葬等主张，基本反映了广大劳动阶层的呼声，因此，墨子被誉为劳动人民的哲学家。

墨子死后，其门人推选一人为首领，称为“钜子”，继续领导墨家学派的活动。墨家学派后来分裂为三派，开战国一代学术争鸣之风。《墨子》一书，一共53篇，大部分内容是墨翟的弟子或再传弟子记述墨翟言行的集录。墨子主张“兼爱”、“交相利”，并提出“节用”、“节葬”、“非乐”、“非攻”。他不同于孔子的“仁学王政”的立场，幻想建立一个没有强暴弱、富侮贫、贵傲贱、智诈愚的大一统的公平合理的社会。他在政治思想上主张“尚贤使能”，反对贵族世袭，反对儒的“亲亲”、“尊尊”。

在政治上，墨子主张“兼爱”、“非攻”、“尚同”、“尚贤”、“节葬”。“兼爱”是墨子整个学说的基础，也是政治思想的核心。墨子生在一个“大国攻小国”、“强劫弱”、“贵傲贱”的天下大乱的时代，他苦苦寻求着医治社会灾难的药方。墨子认为，当时国与国之间的战争，人与人之间的争夺，成为天下的大害，其根源在于缺乏“兼爱”精神。变乱为治唯一的办法是“使天下兼相爱”。墨子反对儒家的“爱有差等”的观点，提出“爱无差等”的主张。他提倡人人相爱，普遍相爱，爱人若爱己，不分远近亲疏。但是，在等级存在的前提下，这只能是一种善良的愿望和企图超脱残酷现实的幻想。墨子的兼相爱是以交相利为条件的，兼爱就是仁，仁必须和利结合，爱人就必须利人，仁不离利。因而，他重视生产，提倡节用。

墨子又把“兼爱”原则推广到用人治国方面，主张“尚贤”、“尚同”，实行贤人政治，由“贤良之士”来治理国家。“众贤”、“进贤”、“使能”是实行贤人政治的三个基本环节。“众贤”就是使社会的贤良之士增多，办法是给贤良之士以丰厚的物质待遇，高贵的社会地位，敬重他们的才能，表彰他们的成绩。“进贤”就是要破除宗法观念和个人好恶，任用贤能之士。“使能”就是依据能力慎重使用贤良之士，一旦任用就要使他得到民众的尊重和信任，给他以相应的权力，使民众畏惧和服从他。

墨子的“尚同”观是“尚贤”的发展，进一步讨论了国家起源和如何治理国家的问题。他认为最初是没有国家组织的，没有统治者也没有刑罚政令，人们是非不一，造成天下大乱。为了制止天下混乱，人们选“贤可者”立为天子。但是天子一人的力量有限，于是又选“贤可者”任为朝廷和地方的各级官职。可见，国家的产生是源于社会需要。墨子的这种观点迥异于以前天命神学的国家起源理论。就国家作用来说，君主官吏既然产生，任务就是“一同天下之义”。所谓“一同”就是同于天子，一切以天子的是非为是非。天子的好恶不仅是衡量是非的准绳，而且是人们必须效法的榜样。天子必须以公利为义，只有这样才能服从于上而不附和于下。因而，君主及官吏的基本任务是用兼爱交利去整齐天下人的言行。对于墨子“同”的内容，后来的统治者并不感兴趣，倒是对“同”的形式大为欣赏，极力倡导，借以推行极端的君主专制。

墨子主张“非攻”，把“兼爱”的原则推广到处理国与国之间的关系上。墨子强烈反对战争，认为凡战争都是不义。理由有三：一是战争都亏人自利，义不义的标准就在于是否亏人自利。他举例说，偷人桃李是亏人自利，属于不义行为；窃人猪狗应属于更大的不义；发动战争，攻城略地，夺人国家当然是最大的不义之举。二是战争杀人。杀人是不义的行为，要判死罪，战争中杀人数以千万计，如果杀 10 人为十重不义，杀 100 人为百重不义，那么战争至为不义。因而，墨子强烈地谴责把战争分为正义和非正义战争的人，认为他们根本不懂义与不义的标准。三是战争破坏生产，影响人民生活，物质消耗远远多于所得。墨子非攻的主张反映了人民的苦难和愿望，有其合理的因素，但是，一概把战争视为不仁不义，否定正义战争存在的观点却是错误的。墨子制止战争的主观愿望固然是好的，但是他没有看到，有时候，战争也是一种解决社会问题的有效途径。

墨子主张“节用”、“节葬”，把“兼爱”的原则推广到人民生活上。他提出不劳费民力、不过分加重劳动者的负担，有其进步意义。但是，他从狭隘的功利主义出发，完全否认音乐在人们精神生活中的作用，认为音乐不能当饭吃、当衣穿，这比起儒家思想又大为退步了。

在宇宙观上，墨子主张“尊天、敬鬼神”，这是他思想背景的局限所导致的。但与一般的“敬鬼神”思想不同的是，墨家学派注重科技，讲求思辨。《墨子》书中最早记载了光学现象和几何观念。

二、百家争鸣

春秋末期和战国初期，是中国思想史、哲学史上空前繁荣的时期。这期间出现了百家争鸣的繁荣局面。先后出现了儒家、墨家、道家、名家等。

先秦的百家争鸣一方面促进了哲学思辨的多方位展开，但也由此产生了各种哲学偏见。荀子辨析诸子之弊，取百家之长，对先秦哲学做出了历史的总结，成为先秦哲学发展的集大成者。荀子哲学的出现，标志着百家争鸣已到尾声。

生命的超越

①庄周梦蝶

庄周，宋国蒙（今河南商丘）人，中国战国时期的哲学家，道家思想的代表人物。

庄周的生平已不可详考。相传庄周家贫，靠打草鞋来维持生活，曾麻鞋布衣见魏王。

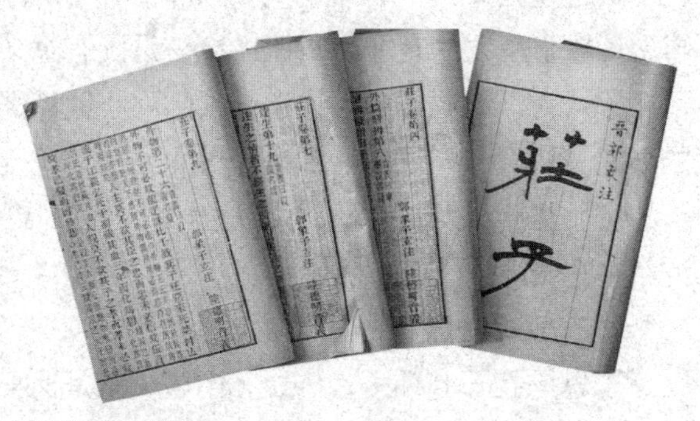

《庄子》书影

楚王敬慕庄周之才，以千金聘其做宰相，他却说自己宁愿像小鱼一样在水中自得其乐也不受国君的束缚。自此以后，他终生不仕，过着隐居的生活。

庄周的思想，较完整地保存在《庄子》一书中。《庄子》原本52篇，现存33篇，是晋人郭象所编。

《庄子》以“寓言”、“重言”、“卮言”为主要表现形式，书中绝大部分是寓言。所谓“寓言”指言在此而意在彼；所谓“重言”是借重古先哲或当时名人的话，或另造一些古代的“乌有先生”来谈道说法，让他们互相辩论，或褒或贬，没有一定的定论；所谓“卮言”就是漏斗式的话，漏斗空而无底，隐喻无成见之言。

庄子继承了老子的“道”的思想，在《庄子》中他用形象直感的语言，讲述道的存在:“自本自根，未有天地，自古以存。”

在认识论上，他认为一切事物都是相对的，“彼亦一是非，此亦一是非”。他用梦举例，从梦的立场看醒，醒是梦。有一天他做了一个梦，梦中自己是蝴蝶。他说，庄周是蝶呢，还是蝶是庄周呢？达到物我双忘的境界——“天地与我并生，万物与我为一”的逍遥境界。

《齐物论》表述了庄子的“天地与我并生，万物与我为一”的思想，强调自然与人是有机的生命统一体，肯定物我之间的同体融合。认为一切事物都是相对的，如果要达到解脱逍遥，就必须齐物，所谓“齐物”就是齐同物。首先，从绝对“道体”的高度来看，认识对象的性质是相对的，处于不断转化之中，其性质因而就无法真正认识。其次，人的主观认识能力和知识的可靠性也是相对的，没有客观标准，所以知与不知是不能证明和区分的。再次，探求事物的是非、真假，应该是没有意义的，因为没有客观标准。所以庄子认为，不论客观万物还是人的内心世界都受“道”的主宰，因而事物的彼此、认识上的是非等都是相对的。

庄子告诉人类的“天地有大美而不言”，更体现了这位“知道者”深邃的精神之美。

②子思的境界

子思是孔子的孙子，传说《中庸》就是他写的。

在孔门弟子中，多把仁、孝看得很重，过分的孝把个人埋没在家庭伦理之中，导致两个极端：一种是极端的个人为主，如与墨子同时的杨朱，不肯“损一毫利天下”，反对利他主义对社会成员自主自然能力的破坏；一种是极端的为人，如墨家以“视人之身若其身，视人之家若其家，视人之国若其国”。鉴此，子思要求对个人角色重新反思，以达到“知道”的目的。

《中庸》是继《大学》后又一阐明人求知的重要和求知的方法的著作。

在求知中,《中庸》最重一个“诚”字,“诚者,天之道也。诚之者,人之道”。对夏商周建立起的礼制礼法,不是被动地接受,而是“诚之”,即充分发现个人的本性。《中庸》通过诚而能尽人之天性;能尽其天性则能尽万物之性;能尽万物之性,则可以赞天地的化育,则可以与“天地参”。

《中庸》的至高目的,就是要充分认知人的天性,使自己配天,可与“天地参”。

儒法之争

①孟轲之道

孟轲,战国时邹(今山东邹县)人。他以孔学继承者自居,历史上将孔、孟并称,即所谓“孔孟”之道。在政治思想方面,孟轲发展了孔丘的“仁”学和“德政”学说,形成了完整的仁政思想。他把治国之道分为“王道”和“霸道”,认为统一天下只能用仁政。

孟轲提出“民贵君轻”的思想,说:“民为贵,社稷次之,君为轻。”“得其民心者得天下”是他的至理名言。他认为得民心的主要措施是“教民”、“养民”。教民以道德礼教,养民则是使人民生活有保障。他极力反对“虐民”、“暴民”,他认为残害百姓,必失天下。但是他的“仁政重民”是以另一种思想为根源的,他的“劳心者治人,劳力者治于人,治人者食于人,治于人者食人”的论调,是为了维护一种封建君权秩序,防止“贼民兴”,即防止人民起义。

②韩非的法家思想

韩非是法家学派的集大成者,他的学说构成了法家思想的核心。他与李斯同师于荀子。曾数次上书韩王,希望改变治国不务法制的状况,但始终没有得到重视,于是退而著书十万言,包括《孤愤》、《五蠹》、《说难》等。

韩非认为,道是万物的本原,先天地而存在,是万物的普遍规律。韩非第一次提出了“理”这个哲学概念。“理”就是事物的特殊规律,把各种不同事物区别开来,是根据道来的。既然事物都有自己的发展规律,因此办事必须尊重客观规律。他又强调要发挥人的主观能动性,一切听从自然是不行的,必须利用或创造工具去改造自然,使之为人服务。

韩非坚持无神论,反对有神论,认为一切迷信鬼神的活动都是亡国的征兆。

在战国前期法家中，商鞅重“法”，申不害重“术”，慎到重“势”。在韩非看来，商鞅治秦只讲“法”，不讲“术”；申不害只讲“术”，不擅“法”，慎到片面强调“势”。这都是不全面的，只有把“法”、“术”、“势”三者有机地结合起来，才是切实可行的。韩非取三家之长，构成了自己的政治思想体系。

“法”就是公开的成文法典，是国君进行统治的基本手段，是最重要的工具。他主张治理国家必须实行法治，反对人治。在实行法治时，应使法律统一。如果朝令夕改，民众将无所适从，也就无法治理国家。人人都有趋利避害的心理，要利用人们这种心理，通过严刑苛法、轻罪重罚，使人们奉公守法。重罚的目的不只是惩罚违法者本人，是杀一儆百，使其他人不能以身试法，从而建立起统治者所需要的社会秩序。在法律面前，全体臣民是平等的，法律高于一切，任何个人都不得枉法。

“术”就是统治之术。君主最危险的敌人是身边的显贵大臣。这些人无时无刻不在觊觎君主手中的权力，一旦时机到了，人人都有发动叛乱、弑君的可能。因此，君主对于臣下绝对不能信任，只有通过术来控制和愚弄臣下。韩非认为，君主应把自己打扮得高深莫测，让任何人都摸不到自己的底细。如果君主表现出自己的喜好，那么臣子就会投其所好；如果君主的底细不被臣子所了解，他们就无机可乘，只能老老实实为君主效力。君主遇事应装聋作哑，在暗中窥视臣子的行为，伺机抓住臣子的过失。总之，君主的本事在于用人之术。不会用人，自己穷忙，一定一事无成。

韩非认为，仅仅有了法和术还不行，必须有“势”做保证。“势”就是君主的权势，也就是政权。君主之所以能够制服天下，不是由于君主的品行、才能高于臣子，而是因为君主手中掌握着势。所以君主必须牢牢掌握大权，不能与臣子共同享有权力。否则，君主一旦失势，将为臣子所挟制。君主利用刑和德，一方面用杀戮约束臣子，一方面用庆赏诱导臣子，使人们战战兢兢，以畏威而归利。他把政权的掌握看作首要条件，只要有了巩固的政权，即使是才能平常的君主也能通过“法术势”而平治国家。

韩非“法”、“术”、“势”相结合的理论，达到了先秦法家理论的最高峰，为秦统一六国提供了理论武器，同时，也为以后的封建专制制度提供了理论根据。

先秦思想的总结者——荀子

荀子，名况，字卿，赵国（今山西南部）人。据《史记》记载，荀子在五十岁时到齐国游学，曾在齐国都城稷下学宫讲学，任学宫之长。后又入楚，还曾西游入秦，议兵于赵。晚年罢官居兰陵，从事著述。后经人整理成《荀子》一书，共10卷，32篇。

荀子以儒家自居，推崇孔丘，但对孔子的学说思想是批判地吸收。他否定了天命思想，认为："天行有常，不为尧存，不为桀亡。"所谓天就是一切自然界，天的运动不掺杂人的意志，而有其自身运动的规律。人要遵循自然界的规律才能得到好的结果，否则会受到规律的惩罚。荀子还充分肯定了人类认识、改造自然的主观能动作用。肯定了人具有认识事物的能力和事物是可以被认识的，强调了认识要有正确的方法和途径。他特别强调后天学习的重要性，并用"青出于蓝而胜于蓝"的形象比喻，说明学习没有止境和后来居上的道理，劝导人们要进行广博的学习，要发扬"锲而不舍"、"用心一也"的精神，反对死记硬背、不求甚解和杂而不专，成为激励后人学习的名篇佳句。其政治思想主要是"隆礼"和"重法"。他认为"礼义者治之始也"，"法者，治之端"。"隆礼尊贤而王，重法爱民而霸"，主张礼法兼治，王霸并用。

荀子指出一个人的能力不能兼通数种技艺，兼管各种事务。一个人的生活所需，要靠众多人的生产品供给。群居生活一定要明其职分和等级。明确各人的职分是人能"群"的前提，而礼义是维持"分"的手段。荀子主张"以礼正国"。他所倡导的"礼治"，是通过社会分工，确立贫富贵贱的等级秩序。

荀子把儒家的礼乐相辅相成之道发挥到极致，主张美善相乐，指出通过礼乐教化可以提高百姓的文化素质，纯洁人心，成就每一个和乐庄敬的生命，达到理想的胜境。

他认为，统治者治理国家和统治人民，一定要有一套严密的政治法令和赏罚措施。对人民，在没有给他利益之前就从他身上谋取利益，不如先给人民利益然后再从人民中索取利益更有利；不爱护他就重用他，不如先爱护他然后再重用他更为有效。荀子认为，只有赏罚严明，才能治理好国家。

在经济思想方面，荀况主张一方面用赏罚严明的制度来鼓励人民发展生产，增加财富。另一方面他又提出了“强本抑末”、“节用裕民”、“开源节流”的经济措施，加强发展农业生产，抑制商品流通，不断开拓新的财源，限制统治阶级的费用，以此达到国富民强的目的。荀况这种经济思想，集中代表了中小地主阶级的利益，同时也符合人民的愿望。

荀子在中国哲学史上首次对精神和形体关系做出了客观的回答。他认为人的精神现象乃是人的自然生理功能，即所谓“形具而神生”。对人性的认识上荀子主张“性恶论”。认为人生而好利，生而有耳目声色之欲。否定天赋道德观，强调后天教化作用。人只有通过封建伦理道德来严格加以限制，才能变成性善的，才符合封建礼仪。另外，荀子对中国古代逻辑思想也有很大发展和推进。

三、异端与正统

中国历史经历了数百年的礼崩乐坏、连年征战，终于得到了一个统一的局面，秦嬴政似乎预感到，这是一个划时代的时刻，因此也自命为“始皇帝”，但历史并非如他所愿，使其皇位世代相传。同样，在未来的世代中，中国的思想界仍处在良知与愚昧、正义和邪恶的失衡中。也正因如此，许多思想家自觉承担起了为天地立心、为生民立命、为往圣继绝学、为万世开太平的历史使命，在中国思想史上留下了闪耀着真知灼见的宝贵篇章。

罢黜百家、独尊儒术

当秦汉建立一个大一统帝国后，统治者需要代表这一统治思想的学术舆论。董仲舒便成为君主宗法制的理论制造者。

董仲舒，中国西汉著名学者、政治家、思想家、今文经学大师。

他曾任江都相等职。辞官后居家著书，但朝廷商议大事时，总要派人到他家征求意见，他在当时享有“群儒之首”的声誉。

董仲舒生活在当时封建社会空前强盛的历史时期，为了适应大一统的政治需要，他主张要全面总结秦亡教训和汉初弊政，反对“休养生息”的无为而治，极力推行和强化统一的“法度”。为达到这一政治目的，他突出强调思想统一的重要性，提出了“罢黜百家，独尊儒术”的主张。他是中国文化专制主义的奠基人之一。

他的政治学说就是把儒家的德治同法家的法治作为相辅相成的统治原则和手段结合起来，把严格的等级名分同维护君主专制、君权至上结合起来，形成以“三纲五常”为准则的封建君主专制理论。

三纲就是说，臣服从于君、子服从于父、妻服从于夫是天经地义的，不可改变的。以“仁、义、礼、智、信”为五种道德规范，为“五常”。董仲舒同样将“仁”作为最高的道德准则。

董仲舒像

在哲学思想上，董仲舒主张“天人感应”。他认为根据国家君王的行为好坏，天就会垂示祥、灾，以作鼓励和警告。这就在君权至上的专制主义政治中为无限君权设下了一道脆弱的神权桎梏。

魏晋玄风

魏晋玄学是中国魏晋时期的哲学思潮。它探讨宇宙的本原，提出了“有无”、“体用”、“本末”、“一多”、“动静”、“象意”、“名教自然”等哲学范畴，有较强的辨性性。

①王弼的“贵无论”

王弼，字辅嗣，汉末士族后代。中国三国时期哲学家，魏晋玄学的创始人之一。

王弼的一生虽然很短，但他的思想在中国哲学史上占有重要的地位。他第一个将本末、体用、动静、象意等作为哲学范畴加以研究。

他的理论风靡魏晋论坛。其主要理论是以无为本，把无当作一切事物产生的原因。认为静才是事物的本质。在认识论上主张“得意忘象”，“象”是传达“意”的媒介。世界的本体依“象”来表达，发现本体忘却媒介之“象”，才能真正得“意”，即对事物得到认识。

王弼构造的玄学理论，使中国的理论辨性水平达到了一个新的高度。

②玄风的终结

魏晋玄学的发展经历了三个阶段。开始时是何晏、王弼开创玄风，接着阮籍、嵇康提出“越名教而任自然”。这种随意自然使士族贵族子弟放纵不羁，终日以酒色为乐，于是出现了乐广、裴頠的纠偏之论，提出“自然不离名教”的思想。这是玄学的第二阶段。郭象发展了裴頠“崇有”的思想，统一了名教和自然的矛盾，是为玄学的第三阶段。

郭象，字子玄，中国魏晋时期思想家。他一生致力于庄子思想的研究，著有《庄子注》。在书中郭象总结了玄学思潮发展中的各种争论，把“贵无”和“崇有”合一，“自然”和“名教”合一，从而把玄学理论推向一个高峰。他同时还提出自己的“独化”、“玄冥”等哲学主张。他认为自然万物是自然产生，没有主宰，它们独自生存灭亡，人们认识它是徒劳无益的。但他又提出了“玄冥之境”，所有的事物在玄冥之境中得到统一。自郭象后，玄学的发展就此终结。

思想的撞击

①佛学思想的传播

佛学源于印度佛教，大约在东汉时期传入中国，到魏晋南北朝时得到发展，佛学思想随之出现，进而取代了玄学，成为当时思想界的主流思想。

在此期间，僧肇在佛学上的阐释起到重要作用。他是南北朝时期最重要的佛教哲学家，是中国化佛学体系的奠基人。

在此之前，牟子曾在东汉末写了一本《理惑论》，这部书的主旨是传播佛教思想，是第一部由中国人撰写传播佛教思想的著作。为了确立佛教的地位，他力图找出佛教与儒、道的相通之处，以此为切入中国思想领域的契机。无疑，《理惑论》最先体现了由汉代儒家独尊，向儒、释、道三家并存的转换。

在当时三教的激烈斗争中，《理惑论》是对佛教教义的重新阐释，表现了汉末佛教在中国流传的特点。同时，这部书也拉开了三教论争与交融的序幕。

②不信鬼神的王充和范缜

在中国思想史上，出现了许多有“无神论思想”的人物。

王充，东汉思想家，在哲学上，他否定董仲舒的神学论，同时他创造性地发展了先秦以来的“元气”说。他认为世界最根本的是元气，一切万物皆由元气分化出来，万物的生长是一个自然而然的过程，并非天意。他以此为理论，来解释人死不为鬼的自然生命现象。

王充雕像

他一生撰写了《论衡》、《讥俗节蚁》、《政务》和《养性》四部著作，其中《论衡》一书流传至今。《论衡》85篇，是我国思想史上一部重要著作。在书中，王充以唯物主义观点批判了统治者提倡的对于天道神权命运的迷信，系统地清算了神秘主义的思想体系，表现了作者反正统思想的战斗精神。《论衡》明确肯定了物质第一性精神第二性的原则，并为其无鬼论奠定了坚实的基础。

在认识论上，《论衡》反对神化圣人，否定了圣人生而知之的先验论，提出了注重效验的唯物主义认识论。王充指出，世上没有什么生而知之的圣人，任何人大都必须依靠感觉经验，才能了解事实获得知识。圣人也是通过后天的学习而成的，他反对把圣人偶像化，反对把圣人之言奉为圭臬。同时，王充认为感性经验是知识的来源，而且也是检验知识的必要手段，这就是“效验”。

到了南北朝时期，佛教空前发展。范缜针对佛教的三世轮回说，写出了《神灭论》一书。《神灭论》一书提出了形神一体的思想，并用刀的刃和利的关系论证了形神一体的关系。他的善辩及对宗教神学提出的问难，亦为他在哲学上赢得一席之地。

四、“道统”的延续

宋代兴起的理学，打破了汉唐以来儒家经典及其注疏的至尊地位，否定和批判了传统经学，是对当时学术界的一次思想解放，促使儒家学说从章句注疏之学（又称汉学）向义理之学（又称宋学）转变。

宋学是以儒家经学为基础，兼收佛、道思想的新儒学，基本上分为两派：一派是以程颢、程颐及朱熹为代表的程朱理学，一派是陆九渊的心学。

宋学是在唐代儒学和佛、道思想融合、渗透的基础上孕育发展而成的。理学思想的兴起给汉代以来的儒学带来了新的思想空气，儒学进入一个新的理论高度，也标志着唐、五代以来佛、道、儒多元文化格局的终结。

宋明理学的开创者——周敦颐

周敦颐，原名敦实，字茂叔，道州营道（今湖南道县）人。中国北宋哲学家，宋明理学的开创者，“北宋五子”之一。晚年曾在庐山建濂溪书堂讲学，故又被世人称为“濂溪先生”，其学为“濂学”。

周敦颐在儒家哲学上，建立了“无极而太极”的本体论。他认为世界的本原是实有而非物、本无而不空的绝对体。这个绝对体演生阴阳而生五行，五行生成万物。

周敦颐在振兴儒学的同时，大力抨击佛、道，创建了自己的理学思想体系“濂学”。他吸收佛、道学说中的精华，建立了一个纳自然、社会和人生为一体宇宙模式理论，为进一步融合佛、儒、道思想开辟了道路。

周敦颐的学术思想来源于对《周易》思想的研究，用《周易》之易理来解释宇宙万物。同时，他把人的至善本性与“乾元”相对应。在他看来，人的本然之性，来源于诚，诚来源于乾元。

不管是否与《易经》相演配，他毕竟为儒学的研究开拓出一条新路。

二程理学

二程，就是北宋哲学家、教育家程颢和程颐。二程是兄弟，同学于周敦颐，开创洛学，奠定了宋明理学的基础。

在哲学上，二程同把“理”作为哲学的最高范畴，认为万物出自一“理”。有“理”就有“气”，气聚而成万物人类。要认识这个“理”则需通过格物致知的方法。程颢进一步认为，在认识客观事物的“理”的同时，要与内心的理相契合，才算是得到“真知”。

程颐认为，“理”是人内心本所固有的，主张反躬内求的休养方式，通过“去人欲”而“存天理”，进而演出要“克私己之利欲而维护纲常”的伦理。程颐还提出“气禀”之说，认为人的贤愚是由先天禀气决定的，否定后天的修养成分。

二程的学说为南宋的朱熹所继承发展。二程的不同认知观，导致了洛学的分化，为南宋的“理学”和“心学”两个学派的形成提供了思想因素。

主要著作有《二程全集》、程颢的《识仁篇》、程颐的《周易程氏传》等。

“存天理，灭人欲”的朱熹

朱子，名熹。徽州（今江西）婺源人。中国南宋哲学家，宋明理学的集大成者。因他生于福建，他所建立的学派称为“闽学”。

在宇宙观上，朱熹认为理为世界本原，理生于万物而存在。对理、气的关系，他提出“理气相依”、“理在气中”的思想。在认识这个“理”时，他认为人人心中有“已知之理”，但需要通过再认识事物才能达到。

朱熹特别推崇儒家的《四书》,《四书》成为后世封建王朝钦定的必读经典。他继承儒家学说，熔自然、社会、人生等方面的问题于一炉，提出了“理气之辩和宇宙万物生成说”、“一分为二”、“生生不息”的朴素辩证法思想;“天命之性”、“气质之性”的人伦哲学;“知为先”、“行为重”的认识论;“以王制霸”、“王中有霸”的天理史观。朱熹的“格物致知”既谈到认识的能力、对象和过程，也谈到修养的目的和方法，在知与行的关系上，既强调知先于行，又强调行重于知，把二者很好地统一起来。朱熹的思想极大地丰富了儒家学说，具有积极意义。但他继承和发展了“存天理，灭人欲”理论，却是错误和有害的。

朱熹进一步发挥了二程的人性论。他认为，孟子讲性善，是从本原上说的，但只知有“天命之性”，而不讲“气质之性”；旬况讲“性恶”、扬雄讲“善恶混”，是讲“气质之性”，不只有“至善”的天命之性，因此反而以恶的人性蒙蔽了“天理”。他认为，“理”是最高最完美的，而“气”有清浊的差别。“理”在“浊”气中，好比明珠在浊水中，要恢复明珠的光亮，就要把浊水揩拭干净。这个揩试的过程就是“存天理、灭人欲”的功夫。“存天理，灭人欲”的思想，把天理和人欲对立起来，带有禁欲主义色彩。

朱熹的理学给一直以正统自居的儒学带来了又一次兴盛，被元、明、清各代奉为官方哲学，对中国社会产生了深远影响。

五、开放与保守

明清之际，中国思想被禁锢在“八股”之中，思想家黄宗羲、王夫之、顾炎武都以其反对封建君主专制的政治思想给当时的思想界带来了生气。

鸦片战争惊醒了一个古老民族的睡梦。世界在进步着，而这个“妄自尊大”的民族正在疾弱中承受着内忧外患。一些知识界人士开始发出激愤的呼声。这是一个腐朽、骚乱的时代，一个寻求图强的时代，一个渴求新知的时代。

黄宗羲的政治主张

黄宗羲，字太冲，浙江余姚人。中国明清之际思想家、哲学家、思想史家。

其父在同“阉党”斗争中死去，他本人也是“阉党”之敌。清入关后，参加过反清复明的八年抗清斗争，晚年主要从事学术研究和讲学。他积极倡导研究自然科学和技术，并身体力行。

他的哲学思想主要是理气之说。他认为“天地之间只有一气”，“生人生物，理是依于气的，无气则无理”。

黄宗羲总结民族败亡的教训，十分重视政治制度的改革，他对皇权及专制制度进行了猛烈抨击。

第一，对君主专制制度的抨击。黄宗羲对君主专制的批评是从否定“君权神授”开始的，他认为君权起于兴利除害的需要。他认为秦汉以后的君主专制制度从根本上违背了这一基本的政治原则，认为他们不是为天下兴公利除公害，而是“以天下之利尽归于己，以天下之害尽归于人”，指出这些君主在夺取政权时，“屠毒天下之肝脑，离散天下之子女，以博我一人之产业，曾不惭然，曰我固为子孙创业也。敲剥天下之骨髓”。夺取政权后，“离散天下之子女，以奉我一人之淫乐，曰此我产业之花息也”。因此黄氏在《原君》中无情地揭露封建帝王的罪恶，指出帝王是唯一的害民之贼。他还批判了“君为臣纲”说，主张君臣关系应该是平等的师友、同事关系，不是不平等的主仆关系。他认为现在应该是“天下（人民）为主，君为客”，臣僚不再是皇帝“敲剥”百姓的服役者，而应该是“为万民”服务的同事。“为臣之道”是忠于君主。他公开鼓励为臣的要抵制和反对君主的不义行为。

第二，法治主张。他认为过去为了使天下得治而创立了各种规矩法度，使大家共守，以维护共同利益，这是“天下之法”，但后来的统治者为维护一家皇族而制法，这是“一家之法”。他说君主专制是公私不分，权利义务不平等，没有公法可言，因此他反对“一家之法”，主张“天下之法”。他为了求得人权平等，主张非废除秦汉以来的“非法之法”不可；要求得天下太平，非废除专制的君主制度，而改为民本制度不可。所以在他看来，法的成败，全看它的立场是以公还是以私为出发点。

第三，限制君权的主张。黄宗羲认为，皇帝个人独裁和君权的无限扩张是政治腐败的重要根源，要限制君权。其一必须恢复古代的宰相制度，他认为宰相一是贤人，二是有职有权的人，他心中的宰相是拥有很大权力的，可以和皇帝一起商讨国家大事，批发重要文件；其二以学校监督王权，他认为古代的学校不仅是培养人才的地方，而且是制造舆论，左右舆论，批评时政，分辨是非，监督上自皇帝下至各级地方官吏的机关，学校是判断是非的中心。因而他主张推举当代的大儒和名儒担任中央和地方的学官，作为监督、批评中央和地方各级政府的舆论代言人。

顾炎武的务实思想

顾炎武，字宁人，江苏昆山亭林镇人，人称亭林先生。明末参加“复社”，反对宦官权贵。清入关，他抗清失败后度过了 25 年的游居生活。

在哲学上，他认为天地万物的本原是物质性的气，一切万物的存亡只是气的聚散。以“道”和“器”来说明事物的规律和具体的事物。无“器”之物就无“道”之规律。

顾炎武在政治思想方面，认为皇权不应至高无上，甚至提出“以天下之权，寄天下之人”的分权口号。用“国”和“天下”来区别亡国与亡天下的不同。亡国是皇帝一家一姓之灭“亡”。亡天下是政治腐败，道德沦丧，人与人相残杀。王朝灭亡是权贵的事，广大民众没必要为此效愚忠。顾炎武更为重视对国计民生问题的研究，他强调经世致用，崇尚务实。

他说评价君主的功绩首先要看社会风气：“论世而不考其风俗，无以明人主之功。”他不但从政治上提出了整顿“人心风俗”的具体措施，如重流品、崇厚抑浮、贵廉、提倡耿介和俭约等，还从经济上分析了“人心风俗”败坏的原因，认为要使风俗变好，必须有让百姓安居乐业的物质条件：“今将静百姓之心而改其行，必在治民之产，使之甘其食，美其服，而后教化可行，风俗可善乎！”除正面倡导培养人心风俗、加强礼治，他还强调法制，主张严惩败坏世风的贪官奸臣，说：“法不立，诛不必，而欲为吏者之勿贪，不可得也。”

顾炎武像

顾炎武看到了“势”在事物发展过程中的作用，主张进行社会变革，提出要顺势而行，“物来而顺应”的变革思想。对于君主的地位，君主与臣下的关系，顾炎武也作了新的解释。在《周室班爵禄》条中，他说，天子、公、侯、伯、子、男，并不是天生的尊贵，他们管理国家事务，与老百姓一样，也是靠劳动吃饭。“禄”是他们为老百姓工作，取之于百姓的报酬。所以，君主不应该肆虐于上以自尊，不应该厚取于民以自奉。他列举出大量的历史上“称臣下为父母”、“人臣称人君”、“人臣称万岁”的例子，以淡化至高无上的君权，为建立新型的君臣关系提供历史根据，表现出初步的民主思想。

王夫之的哲学贡献

王夫之，字而农，一生著述颇多，有100多种，共400多卷。中国明清之际思想家、哲学家。

王夫之对明朝灭亡也总结了教训，认为其与“理”学有着很大关系，特别批判了“存天理，灭人欲”的谬论。认为只有人欲的合理满足，才合乎道理。

他在哲学上总结和发展了中国传统的朴素唯物主义，认为“尽天地之间，无不是气，即无不是理也”。强调“天下惟器而已矣”，从“道器”关系建立其历史进化论。在知、行关系上，强调行是知的基础，反对陆王“以知为行”和禅学家“知有是事便休”的论点。王夫之把中国朴素的唯物辩证法推向新的高度，他提出了物质和运动不可分的思想，运动的普遍性及量变、质变思想，矛盾对立面相互依存、转化的思想，这些都是超越前人的，反映了明清之际哲学的时代精华。

龚自珍——知识分子的典范

龚自珍，出生于官僚世家。他大胆揭露了官僚制度的黑暗、腐败。他不堪忍受封建专制下的政治沉寂、人才毁灭和思想压抑。他的名诗“九州生气恃风雷，万马齐喑究可哀。我劝天公重抖擞，不拘一格降人才”广为世人传诵。他憧憬社会的大变革能给一个民族带来生机。他的政论与刚正的人品，是进步知识分子的典范。

严复——新知的传播者

严复，中国近代启蒙思想家，向西方寻求真理的代表人物之一。为清廷第一批留欧学生，学习海军知识，回国后，任职水师学堂。中日甲午战争后，他积极宣传、介绍西方的科学技术和社会思想，抨击清政府的腐败统治，主张变法。

严复在中国近代哲学史上的最大贡献是，通过翻译赫胥黎的《天演论》阐发进化论思想。他把进化论应用于中国社会，阐述了他的“天演哲学”。

严复的进化观点带来的进步思想，在激发中国人民救亡图存、变法图强、振奋精神方面起着积极和进步的作用。

第二章

汉字、文学

汉字文化

一、汉字的起源

结绳记事

远古时期，社会生产力极其低下，人们要生存，就必须聚居在一起，相互协作，共同劳动。在人们劳动协作的互动过程中，人类的语言产生了。初始的语言只是通过人们之间的口耳相传来表达一定的意义。这在有限的范围内方便了人们之间的交流。但随着人们交流范围的扩大、交流内容的丰富，初始形态的口头语言就显露出诸多缺陷。口头语言说过即逝，具有瞬时性，无法保存。口头语言还受到人体发音器官的物理属性的局限，不能直接且清晰地传达到较远的距离，声音的空间穿透力小，影响范围狭小。倘若想扩大其传播范围则必须经由第三者转述。转述的过程中就不可避免地会发生意义偏差、信息损耗的现象，严重地影响人类语言传播活动的深入发展，不能满足追求文明进步的人们扩大交往的愿望。为此必须发明一种可以记录口头语言的符号系统，以突破语言的时空限制。正因如此，文字的创造就应运而生了。

文字的发明是人类文明的一大进步，它是人类长期不懈努力的结果。起初，原始人类在绳子上打上数量不同或形状各异的结来表达特定的意义，这就是所谓的结绳记事。稍后，远古人类在石块、石壁上描画一些事物的具体形貌来传达一定的意义。比如，在鱼多的溪边放上画有鱼形的石块，目的是向别人告知此处有鱼可捕。这种象形图画直接孕育了人类文字的起源。考古发现的古埃及的圣书字、苏美尔人的楔形字以及中国的汉字都是如此。

仓颉造字

中国汉字历史悠久，目前已发现的最早汉字——甲骨文距今已有 3500 多年的历史。就甲骨文体系的发达程度而言，它绝不是汉字的最初形态，汉字的起源还可上溯若干年代，它的确切年代仍是历史之谜，但与此相关的仓颉造字的传说则流传了四五千年。先秦著作《荀子》、《韩非子》、《吕氏春秋》以及两汉的《淮南子》、《说文解字》等都对此作过生动的记载。相传仓颉是黄帝的史官，他想把当时的重大事件记录下来，但苦于缺乏可记录人们言辞的文字，记录工作难于进行，为此他产生了创制文字的念头。一天，他看鸟兽的脚印留在地上，清晰可辨，特征明显，触发了灵感。他灵机一动，模仿着在地上用小棍画出一些生活中常见的动植物的大致模样或某些具有独特形状的部分面貌，然后请路人来辨认这些图画所指代的具体事物，路人指证了这些具体的事物。仓颉的尝试获得了初步的成功，他把这种方法向旁人推广，得到了人们的认同，汉字就这样诞生了。汉字的发明于当时是一件惊天动地的大事，《淮南子·本经》说仓颉作书时，天下着像粟一样的密雨，地上的鬼神感到自己的尊严被冒犯并为此整晚失声痛哭。这些只是古人迷信鬼神，附会推测之辞，不足为凭。这个传说反映了历史上可能有个叫仓颉的人在汉字产生过程中曾做出过突出的贡献，或许他在众人创造的基础上曾对汉字加以整理、归纳和统一。其实，汉字是不可能由一个或几个人创造的，它应是我们祖先集体智慧的结晶；汉字体系的完备也不是一代人努力的结果，而是经过长期积累而造就的，随着人们生活、生产和交往的发展而不断完备起来。从考古发现来看，最晚在殷商时代，汉字的体系就已建构完成。

二、汉字的演变

仓颉造字的传说为汉字的发展定下了基调，汉字是一种形体与意义紧密结合的表意文字，起初的字就是一个个象形图画，由字形就可知道它所指代的具体事物。后来，随着人们认识水平的提高，所要认识的事物的增多，文化的普及，以及汉字书写的物质材料的变化，汉字的形体发生了巨大的变化。汉字的形体越来越摆脱具象图画的束缚，走向抽象符号化；汉字的笔画和结构越来越简省；汉字的形状越来越规整，方块的形式逐步固定下来。从有文字实物可证的殷商直到清末，汉字的演变经历了甲骨文、金文、大篆、小篆、隶书、楷书、草书、行书、宋体等阶段。

甲骨文

甲骨文是目前所发现的最早的汉字形态。它起源于殷商时期，因刻写在龟甲兽骨上而得名。甲骨文所记载的多是当时统治者在祭祀、征战、打猎时所做的占卜的相关内容，其中包括占卜的日期、事件及其结果。目前所发现的十多万片甲骨上所用的字达4500多个，其中有1700个左右已被破解。甲骨文多为象形、指事、会意字，图画象形、形义结合的特征较为明显。但由于甲骨文录写的物质材料为刀片和龟甲兽骨，早期文字因象形而产生的笔画形态多变、结构繁杂的特性与刀片的细尖及甲骨质地的坚硬构成了矛盾，甲骨文字体就不得不顺应刀片和甲骨的特点而发生了变化，字形简略了许多，初步显示出符号化的趋势。笔画既细又直，抽象的点与线代替了复杂的图案。虽是象形文字，但实在不再“象形”了。此外，甲骨文还未完全定型化，字的笔画的位置变化较大，往往一字有多种写法。但这些并不妨碍甲骨文表情达意功能的发挥。就甲骨文的内容而言，既有对简单事物的描绘，也有对复杂事件的描述；既有记事，还阐明思想。由此可见甲骨文是十分成熟的文字体系。

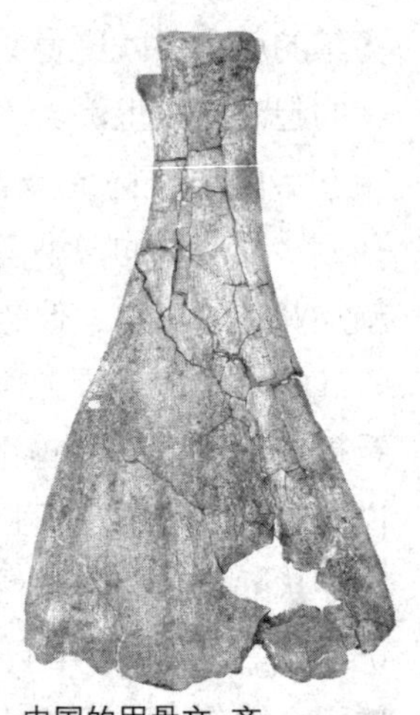

中国的甲骨文 商

金文

金文是“吉金文字”的简称。古人以祭祀为吉礼，祭祀用的青铜礼器称为吉金。商周时人们对钟鼎彝器非常重视，所以在上面铸上政令、契约，诸侯贵族还常铸上他们光荣事件的一些文字作为永久纪念。这些青铜礼器上面铸的铭辞、款识等文字称为钟鼎文。这种文字也普遍地铸在青铜兵器、货币、符玺上，统称为“金文”。

金文最早出现在商代末期，盛行于西周，内容多为关于当时祀典、赐命、诏书、征战、围猎、盟约等活动或事件的记录，都反映了当时的社会生活。金文字体整齐遒丽，古朴厚重，和甲骨文相比，不再显得呆板，而是变化多样，更加丰富了。金文由甲骨文演变而来，在结构上与甲骨文没有多大的区别，但在形体上有明显的不同：笔画粗壮，肥笔较多；转弯处向圆转。

传世的有铭文的钟鼎彝器很多，较著名的有大盂鼎、散氏盘、毛公鼎、王孙钟、宗周钟等。

大盂鼎是西周康王时期的著名青铜器，内壁有铭文，总共 291 字，为西周青铜器中所少有。其内容为：周王告诫盂（人名），殷代以酗酒而亡，周代则忌酒而兴，命盂一定要尽力地辅佐他，敬承文王、武王的德政。其书法体势严谨，字形、布局都十分质朴平实，用笔方圆兼备，具有端庄凝重的艺术效果，是西周早期金文书法的代表作。

散氏盘为西周后期厉王时代的青铜器，其铭文结构奇古，线条圆润而凝炼，因取横势而重心偏低，故愈显朴厚。其“浇铸”感很强烈，表现了浓重的“金味”，因此在碑学体系中，占有重要的位置。现代著名书法家胡小石评说：“篆体至周而大备，其大器若‘大盂鼎’、‘毛公鼎’……结字并取纵势，其尚横者惟‘散氏盘’而已。”

毛公鼎是西周青铜器中赫赫有名的重器之一，作于西周晚期的宣王时期。内壁铸有多达 498 字的长篇铭文。其内容是周王为中兴周室，革除积弊，策命重臣毛公，要他忠心辅佐周王，以免遭丧国之祸，并赐给他大量物品，毛公为感谢周王，特铸鼎记其事。其书法是成熟的西周金文风格，结构匀称准确，线条遒劲稳健，布局妥帖，充满了理性色彩，显示出金文已发展到极其成熟的境地。

金文基本上属于籀篆体。这些文字，在汉武帝时就已被发现，当时有人将在汾阳发掘出的一尊鼎送进宫中，汉武帝因此将年号定为元鼎（公元前 116 年）。以后金文又陆续有所发现。宋代文人欧阳修、赵明诚都著书对金文作过研究和记载。

虽然金文是书法之鼻祖，但它随着历史的发展，逐渐被淘汰，不及碑文传世的多，但越是稀少，越显得珍贵。金文因铸于铜器，它比书于竹简布帛上的文字更垂久远，因此对后代书法有更大的影响。青铜器与书法艺术有如此渊源，它对中国文字和书法的发展所发生的作用，确实是不容忽略的。

大篆

大篆又叫籀文，据说是周宣王的太史籀创造的。春秋战国时期已通行于秦国等地。大篆主要书写在木牍、竹简或帛上，固定而字形整齐，结构疏密得当，笔画较金文更弯曲圆转，字体比较美观。但就其本质内涵而言，大

秦刻石鼓文拓片

篆与甲骨文、金文没有很大的不同，仍然是以象形为基础、以形声为主要构造方法。

“石鼓文”是大篆留传后世，保存比较完整且字数较多的书迹之一。随着人类文明的发展，文字从简单到复杂，书法的风格也越来越多样。

石鼓最早发现于唐代陕西凤翔境内，为战国时代秦国的刻石。石鼓共有 10 枚，高约 60 厘米，直径约 30 厘米，形像鼓而上细下粗，顶部微圆。每枚石鼓上以籀文刻四言诗一首，共 10 首，500 余字，相传是史籀的手笔，内容主要记述了秦王游猎之事，故石鼓又称为“猎碣”。它们是我国发现的最早的石刻文字，世称“石刻之祖”。其字迹多有磨损，现藏于北京故宫博物院。

从书法上看，“石鼓文”的字体依的是秦公簋铭文的法则。秦公簋是春秋中期的青铜器，盖上铭文有 10 行，器物本身有 5 行，共 121 字。其书方正、大方；横竖折笔之处，圆中寓方，转折处竖画内收，而下行时逐步向下舒展；其势风骨嶙峋又楚楚风致，确有秦朝那股强悍的霸主气势。

“石鼓文”集大篆之大成，又开小篆之先河，是大篆向小篆衍变而又尚未定型的过渡性字体，在书法史上起着承前启后的作用。它的字体是典型的秦国书风，对后来小篆的出现产生了很大影响，为秦统一文字提供了重要依据。同时，“石鼓文”本身的艺术成就也很高。“石鼓文”字势雄强浑厚，朴茂自然，用笔劲健凝重，粗细均匀，圆转对称。有的结构对称平正，有的则参差错落，近于小篆而又没有小篆的拘谨。在章法布局上，虽字字独立，但又注意到了上下左右之间的偃仰向背关系，其笔力之强劲在石刻中极为突出，在古文字书法中也堪称别具奇彩和独具风韵。康有为称其“如金钿委地，芝草团云，不烦整我，自有奇采”。并且，“石鼓文”的结构方正匀整，舒展大方，线条饱满、圆润，笔意浓厚，字里行间已经找不出象形图画的痕迹，完全是由线条组成的符号结构。

“石鼓文”被历代书家视为临习篆书的重要范本，故有“书家第一法则”之美誉。“石鼓文”对书坛的影响深远，后世学篆者皆奉为正宗，无不临习。其中尤其以清代最盛，如著名篆书家杨沂孙、吴昌硕等，就是主要得力于“石鼓文”而形成自家风格的。

小篆

春秋战国时期，各国文字差异很大，是发展经济文化的一大障碍。秦始皇统一国家后，丞相李斯主持统一全国文字，这在中国文化史上是一伟大功绩。秦统一后的文字称为秦篆，又叫小篆，是在金文和石鼓文的基础上删繁就简而来。后来因为篆法苛刻，书写不便，由隶书取而代之。从而掀起了汉字书写的革命，并为以后各种书体流派奠定了基础。

小篆对大篆的改造，最明显的变化表现在笔画上。它把大篆所有的直角、硬笔改为圆角、软笔。字体显得圆润舒展、规矩得体而又活泼灵动，显示出很强的美感。小篆字体比它以前的古文字简单，结构也比较整齐，写法有一定的规范，从同一个偏旁的字，偏旁的写法和位置都较固定，形旁一般放在左边，促进了汉字的进一步定型化。

小篆删掉大篆的繁杂笔画，省略异体字形，是中国历史上第一次文字改革，对发展中国文化有着不可忽视的作用。李斯的字在秦代是一流的。他还有一整套书法理论，他在谈到用笔的方法时说：写字，用笔要急速回转，折画要快，像苍鹰俯冲盘旋一样。收笔好比游鱼得水，运笔就像高山行云，笔画的轻重、舒卷，应自然一体，大方美观。从现存李斯的书法遗迹中，我们仍能体会到其“散绝后贤”的高超书艺。

李斯字通古，楚国上蔡（今河南省上蔡县西南）人，秦代书家。开始时跟随荀卿学习帝王术，后来到秦国，当了客卿。秦始皇平定天下后，李斯被任命为丞相。他制定郡县制，下令禁书，并将仓颉籀变为小篆，后世称他为“小篆之祖”。李斯佐秦灭六国，后为赵高构陷，被腰斩于咸阳。著有《仓颉》七篇，已佚。传世书迹有“泰山刻石”、“琅琊台刻石”等。

“泰山刻石”又名“封泰山碑”，石四面刻字，在山东泰安岱庙，现仅存 10 字。“泰山刻石”立于始皇二十八年（公元前 219 年），是泰山最早的刻石，它的书法是秦统一后标准的小篆书体，作者是秦相李斯，我国书法史上第一个有记载的书法家。

“泰山刻石”原来分为两部分。前半部分是前 219 年秦始皇东巡泰山时所刻，共 144 字。秦始皇统一六国后，认为自己的功德胜过三皇五帝，开始大规模的巡行，并在泰山进行了规模浩大的封禅活动，泰山刻石就是封禅泰山时为宣扬秦始皇功德而撰写的石刻文字。后半部分为秦二世胡亥即位第一年（公元前 209 年）刻制，共 78 字。刻石四面宽狭不等，刻字 22 行，每行 12 字，共 222 字。两刻石的刻辞都是李斯所书。现仅存秦二世诏书 10 个残字，即“斯臣去疾昧死臣请矣臣”，又称“泰山十字”。

“泰山刻石”为典型秦小篆，在书法史上，上接“石鼓文”之遗风，下开汉篆之先河，是中国古文字的最后阶段。字形工整瘦长，笔画圆健古厚，是秦代小篆书法的经典代表，体现了秦代书法艺术风格。小篆的特点是对称、均衡，略为修长，显得板滞。但是“泰山刻石”却没有这种毛病，它在对称中蕴含着飘逸秀美，如仙子临风，仪态万方。其结构特点直接继承了“石鼓文”的特征，但比“石鼓文”更加简化和方整。呈长方形，线条圆润流畅，疏密均匀，给人端庄、稳重的感觉。唐张怀瑾称颂李斯的小篆“画如铁石，字若飞动”，“骨气丰匀，方圆妙绝”。唐朝李嗣真《书后品》说：“李斯小篆之精，古今绝妙。秦望诸山及皇帝玉玺，犹夫千钧强弩，万石洪钟，岂徒学之宗匠，亦是传国之遗宝。”“泰山刻石”虽遭磨难毁损，但终究留存，而光照千古，李斯也因此成为书法史上第一个有书迹留存下来的书法家、古今第一小篆书法家。秦“泰山刻石”具有重要的艺术价值和历史价值。鲁迅认为秦“泰山刻石”“质而能壮，实汉晋碑铭所从出也”。此刻为一级文物藏品。

根据记载，宋朝政和四年（1114 年）刻石还在岱顶玉女池上，可认读的有 146 字，漫灭剥蚀了 76 字。明嘉靖年间，为防止风蚀雨淋，移于碧霞祠东庑。到了清代乾隆五年，碧霞祠突然遭火，火借风势，越烧越旺，结果把碧霞祠烧了个一塌糊涂，“泰山刻石”也不翼而飞，下落不明，许多人都为之惋惜。到了嘉庆二十年，喜欢舞文弄墨的泰安新知县汪汝弼到任伊始，就四处张贴告示，悬赏寻碑。不久，一位 90 余岁的赵氏老翁，由家人搀扶来到县衙，对汪知县说：“知县大人，在下是个瓦匠，以前在山顶修玉女池时，见过一截残碑，不知是否是大人所寻之物。”赵氏老翁把碑的形状、字迹，一一告知，说：“当时被人扔进玉女池，望大人差人前往探查。汪知县听了赵翁的介绍，已知十有八九是“泰山刻石”，自然喜出望外，也不怕山高路险，便邀请前任知县蒋因培一同上山，果然从玉女池中找到一截残碑，冲洗后，“斯臣去疾昧死臣”等字历历在目，确实是李斯真迹。于是汪知县大加庆贺，在山顶造房兴宫，于东岳庙西筑起精美的小亭，取名曰“宝斯亭”，以后又改为“读碑亭”。安放之日，还举行了隆重的仪式，重赏了赵氏老翁。到了道光十二年，东岳庙因年久失修，西墙在一场暴雨中塌倒，此祸殃及“读碑亭”，碑亭被砸塌，知县徐宗干得知，忙差人从瓦砾中找出，将碑移到山下，放置于岱庙道院。光绪十六年，有一小偷看到人们将此碑视若珍宝，想必此物定值千金，便在一个风雨之夜将此碑偷走，事发以后，即任知县毛蜀云下令全城戒严，大索十日，终于在北关的石桥底下发现，重新置于岱庙。现在李斯碑存于岱庙东御座内。

隶书

隶书又叫“佐书”，形成时间约在战国晚期，成熟期在汉代。它是对小篆字体的进一步简省。汉字字体发展到隶书，就进入了一个新的阶段。成熟的隶书，字形跟楷书很接近，一般人都不把隶书看作古文字。所以，从小篆到隶书可以说是汉字字体演变过程中的一个革命。相传隶书本是下级小吏通用的应急字体，后经程邈整理，逐渐形成了统一的隶书字体。汉代主要使用的文字是隶书。西汉早期的隶书，跟秦代的隶书一样，还不像东汉中叶以后的八分隶书那么成熟。但它已抛弃图画线条形式，采用抽象符号，笔画简洁，以方折笔画代替圆转笔画，显示出古汉字向楷书过渡的趋势。东汉中叶出现的八分隶书显现出当时人们求美尚雅的趣味，书法作为一门精致的艺术于此而生。八分隶书体有如下的特点：字体一般呈扁方形，捺笔大都在末尾有略向上挑的笔法，较长的横画在收笔时也略向上挑，形成上仰的捺脚式尾巴。这就使波折多、字体美观与书写较方便结合起来了，利于书法艺术的发展。

曲阜孔庙大成殿东庑内 18 块东汉碑刻中，闻名于世的有“乙瑛碑”、“礼器碑”、“孔宙碑”、“史晨碑”等，均为汉代隶书。

“乙瑛碑”全称为《汉鲁相乙瑛请置孔庙百石卒吏碑》，刻于东汉永兴元年（153 年）。此碑工整匀适，组织严密，笔法极有法度，粗细统一，间架结构皆十分注意，全幅秀逸清丽，尤其燕尾的姿态非常优美，是汉隶趋于规范成熟时期的代表作之一。翁方纲称其:“骨肉匀适，情交流畅。”

“史晨碑”碑体两面刻字，又名《史晨前后碑》，前碑全称《鲁相史晨祀孔子奏铭》，后碑全称《史晨飨孔庙碑》，立于灵帝二年（169 年）。此碑书法工整，造型丰美多姿，拨挑神采飞逸，章法疏密匀适。结构谨严而气韵灵动，蕴藉跌宕，笔法笔意二者俱全。清代万经在《分隶偶存》中评论说:“修饬紧密，矩度森严，如程不识之师，步伍整齐，凛不可犯。其品格在卒吏（乙瑛碑）、韩敕（礼器碑）之右。”杨守敬《平碑记》也说:“昔人谓汉隶不皆佳，而一种古厚之气自不可及，此种是也。”

“礼器碑”全称《鲁相韩敕造孔庙礼器碑》，故又名《韩敕碑》，永寿二年（156 年）刻。此碑字体工整方纵，大小匀称，左规右矩，法度森严。用笔瘦劲刚健，轻重富于变化，捺脚特别粗壮，尖挑出锋十分清晰，是汉隶中典型的厚重，燕尾极为精彩。书势气韵沉静肃穆，典雅秀丽。翁方纲夸为汉隶中第一。此碑对以后唐代楷法的形成影响很大。

“孔宙碑”全称《汉泰山都尉孔宙碑》。汉延熹七年（164 年）立。碑主人孔宙为孔子的第十九代孙。孔宙死后，他的门生便立此碑歌颂其德行。观其书法，属方整秀润一路。结字中宫绵密，左右开张，横画甚长，波磔分明，用笔圆转遒丽，有篆书意味，是汉隶中以韵致胜者。明清以来，金石书家对其称赞有加。明郭宗昌《金石史》谓:“其书尚存分法，且结体古逸，殊不易造。……汉碑阴字多潦倒，此独超逸古雅，非魏人所及。”清初朱彝尊云:“《孔宙碑》属流丽一派，书法纵逸飞动，神趣高妙。”

西安碑林中的隶书代表之作当属东汉的《曹全碑》。

《曹全碑》碑刻于东汉中平二年（185 年）。碑文记载了东汉末年曹全镇压黄巾起义的事件，为研究东汉末年农民起义斗争史提供了重要的历史资料。此碑石黑明如涂油脂，光可鉴人，书体文字清晰，结构舒展，字体秀美飞动，书法工整精细，秀丽而有骨力，风格秀逸多姿，充分展现了汉隶的成熟与风格。无论碑石精细，碑身完整，还是书法造诣，《曹全碑》都是汉碑、汉隶之精品。

楷书

楷书又叫“正书”，出现在东汉时期，六朝时字形进一步发展完善，唐代走向成熟。因字体方正、笔画平直，可作楷模文字而得名。楷书是隶书的简化，它对隶书的改变体现在两个方面：其一，改弯为钩；其二，改波折为直笔。钩并不妨碍楷书的形体完整，反而能增加它的力度；直笔代替波折，便于书写，省却了许多麻烦。尽管如此，隶书的符号性质，它的间架结构、笔法笔意都被楷书继承下来。隶书经改良而为楷书后，字体的美感主要从笔力和个性特色中体现出来，利于书法艺术的进一步发展。

元桢墓志（拓片）
1926 年河南省洛阳出土，1935 年移存碑林。这是迄今发现最早的方形墓碑，又是隶书向楷书转变的重要证据。

钟繇开创了由隶书到楷书的新貌。他和晋代王羲之并称“钟王”，历代评论成就极高。钟繇在中国书法史上影响很大，历来都认为他是我国书史之祖。他在书法史上首定楷书，对汉字的发展有重要贡献。

在楷书书法理论上，欧阳询也有很大贡献，他所创的“欧阳询八诀”，具有独到的见解，其“八诀”为:（点）要像从高峰坠下的石头;（横戈）要像长空中的新月;（横）要像千里的阵云;（竖）要像活了一万年的枯藤;（竖戈）要像劲松倒折，落挂石崖;（折）要像万钧重的弩将要发动;（撇）要像用利剑斩断的犀象角牙;（捺）则要一波三过笔。这八种方法，对后世有深远的影响。明代人李淳的八十四法，清代人黄自元《间架结构九十二法》的著述，都受到他的启示。

焦山镇山之宝单独被安放在一座百余平方米的主碑亭中，它就是被誉为“大字之祖”、“书家冠冕”的《瘗鹤铭》碑刻。书法界早有北有西安《石门铭》，南有焦山《瘗鹤铭》之说，可见其保存价值奇高无比。《瘗鹤铭》，署名为“华阳真逸撰，上皇山樵正书。”这是一篇哀悼家鹤的纪念文章。瘗是埋葬之意。瘗鹤铭就是埋葬鹤的铭文。

《瘗鹤铭》能够保留到今天，已实属不易。原先铭文镌刻在焦山后山的岩石上，因被雷轰崩而坠入江中，石裂为五段。直至北宋熙宁年间，修建运河的疏掏工人才从江中捞出一块断石碑，监工正好是一个书家，经辨认，发现此断石正是史书上记载坠落水中的《瘗鹤铭》一部分。一百年过后，宋代淳熙年间（1174 ~ 1189 年），重修运河的工人又打捞出四块。这样，与先前打捞上来的那块断石拼凑在一起，终于在原处将碑重竖立起来。但明洪武年间，《瘗鹤铭》的 5 块断石不幸再一次坠入江中。清康熙五十二年（1713 年），镇江知府陈鹏年是个金石专家，他从史书上了解到《瘗鹤铭》坠江的大致区域，不惜巨资招募工人再度打捞，经过三个月的努力，终于在距焦山下游三里处，将这 5 块残石捞起。此后，《瘗鹤铭》就被移置到安全的地方——焦山观音庵，后砌入定慧寺壁间。至此铭文仅存 88 字。《瘗鹤铭》的坎坷遭遇，愈显该碑的珍贵。宝墨轩有《重立瘗鹤铭碑记》，碑记中说到：“盖兹铭在焦山著称，殆千有余年，没于江者又七百年。”叙述了《瘗鹤铭》的这段经过。

草书

草书是楷书的变体，产生于汉代，本是起草文稿时，潦草书写隶体而导致的一种变体，后来成为通行的写法，以至演化成为一种纯粹的书法艺术。

两汉的草书主要是章草。它讲究笔墨的连贯，字与字之间、笔画与笔画之间环环相扣，虽偶有间断，但笔意仍相连。章草流传下来的作品有史游的《急就章》和索靖的《出师颂》摹本。它们流畅飞动，如行云流水，但隶书之态依然。

六朝时期，草书得到了进一步的发展，出现了“词连”的现象。到唐代，草书则发展为狂草。张旭、怀素等人把草书推向狂放的境界，他们任意增减笔画，随便改变汉字的结构，随心所欲，气、意、笔一气呵成。字体一般很难辨认，完全成为书法家表达胸臆、张扬个性的艺术品。

张旭是一位极有个性的草书大家，据说他每次饮酒后就写草书，写时号呼狂走，索笔挥洒，书法变化无穷，若有神助，时人号为“张颠”。他有时甚至把头浸在墨汁里，用头发书写。他的“发书”飘逸奇妙，异趣横生，连他自己酒醒之后也大为惊奇。后来怀素继承和发展了他的笔法，也以草书得名，并称“颠张醉素”。唐文宗曾下诏，以吴道子的绘画、裴旻的剑舞、张旭的草书为“三绝”。张旭又擅长诗歌，与贺知章、张若虚、包融号称“吴中四士”。

怀素的草书最有代表性的是《自序贴》,《自序帖》的来历是这样的:约大历七年（772 年）怀素北赴长安及洛阳，寻求进一步发展。由于他个性洒脱，草书绝妙，受到颜真卿等书家、诗人及名流贵卿的激赏，纷纷赠以诗文。大历十二年（777 年），他摘录部分赠诗和序，以狂草写成此帖。《自序帖》几乎概括了他一生的主要事迹。同时一生中的最高艺术成就也体现在酣畅淋漓的笔墨之中。《自叙帖》是他狂草的代表作，全篇 126 行，702 字，一共用 15 张纸连缀而成。此帖用细笔劲毫写大字，笔画圆转遒逸，如曲折盘绕的钢索；收笔出锋，锐利如钩斫，此所谓“铁划银钩”也。全卷强调连绵草势，运笔上下翻转，忽左忽右，起伏摆荡，其中有疾有速，有轻有重，像是节奏分明的音乐，极富动感。此外点划也有分散者，强调笔断意连、生生不息的笔势，笔锋回护钩挑，一字、一行以至数行之间，点划互相呼应。通幅于规矩法度中奇踪变化，神采动荡，实为草书艺术的极致表现。明代安岐谓此帖“墨气纸色精彩动人，其中纵横变化发于毫端，奥妙绝伦有不可形容之势”。

提起草书，不能不提及当时书写物质材料的巨大进步。西汉末就发明了造纸术，到东汉经蔡伦改进，造纸业得到了较大的发展，纸张开始成为人们常用的书写材料，“洛阳纸贵”的典故可作资证。到唐代，纸张基本上取代其他的书写材料而处于独尊的地位。纸张的卷舒自如、携带方便、吸水易干等特点，促进了中国书法艺术的普及和发展。

行书

行书，与草书一样起源于汉代，是介于楷书与草书之间的一种字体。书写较楷书简便，辨认比草书容易，以简易为宗旨，实用性强，便于流行。成为人们信札往返、记事作文的首选。早期在行书艺术上成就卓著的主要有魏晋时期的钟繇和王羲之、王献之等人。唐代则有李邕和颜真卿两家。宋、明、清几代也人才辈出。迄今，行书仍然是人们最常用的手写字体。

书圣王羲之最有代表性的作品是《兰亭序》。《兰亭序》共 28 行、324 字，它的章法浑然一体，笔法粗细多变，字形疏密相掺，全篇“遒媚劲健，绝代所无”，连墨气也忽浓忽淡，最能体现王羲之书法的最高境界。全篇二十几个“之”字，字字不同，每个字有每个字的写法，笔法千变万化，令后人叹为观止。《兰亭序》被誉为“天下第一行书”。

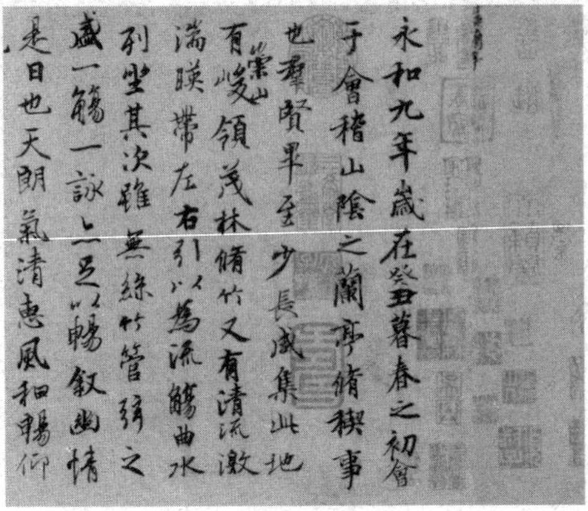

兰亭序帖（部分） 东晋 王羲之

颜真卿的《祭侄文稿》为颜真卿祭奠其侄子季明的祭文，全部情感、悲痛注于笔端，因而张宴评价道：“告不如书简，书简不如起草。盖以告是官作，虽端楷为强约；书简出于一时之逸兴，则颇能放纵；而起草又出于无心，是其心手两忘，其妙见于此也。”此行书被称为“天下第二行书”。

苏轼行书的代表作是《黄州寒食诗帖》。这幅诗帖是苏轼因“乌台诗案”遭贬黄州时所写的两首诗。诗句沉郁苍凉又不失旷达，书法用笔、墨色随着诗句语境的变化而变化，跌宕起伏，气势不凡而又一气呵成，达到“心手相随”的几近完美的境界。所以后人把它称为继王羲之《兰亭序》、颜真卿《祭侄文稿》之后的“天下第三行书”。

宋体

宋体是指宋代出现的一种字体，它兴起于宋代印刷业的雕版匠之手，字体与楷书相近，但字形更为规整，轮廓几近正方形，横画细，竖画粗，显出墨色浓淡搭配，泾渭分明，看上去令人神清气爽。后代的书籍印刷中多采用这种字体。

三、造字法

中国的汉字已有几千年的历史了。自仓颉用象形图画符号来指称草木鸟兽创造文字后，汉字的发展一直都未偏离以象形为基础、以形声为主要造字法的道路。人们在造字、用字的过程中，不断地总结归纳汉字造字和用字的方法和理论。《周礼·地官·保氏》中就有“六书”的说法，汉代学者则具体说明了六书的名目和内容，其中东汉的许慎在他的《说文解字》中给六书下了定义，并举了例子。许慎的六书是指：象形、指事、会意、形声、转注、假借等。后人认为许氏所指的前四书是造字法，后二书则为用字的方法。

象形

象形是指按照事物的形状画出其模样，并以图画来指称此事物的造字法，它是汉字最初阶段的主要造字法。以象形法造出的象形字都是独体字，都是名词，多指称草木鸟兽等物。如用日来指代日，用☽来指代月，用目来指代目，用羊来指代羊，用豕来指代豕，用马来指代马等。这些字的形体与指代的具体事物非常相似，通过字体就可明白它的意义。

指事

指事是指在象形字或一些抽象符号上加上一些表意符号而创造出新字的造字法。象形字只是指称一些事物的名称，但与此事物相关的一些位置或细部特征或较为繁杂不易表达、或比较抽象无从表达，又不得不使之与具体事物联系起来，以便于人们理解它的意义。对此古人发挥他们的聪明才智，以会意的方法造出新字来指代这些现象。在象形字的基础上，用抽象的表意符号来标明事物细部的具体方位，从而传达出特定的意义。如用上小下大的两条横线表示上，下面长的一横指地平线，上面的小短横则指其所在的具体方位，较为直观地向人们传达了“上”字的含义。在木的下面加一短横为“本”，在木的上面加一短横为“末”，分别指称木的根与梢，传达出了“本”与“末”字的含义。在刀的较薄的一面中间加上一点变为“刃”，指示刀锋所在之处，传达出“刃”字的含义。指事字也是独体字，抽象表意符号脱离象形字本体就失去了明确的指称意义。指事法借用象形法的成果造出更多的、字形变化不大但又意义明确的字，标志着汉字造字法的巨大进步。

会意

会意是指把两个或两个以上的独体字合并在一起而造出有新的含义的字的造字法。这体现了古人观察与综合能力的增强。如把三个“人”字放在一起构成了“众”字，直观而又清晰地传达出人多的含义。把两个“木”字并排在一起构成“林”字，传达出“林”为许多树木长在一起的含义。把水与双足联合在一起构成“涉”字，形象而直观地表达出“涉”为渡水过河的意思。会意字的产生较象形、指事又进了一步，可以合旧造新，合体字由此产生，但还远不能满足造字的需要。

形声

形声是指把代表意义的形旁字和代表声音的声旁字结合在一起而造出

既表意又表音的新字造字法。这种造字法的产生表明古人的分析、分类能力获得了长足的进步，为汉字造字法打开了一个广阔的思路。形声字有八种，分为左形右声、右形左声、内形外声、外形内声、上形下声、下形上声、左上形右下声、右上形左下声等。左形右声的字如湖、柯、情等，右形左声的字如颈、顶等，内形外声的字有闷、闻等，外形内声的字有圆、围等，上形下声的字有菲、荷等，下形上声的字有忘、忿等，左上形右下声的字有旗、病等，右上形左下声的字有望、颖等。形声字既表意又表音，便于人们认读与理解，结构方式简单易行，深受各阶层的喜爱，成为创造新汉字过程中运用频率最高的造字法。在许慎的《说文解字》所收的 9300 多个汉字中有 89% 以上的字是形声字。随着社会的发展、事物分类的细化，造出了更多的形声字，迄今为止，大约有 90% 的汉字为形声字。但由于汉字经过几千年的发展演变，语音古今变化很大，形旁的表意功能也渐渐减弱，造成许多形声字难以认读。

转注

转注指用同义字代替本字的造字和用字的方法。在古代汉语中，同义或近义字可以相互注释。如“考”即“老”、“老”即“考”，表面看来只是字的相互替换而已，只能算是一种用字的方法，其实不然。汉字在具体的语境中有具体的含义，用一个本意相近的字来代替本字，则在一定程度上扩大了用来代替的字的使用范围，不知不觉中为该字添上了新的含义，从这个角度看，说该字为新造出的字未尝不可。因此说，转注兼有用字与造字的功能。

假借

假借是指本无其字，借同音字来代替它的造字法。如“其”字，是文言文中常用的虚词，作“他”、“难道”等义讲。但这些含义很抽象，无形可象、无事可指、无意可会、无形可依，只得借同音字来代替。“其”为象形字，本义是“簸箕”，借用作文言虚词后，原义就渐渐消失了。后人又造“箕”字来表示“簸箕”。这种造字法称为假借。假借与通假有区别。假借须具备两个条件：一是本无其字，二是借后原义丧失。而通假则是本有其字，暂时用同音字代替，它的原字的本义不会丧失，借用的同音字的含义则稍有扩大。在汉语中，假借字所占的比例较小，因而假借作为一种造字法在建构汉字体系中所起作用并不大，但它还是为汉字数量的扩大提供了简便易行的途径。

由于汉字的形体随着时间的推移而不断发生变化，初始汉字所具有的图画象形、形义同构的特征就日渐模糊，这就使后人对某些汉字本义的理解产生较大的困难。为此，古代的文字学家做出了不懈的努力，取得了许多突出的成就，解说汉字构造法和汉字意义的字典的产生就是其表现之一。目前所知的最早且有完整系统的汉字字典是东汉时许慎编写的《说文解字》。许慎借鉴前人在文字学上的研究成果，对我国古汉字的构造方法及其音义系统进行了全面而系统的总结。他对东汉中流行的六书说造字理论进行了系统的阐释。他还首创了部首检字法，把全部收集入书的汉字归为 514 部。《说文解字》全书分 15 篇（加“叙”言），每篇又分上下卷，收字 9353 个，用 133441 个字的篇幅来解说所收的字的构成及其意义。此书以秦汉通行的小篆为主体兼注一些古文、籀文。这部书对总结秦汉以来的汉字，帮助后人认识甲骨文、金文，研究古文字、古文献等方面都有重大意义。

东汉以后直至清康熙以前，陆续出现过一些字典，但影响力都不及许慎的《说文解字》。《康熙字典》问世后，这种状况得到改观。《康熙字典》是我国的第一部以“字典”命名的工具书。它是 1710 年清代康熙皇帝命张玉书、陈廷敬等 30 人编纂的，经过 6 年才告完成。这部字典分 214 个部首，按笔画多少排列顺序。释字体例是先注音后释义，再列出此字的别音、古音、别义。整个字典收有 47035 个汉字，是古代收字最多的字典。

它在体例、规模、释字的详尽等方面相对《说文解字》来说都实现了重大的突破，在发行后的二百多年中影响较大、流传极广。

文　学

一、先秦文学

《诗经》与《楚辞》

《诗经》是中国的第一部诗歌总集，它收录了西周初至春秋中叶大约五六百年间的诗歌 305 首，因而又称为“诗三百”，据传是孔子编订的。《诗经》由风、雅、颂三部分组成。其中，风包括十五“国风”，有诗160篇；雅分“大雅”、“小雅”，有诗105篇；颂分“周颂”、“鲁颂”、“商颂”，有诗40篇。风为地方诸侯国的乐歌，内容反映诸侯国的风土和风俗；雅为王畿内宫廷贵族所用的标准音乐；颂为祭神祭祖时所用的歌舞曲，是典型的庙堂乐章。

三类中以国风和小雅中的部分作品文学成就最高。《诗经》的内容主要包括政治讽刺诗、爱情婚姻诗、农事征役诗、周民族史诗等。讽刺诗表现了诗人悯时伤乱、愤世哀民的思想感情，具有很强的批判性和斗争性。代表性作品有《鄘风·相鼠》、《魏风·伐檀》、《小雅·巷伯》等。婚恋诗最突出的特点是“各言其情”，无论是“男悦女之词”，还是“女惑男之语”，也无论是写青年男女思慕幽会，还是写弃妇的悲伤悔恨，都情意真挚，感人至深。其中传诵于世的佳作有《周南·关雎》、《郑风·溱洧》、《秦风·蒹葭》、《王风·采葛》等。这两类诗较其他诗篇文学艺术上的成就较高。《诗经》中的诗具有朴素的现实主义特色和朴实自然的艺术风格，善于使用生动形象的赋、比、兴手法，状物抒情生动自然。《诗经》在语言句式和篇章结构上也独具特色：在词汇上它多用虚词、语气词、双声叠韵词；在句式上以四言为主，每句二拍，杂以一、二、三、五、六、七、八言；在篇章结构上多采用联章复沓、回环往复的手法；再加上韵脚和谐，声调铿锵，能产生强烈的节奏感和音乐美。《诗经》奠定了后代诗歌创作的基础，成为现实主义诗派的源头。

《诗经》从多方面表现了那个时代丰富多彩的现实生活，反映了各阶层人们的喜怒哀乐。不管是个人的失意忧伤之情，军中的厌战思乡之情，还是男女之间的甜美恋情，都以“乐而不淫，哀而不伤”为抒情基调，显得节制而婉转，总体上形成了委婉曲折、细致隽永的特点，深刻地影响了中国诗歌以含蓄为美的审美精神。

清·方玉润《诗经原始》书影

《楚辞》是战国后期楚国屈原、宋玉等人创作的诗歌，是一种富有南方地方特色的新诗体。楚辞受楚地歌谣的影响很深。楚歌的体式和《诗经》不同，不是齐整的四言体，而是每句长短不一，句尾或句中常用“兮”字作语气词。这也是楚辞的显著特征，阅读时不可不注意。楚地盛行的巫教也影响了楚辞，使楚辞具有浓厚的神话色彩。楚辞充满奇异想象和炽热的情感。诗人在表现情感时，大量运用神话材料，驰骋想象，上天入地，飘游六合九州，给人以神秘的感受。

楚辞是先秦北方史官文化同南方巫官文化融会、交流的产物。屈原的创作直接促成了楚辞诗体的成熟。他创作的《离骚》不但是《楚辞》中最杰出之作，也是中国诗歌史上第一篇宏伟壮丽的抒情长诗。按其叙述、抒情的脉络大致可分为前、后两个部分。前一部分从开篇到“岂余心之可惩”；后一部分从“女嬃之婵媛兮”到结束。前一部分是对以往事实的追述，侧重对政治生涯的回顾；后一部分是对未来事情的探索与追求，注重诗人悲剧性格的塑造。《离骚》全诗贯穿着诗人不断求索和坚贞于祖国的精神。《离骚》在以现实主义为基调的同时，突出了浪漫主义特色，开辟了中国诗歌的浪漫主义先河。其浪漫主义风格主要表现在壮烈的激情、飞腾的想象、奇幻的意境和绚丽的文采上。《离骚》的比兴手法运用得更为充分、自觉、鲜明，其善鸟香草、恶禽臭物或配忠贞，或比谗佞，无不“寄情以物”、“托物以讽”，具有典型的象征意义。《离骚》的艺术成就还表现在语言形式上。它打破了四言体的格局，吸收民歌形式，特别是楚歌形式，创造了句法参差灵活、结构富于变化的“楚辞”诗体，为以后五、七言诗的出现打下了基础，又对辞赋的出现产生了直接影响。屈原还创作了《九歌》等作品。

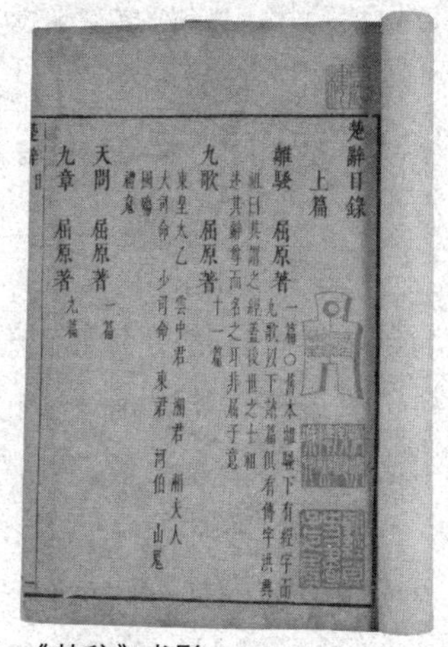
楚辭目錄
上篇
離騷　屈原著　一篇○舊本離騷下有經字
九歌　屈原著　十一篇
東皇太乙　雲中君　湘君　湘夫人
大司命　少司命　東君　河伯　山鬼
國殤
禮魂
天問　屈原著　一篇
九章　屈原著　九篇

《楚辞》书影

《左传》

《左传》原名《春秋左氏传》，相传为鲁太史左丘明编写而成，是我国第一部编年体史书。它的记事起于鲁隐公元年（公元前 722 年），止于鲁哀公二十七年（公元前 468 年），生动反映了这一时期巨大而深刻的历史变迁，再现了重大的历史事件以及有关的诸侯、卿大夫等各类人物的活动。《左传》

具有极高的史学价值，在文学上也取得了突出的成就，对后世的史传体散文创作提供了良好的借鉴。《左传》的文章细密详赡，富于文采，给人以具体生动之感，同时又委婉蕴藉，意味深长，使人寻绎不倦，将历史性和文学性有机地统一在一起。

《左传》的记事文体大概可分三类，每类的来源不同，其史料价值因之而异。第一种是文字比较简短，但有月日，此类应出自当时史官记事，其史料价值最高；其次是一般记事，包括那些零星的故事，一般无时间记载，多半出自各国私人记录，此类史事与传说都有，一般是可信的，少数是后人插入的，那就不可信了；再次是一些长篇大论的文章，类似《国语》，很像后人借题发挥，其可信度较低，有的甚至是不可信的，当分别观之。

《左传》以叙事精彩见称。书中描绘了波澜壮阔的战争画卷，不仅写出复杂的战争过程，而且注重交代与战争有关的政治、外交等活动，具体揭示战争的背景及胜负原因。《左传》比较重视刻画个性鲜明的人物形象。主要运用随事写人的方法，把人物放在尖锐的矛盾冲突中，通过具有典型意义的细节、场面和对话，展现不同人物的性情和心理。文章笔墨简省，故事性强，人物之间互相映衬烘托，在动态中凸显各自的个性特征。《左传》的行文措辞讲究辞令之美。人物的言辞多委婉巧妙，典雅从容，在彬彬有礼的外表下包藏着锋芒。

诸子散文

诸子散文是指春秋战国之际儒家、道家、阴阳家、法家、名家、纵横家、农家、杂家、小说家等学派的士人所创作的散文。这些散文作品热切地关注现实生活，表现出强烈的理性精神，内容极为广泛，举凡政治、哲学、伦理、艺术、教育、逻辑、军事乃至自然科学，几乎无所不包，其理论热点则是现实的社会与人生。作者或提出各种救世方案，设计不同的社会理想、人生理想，或具体探讨实现这些理想的途径、措施、主客观条件，以及人应当如何在现实中安身立命。其中影响巨大的作品有儒家的《论语》、《孟子》、《荀子》，墨家的《墨子》，道家的《老子》、《庄子》，法家的《韩非子》，以及纵横家的《战国策》等。战国前期的诸子散文如《论语》、《墨子》、《老子》大都成书于作者身后，由其门人所编纂。它们或采用语录体，或保留了语录体的痕迹。《论语》是一部记载孔子及其弟子言行的书，是语录体的散文集，书中多为简短的语言片断。有些段落从常见的生活现象中概括出深刻的哲理，言简意赅，耐人寻味，对后代笔记、小品一类散文有很大影响。战国后期的诸子散文如《孟子》、《荀子》、《庄子》、《韩非子》、《战国策》等则由语录体逐步演进为完整严密的单篇论文，由集体的记录发展为个人的独立创作，其体裁和写作方法日趋丰富与完善。

①《论语》

《论语》是一部以记言为主的语录，同时具有一定的文学价值。它以当时通俗平易、明白晓畅的口头语言为主，又吸收古代书面语言精粹洗练、典雅严谨的长处，形成了一种言简意赅而又深入浅出、朴实无华而又隽永有味的独特语言风格。《论语》善于从常见的生活现象中概括出深刻哲理，尤其善于把深邃的哲理凝聚于具体的形象之中，使抽象的说理文字具有某种诗意。如“岁寒，然后知松柏之后凋也”(《子罕》)，通过赞扬耐寒的树木，来歌颂坚贞不屈的人格，形象鲜明，意境高远，启迪了后世无数文人的诗情画意。《论语》词汇丰富、新鲜、生动、活泼，大量使用排比、递进、并列、对偶等手法，句式长短相间，错综变化，造成迂徐婉转、抑扬唱叹的效果，有很强的表现力。同时，《论语》中经常采用“比物连类”的含蓄手法，造成特殊的意蕴和审美效果。如《阳货》:“不曰坚乎！簟艋磷。不曰白乎，涅而不缁。吾岂瓠也哉，焉能系而不食？”连用三件具体实物，一层进一层地表明自己的政治态度，把微妙的心理寄寓在浅近的形象之中，再辅以重叠反诘的句式，更显出一种无可奈何的苦衷，耐人寻味。

②《孟子》

《孟子》这一文章体现出高超的辩论艺术。为了让自己的“仁政”理想推行天下，孟子动辄便与人言辞交锋，唇舌开战，而且必欲争胜。他曾经说过:“吾善养吾浩然之气。”(《公孙丑上》)这种浩然之气，是一个正直笃行的士大夫对仁义道德进行坚持不懈的追求，从而形成一种至大至刚、充塞于天地之间的人格魅力。由这种人格魅力所决定，《孟子》在嬉笑怒骂之间传达观点，绝不作吞吞吐吐之状，感情激越，词锋犀利，气势恢宏，如长河大浪磅礴而来，横行无阻，震荡乾坤。他对自己憎恶的人物与现象总是予以辛辣讽刺，猛烈抨击，毫不留情，因此文章总是显得理直气壮，义正辞严。他对自己的理想、信念坚信不移，每当述及理想的时候总是激昂慷慨，深情无限。例如“鱼我所欲也”、“天将降大任于斯人也”两章以及向齐宣王宣扬仁政的威力等处，或悲壮，或庄严，或热情洋溢，都具有强烈的抒情性。这些作品不仅有凌轹一切的理论力量，而且使读者受到感染。这种理直气盛的做人和行文的风格，以其巨大的魅力，影响着后世一代又一代的作家。在与人辩论中不管对方是国君还是平民，他都能不卑不亢，有理有据，从容陈词，步步紧逼，纵横捭阖，有时因势导利，有时犯颜诘问，尤其善于抓住对方心理、抓住对方破绽展开长篇大论，大有战国纵横家的气概。

《孟子》又以善用譬喻见长。孟子喜欢在说理文章中结合故事，使用寓言、恰当比喻，以阐述深奥的理论问题。这些譬喻大都从现实生活中取材，平易通俗而又发人深省。比如，他把百姓盼望仁政比作“大旱之望云霓”，把道义与生命的关系比作鱼和熊掌等，都浅显易懂，形象生动。书中的寓言大都不长，其中很少刻意渲染，但又寓意鲜明，涉笔成趣。如“日攘邻人之鸡”、“奕秋”等，都颇为生动传神。

③《庄子》

《庄子》在艺术上最大的特色，就是善于用艺术形象来阐明哲学道理。庄子认为，至高无上的大道理难以用语言表达，逻辑的语言并不能充分地表达思想，只能借助于直觉领悟。因此,《庄子》采用了“寓言”、“重言”、“卮言”为主的表现形式。所谓“寓言”，意思是言在此而意在彼，作者借助河伯、海神、云神、元气，甚至鸱鸦狸狌、山灵水怪等逸出尘想的艺术形象，演为故事，来讲述一定的道理。所谓“重言”，是借重古先圣哲或当时名人的话，或另造一些古代的“乌有先生”来谈道说法，让他们互相辩论，或褒或贬，没有一定之论。但在每一个场合的背后，却都隐藏着庄子的观点和身影。“卮”是古代的漏斗，所谓“卮言”，就是漏斗式的话。漏斗的特点是空而无底，“卮言”隐喻没有成见的言语。通过这三种暗示性的表现方式，《庄子》把深奥的哲理化作具体生动的艺术形象，给读者留下了广阔的想象空间，似乎具有无限阐释的可能性。

在《庄子》中，作者为人们展现了一个奇幻丰富、光怪陆离的艺术想象世界，使得作品充满了浪漫主义的瑰丽色彩。作者向古代神话传说汲取了丰富的养料，再加上自己匠心独运的艺术创造，编制出新奇怪诞的形象和故事，使作品充满了神奇莫测、出人意表的境界。在作者富有想像力的生花妙笔下，小到草木虫鱼，大到飞禽走兽，都获得了人的思想、情趣和性格，而在这些生物的活动以及它们所发的议论中，又表现出作者自己的思想和观点。《庄子》这种恣肆纵横、奇特瑰丽的浪漫主义特征对后世影响极大，后人因此把《庄子》与浪漫主义的另一典范《离骚》并称为“庄骚”。

④《韩非子》

《韩非子》是先秦法家学说的集大成者韩非的著作集。其文章特点表现为直言不讳，无所文饰；议论透辟，长于驳论；笔锋犀利，行文明快；大量运用寓言故事和历史知识，大大增强了其文章的形象性和说服力。

值的一提的是，《韩非子》书中记载了大量脍炙人口的寓言故事，著名的有“自相矛盾”、“守株待兔”、“讳疾忌医”、“滥竽充数”、“老马识途”、“画鬼最易”等。这些生动的寓言故事蕴涵着深刻的哲理，以其思想性和艺术性的完美结合，给人们以智慧的启迪，具有较高的文学价值。

⑤《战国策》

《战国策》是一部辑录战国时期谋臣策士谋划或辞说的著作，不是某一人的作品，它是战国至秦汉间纵横家游说之辞和权变故事的汇编，它不作于一时，也不成于一手。汉代刘向按东周、西周、秦、齐、楚、赵、魏、韩、燕、宋、卫、中山十二策分编，共 33 卷，定名为《战国策》。它记载了继《春秋》以后，至楚、汉之起以前，共 245 年间的历史。因而此书思想活跃，有许多纵横阴谋之术，不合于儒家的思想，故被儒家所排斥，未得在世广泛传播，后来便渐渐残缺不全。

二、秦汉时期的文学

汉赋

赋是汉代最有特色的文体，汉代的文学家大多致力于这种文体的创作，赋可以说是汉代文学的代表。

赋早在战国时期就已经出现了，最早作赋体的应该是荀子。据《汉书》记载，荀子有赋 10 篇，现遗存下来的有《礼》、《知》、《云》等 5 篇。西汉初年的赋家继承了《楚辞》的风格，创作出“骚体赋”。其中最有成就的应该是贾谊和枚乘等人。贾谊有 4 篇作品完整地保存下来，其中最具代表性的是《吊屈原赋》和《鹏鸟赋》。

《吊屈原赋》是借悼念屈原而抒发自己内心的愤慨。作品表达出自己怀才不遇的真情实感，为骚体赋增加了新的内容。《鵩鸟赋》是假设与鵩鸟的对话而铺陈出的一篇文章，着重写了如何用老庄思想来排解自己的忧愁，很具那个时代的代表性。枚乘是继贾谊后又一著名的辞赋家。他流传至今的作品《七发》运用铺陈、夸张的手法有感而发，结构宏伟，气势不凡。它的出现标志着汉代散体大赋的正式形成。西汉初年到东汉中期，是汉赋发展的高峰期，《汉书·艺文志》记载汉赋900余篇，作者有60多人。司马相如是汉代大赋的奠基者和成就最高的作家。《文选》中所载《子虚》、《上林》就是他的代表作。

《子虚赋》、《上林赋》在艺术上最为突出的特点就是极度夸张的铺陈描写。例如在描写云梦泽时，作者极力写这里的山水土石的名贵，接着把他所想象到的一切奇花异草、珍禽怪兽，都依照东南西北上下的方位排列于其中。这两篇大赋在当时所取得的重大成就，是不容忽视的。它建立了汉赋的固定形体，成为后世赋家刻意模仿的样板。

司马相如的赋重铺排，重夸饰，极富于文采美和音乐美，为汉代散体大赋确立了比较成熟的形式，他的赋无论在形式还是在内容上都代表了汉赋的最高成就。

这时期的作家还有东方朔、枚皋、王褒等人。东汉末年，汉赋的思想内容、体制都开始转变。这时期的代表者是张衡。他最有代表性的赋作是《二京赋》和《归田赋》。

当时天下承平日久，统治者耽于享乐，极尽奢华，《二京赋》在结构谋篇方面完全模仿班固的《两都赋》，以《西京赋》、《东京赋》构成上下篇。文中生动地描绘了宫室的辉煌、官署宿卫的严整，后宫的侈糜，其间又穿插了商贾、游侠、角抵百戏、嫔妃邀宠的描写，展现了汉代的城市生活和风俗民情。文章的气势波澜壮阔，成为汉代“京都大赋”的代表之作。

从文学发展的历史看，西汉辞赋的兴盛促进了中国文学观念的形成，开始把文学与学术区分开来，对文学基本特征有了一定的认识，使文学观念从此逐渐清晰、明朗起来。

散文

秦汉时期，散文有了一定的发展。因为秦朝实行毁灭文化的政策，因而就有了“秦世不文”的说法。

西汉时期，散文的发展进入一个辉煌的时期，这期间最具代表性的当推司马迁的《史记》和班固的《汉书》。

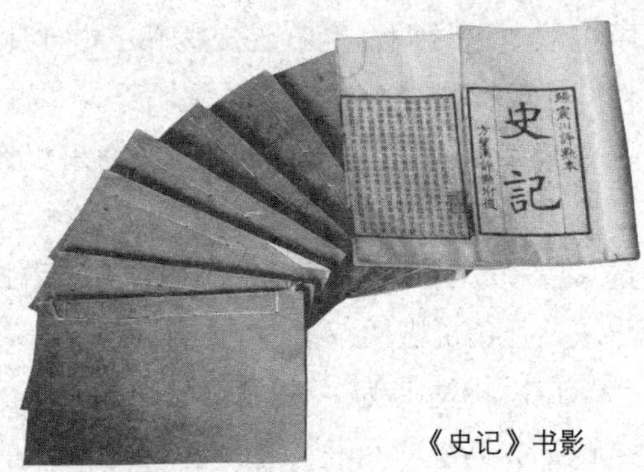

《史记》书影

《史记》全书共130篇，52万字，记事上起轩辕黄帝，下迄汉武帝太初年间，由十二本纪、十表、八书、三十世家、七十列传组成。十二本纪按照历代帝王的先后顺序记载了各朝兴衰终始，十表排列了帝王和诸侯国之间的大事，八书是有关经济、文化、天文、历法等方面的专门论述，世家主要是贵族之家的历史，列传则是社会各阶层、各类型风云人物的传记。这五种体例相互补充而形成宏大框架，贯通古今，全面地反映了从黄帝到汉武帝3000年历史风貌，是我国古代历史的伟大总结。

《史记》是中国第一部纪传体通史，其中塑造了各种鲜明的人物形象。作为一部传记文学的经典作品，《史记》在中国散文史上起到了一个承前启后的重要作用。

司马迁在著书过程当中秉承“实录”精神，通过对事件的记述和历史规律的研究，提出了许多富有创造性的观点，如他对于经济、民族关系、下层人民等的卓绝认识，是“史家之绝唱”。同时，《史记》开创了我国以人物为中心的文学艺术，叙事简明生动，语言朴素简炼、庄谐有致，体现出浓厚的抒情性，被誉为“无韵之离骚”。

《汉书》是中国第一部纪传体的断代史，是班固的倾心之作，叙事简练明了，结构严谨，体现了汉代史传文章的发展变化，把散文的发展推向了一个新的水平。

诗歌

汉代诗歌是在《诗经》、《楚辞》和秦汉民歌的基础上发展起来的。内容来自民间歌谣和文人创作。汉代中成就最高、影响最大的诗歌应属两汉乐府民歌以及东汉后期无名氏文人的五言古诗。

秦末汉初最为盛行的是以项羽《垓下歌》、刘邦《大风歌》为代表的楚声短歌。这时期，楚歌已成为帝王贵族和文人雅士抒发情感的一种流行诗体，故遗存作品很多，如《秋风辞》、《瓠子歌》及《天马歌》等。

今存汉代乐府民歌及谣辞多为东汉作品。题材广泛，内容丰富，一般多采用叙事手法，揭露现实生活中的黑暗和苦难。东汉乐府最著名的作品就是长篇叙事诗《孔雀东南飞》，它标志着民歌艺术发展到了一个高度成熟的阶段，开创了古代叙事诗的优良传统。

在以抒情诗为主的文学大背景下，汉代乐府诗以其突出的叙事性独树一帜，成为文学百花园里一朵常开不败的奇葩。汉乐府最基本的艺术特色就在于它的叙事性，出现了由第三者叙述故事的作品和有一定性格的人物形象及比较完整的情节，奠定了中国古代叙事诗的基础。与这种叙事性相伴随的则是汉乐府民歌所体现出来的激烈而直露的感情，形成了一次情感表现的解放。同时这种精神也开启了后代法门：建安曹操诸人古题乐府的“借古题写时事”，杜甫新题乐府的“即事名篇，无复依傍”以及白居易所倡导的新乐府运动“歌诗合为事而作”等均源于此。其次，汉乐府民歌的主要形式是杂言体与五言体，这也对后代诗歌创作影响深远，后代杂言莫不源于汉乐府，而五言体则逐渐取代了《诗经》的四言和《楚辞》的骚体，成为我国诗史上一种重要的诗歌形式。总之，作为汉代非主流的民间创作，汉乐府深刻影响了后代文人的创作，促进了诗歌的兴起，在文学史上具有相当重要的地位。

汉代诗歌继承和发展了《诗经》、《楚辞》的传统风格，反映出两汉的社会生活状况和阶级矛盾，表达出人民的思想和愿望。汉代诗歌作品大都保存在《史记》、《汉书》、《后汉书》等史书中，其中乐府歌辞大多记载在《宋书·乐志》和《乐府诗集》中。其艺术思想对后世影响非常深远。

《古诗十九首》，组诗名，汉无名氏作，非一时一人所为，是一组非常成熟的、文学价值颇高的五言诗歌。

《古诗十九首》的艺术成就十分突出，被誉为“惊心动魄，一字千金”。其主要艺术特色是长于抒情：融情入景，寓情于景，善于通过某种生活情节抒写作者的内心活动，抒情中带有为事意味；同时善于运用比兴手法，着墨不多而能言近旨远，语短情长；语言不加雕琢，浅近自然，但又异常精炼，含蓄蕴藉，余味无穷。其高度艺术成就是五言诗已经达到成熟阶段的标志，被刘勰誉为“五言之冠冕”。

三、魏晋南北朝时期的文学

散文的重大变革

魏晋南北朝时期是中国散文又一次重大变革的时期，是文学独立自由的时代。

汉魏时期是中国散文开自由之风的时期，这时期最杰出的代表就是曹操父子与建安七子。曹操不但是政治上有名的政治家，他也是当时杰出的散文家。曹操的文章形式自由，简约严明，如《遗令》、《求贤令》等写得十分随便，有人说他是“改造文章的祖师”，对散文的发展起到重要的作用。

曹丕是真正当上皇帝的人。他博闻强记，下笔成章，其创作以写游子思乡、思妇怀远见长，缠绵悱恻，深切动人。今存其诗约40首，代表作《燕歌行》两首，是现存最早的完整七言诗，文笔纤细，感情细腻。散文成就也较高，代表作有《与吴质书》。其文学专论《典论・论文》是我国较早的文学批评专著，在论文中他高度评价了文学的功用。

和父亲相比，曹植显然少了许多英雄的豪迈气魄，但是又多了些才子的浪漫情怀。他的作品大多精心锤炼，其结构精致，刻画入微，对仗工稳，语言华美。

“七子”的创作各有个性，各有独特的风貌。孔融以奏议散文闻名当时，作品体气高妙。王粲诗、赋、散文号称“兼善”，其作品抒情性强。徐干诗、赋皆能，文笔细腻、体气舒缓。陈琳、阮瑀均长于章表书记，相比而言，陈琳比较刚劲有力，阮瑀比较自然畅达。应玚亦能诗、赋，其作品和谐而多文采。刘桢擅长诗歌，所作气势高峻，格调苍凉。

建安七子当中，数孔融和王粲的成就最高。孔融的文章以议论为主，如《荐弥衡疏》、《论盛孝章书》等，都是直抒己见，放言大胆，毫无顾忌。王粲主要以写议论文和书信为主，其中不少是对世人的忠告，非常恳切。

西晋之时，散文仍以议论为主。这时期有名噪一时的三张、二陆、两潘、一左，两晋之间的刘琨、郭璞散文也非常有特色。东晋时期骈文开始盛行，不过还是有很多人在散文上大下工夫，如陶渊明和王羲之。王羲之的书信很出色，如《与会稽王笺》、《报殷浩书》等。其最为人称颂的是《兰亭序》，文笔清新自然，风格疏朗。陶渊明的散文很具真情实感，其传世名作《桃花源记》寓意深刻，令人称奇。其中，《归去来兮辞》是陶渊明辞官归隐之际与上流社会公开决裂的宣言。文章将叙事、议论、抒情巧妙地融为一体，以绝大篇幅写了他脱离官场的无限喜悦，想象归隐田园后的无限乐趣，表现了他对大自然和隐居生活的向往与热爱。语言自然朴实，有着浓厚的乡土气息。

南北朝时期因为骈文鼎盛，散文开始衰落，但也不乏一些成就卓著者，如范缜、裴子野等。范缜的《神灭论》道理透彻，锋芒毕露。裴子野的《雕虫论》代表了由文向质转变的势头。还有苏绰的《大诰》、颜之推的《颜氏家训》、郦道元的《水经注》等都是散文的代表作。另外，魏晋南北朝时期的一些史学家、小说家作品如陈寿的《三国志》、干宝的《搜神记》、刘义庆的《世说新语》等，都从各个方面说明了这一时期的散文不俗的成就。

①《三国志》

《三国志》是我国古代一部著名的纪传体史书，名为志，其实无志。全书共 65 卷，分为《魏志》30 卷，《蜀志》15 卷，《吴志》20 卷，记载了汉献帝初平元年到晋太康元年之间共 90 年的历史。其中《魏志》1 ~ 4 卷是帝纪，《魏志》其他部分和《蜀志》、《吴志》全部是列传。《三国志》成书后就受人推崇，人们赞誉它“善叙事，有良史之才”，“辞多劝戒，明乎得失，有益风化”。这确实道出了《三国志》的特点。

《三国志》在叙事方面，对于史事的安排是比较严密的。同是一事，采取详略互见，即避免了重复，又充分再现了当时的历史。

全书文笔简洁，记人叙事，生动传神，在传记文学方面，亦有较大的贡献。

②《搜神记》

《搜神记》是较早集中记述神话传说、俗闻逸事的专书，共搜集故事 464 篇。书中故事大都源于神话传说、宗教演绎和民间传闻，虽然虚妄荒诞，却也各有理寓。讲忠孝节义的，反映儒家观点；讲神仙术数的，植根道教思想；表现因果报应的，源于佛学宗旨劝善惩恶则是三教殊途同归的目的。撩开其鬼怪世界的神秘面纱，可一窥民俗风情，可了解世道人心。

这些故事情节曲折、描写细致，已经是比较成熟的短篇小说了，对唐代的传奇和元明两代的戏曲都有较大的影响。

③《世说新语》

《世说新语》是以记录人物的轶闻琐事为主的志人小说，堪称中国文化史上的一部奇书。编纂者刘义庆是刘宋武帝刘裕的侄子，13 岁时被封为南郡公，后来又袭封临川王，很受皇帝的赏识和重用。

《世说新语》按照类书的形式进行编排，分为“德行”、“言语”、“政事”、“文学”等 36 篇。主要记载自东汉至东晋这一段历史中文人名士的言行，对统治阶级的政事和日常生活也有涉及。所记的事情，以反映人物的性格和精神风貌为主，并不追求历史的真实性。

《世说新语》共收 1000 多则故事，笔法简约隽永，语言质朴简练。一般只有数行文字，短的只是三言两语，就将人物本身最有特征、最富于意味的动作和语言，直接呈现出来，描绘出人物的神韵来。该书对后世笔记文学产生了很大的影响，其中不少故事，如“祢衡击鼓骂曹”、“曹植七步成诗”等为后世的小说、戏剧提供了素材。

骈文的产生

骈文是指通篇为骈偶句或以骈偶句为主的文章。

骈文是与散文相对而言的，其区别在于是否讲究对偶与韵律。

西晋太康年间，诗文形式主义发展很快，辞藻华丽，这种趋向正是骈文开始出现的前奏。太康体指西晋武帝太康年间的一种诗风，或一种诗体。“太康体”语见宋严羽《沧浪诗话·诗体》：“太康体（晋年号左思潘岳二张二陆诸公之诗）”。据说源于钟嵘的《诗品》：“太康中，三张二陆两潘一左，勃尔复兴，踵武前王，风流未沫，亦文章之中兴也。”太康文坛比较繁荣，诗歌一般以陆机、潘岳为代表。太康诗歌比较注重艺术形式的追求，讲究辞藻华美和对偶工整，但往往失于雕琢，笔力平弱，带有消极影响。

陆机，骈体文的奠基者。他的《吊魏武帝文》、《豪士赋序》、《叹逝赋序》等，大量使用对偶句，议论与抒情相结合，是骈体文的典型代表作。

南朝时齐武帝永明年间“四声八病”的声律说的出现，对文章的骈体化起到了极大的促进作用。沈约著《四声谱》，倡导声律理论，提出了具体的声律理论、写作法则及其原理，也就是四声法则。还提出必须要避免八病。作为对五言诗的写作要求，遵循“四声”，避免“八病”，这就是以沈约为代表的永明声律论的主要内容和核心所在。

南朝的颜延之、孔稚珪、王俭等著名文人都是著名的骈文作家。北朝的文人和文章显然就不如南朝多，但其文受南朝影响，也很有特色。如北魏后期的温子昇、北齐的魏收都是写骈文的好手。

辞赋的衰落

三国两晋之赋，以抒情咏物的小赋为主，如魏正始时期何晏的《景福殿赋》、阮籍的《猕猴赋》、嵇康的《琴赋》等，都非常有名。西晋时潘岳的《西征赋》、《秋兴赋》，陆机的《豪士赋》、《文赋》等都是艺术感染力很强的小赋。到东晋时，辞赋向清新明快的趋势发展。如袁宏的《东征赋》、郭璞的《江赋》及陶渊明的《闲情赋》、《感士不遇赋》、《归去来辞》等作品，风格之独特，前所未见。

南北朝时期，辞赋兴盛，名家也很多，赋也逐步骈体化。南朝的鲍照是最杰出的辞赋家，他的《芜城赋》广为传诵。还有谢朓的《思归赋》、《游后园赋》，萧纲的《晚春赋》，萧绎的《采莲赋》等都清新自然，流传也较广。

北朝辞赋名家名作极少，最突出的就数庾信，他的《春赋》、《荡子赋》等抒情小赋，格调纤弱，艺术水平高超。他最主要的代表作还是《哀江南赋》，情文并茂，下笔有神。

该赋以自身的经历为线索，历叙梁朝由兴盛而衰亡的经过，是一篇用赋体写的梁代兴亡史和作者自传。全篇凝聚着对故国臣民在金陵、江陵两次被祸的哀伤，概括了江陵陷落时被俘到长安的10万臣民的血泪生活，将叙事、议论、抒情结合一体，感情深沉悲痛。

庾信把此朝的骈体赋推向了极致，但同时也标志着“赋”这种文体的衰落。

四、唐朝文学

由骈文渐入古文的唐代散文

散文在隋唐五代时期发生了重大的变革，在中国散文发展史上起着承前启后的重大作用。

隋初，不少文人不满骈文之浮华，痛骂六朝文人，然终隋一代，骈文一直居主导地位。唐初，骈文也占主导。唐太宗的重实录、反浮华，引起对文体、文风的改革运动。陈子昂于初唐真正反对骈体文而提倡写古文。其文风质朴疏朗，为改革文体、文风找到了正确方向。

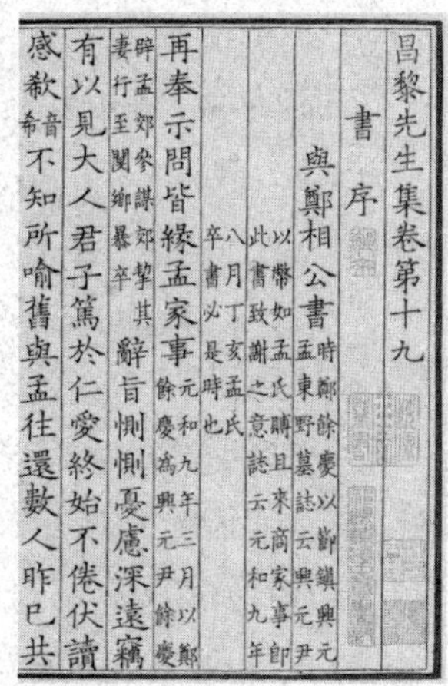
昌黎先生集卷第十九
書 序
與鄭相公書 時鄭餘慶以節鎮興元 孟東野墓誌云興元尹
以幣如孟氏賻且來商家事郎 此書致謝之意誌云元和九年
八月丁亥孟氏 卒書必是時也
再奉示問皆緣孟家事 元和九年三月以鄭 餘慶爲興元尹餘慶
辟孟郊參謀郊挈其 妻行至閿鄉暴卒 辭旨惻惻憂慮深遠竊
有以見大人君子篤於仁愛終始不倦伏讀
感歎 音 希 不知所喻舊與孟往還數人昨已共

《昌黎先生集》书影 唐

然而，用骈文写作的风气直到盛唐，甚至中唐时期都未曾真正改变。但是随着盛唐、中唐古文运动的兴起和发展，骈文受到了极大的冲击，散文取得了很大程度的发展。玄宗时期的张说、萧颖士等人力辟骈文流弊，开古文运动之先声。盛中唐之际，元结是成就最高的散文家。其作品短小精悍，善于讽刺，如《化虎论》等。中唐韩、柳之前，最有影响的散文家有梁肃和柳冕，其文古朴之风为韩愈所师法。

中唐的古文运动伴随社会上政治改革的潮流和思想界儒学复古之风，应运而生。韩愈、柳宗元是古文运动的代表人物。韩愈的文章内容丰富、独具特色、深于立意、巧于构思，语言极富创造性。而柳宗元的文章观点明确、思想深刻，如《捕蛇者说》。他是中国寓言的继承者，如《三戒》寓意深远。同时，他还把中国的山水游记推向一个高峰，如《永州八记》。

进入晚唐，文坛呈现古文渐衰、骈文回潮的趋势。杜牧是此时古文成就最高的。晚唐小品文作家成绩斐然。

五代文坛被骈体主宰，古文销声匿迹，无可称述。

唐诗

唐诗内容广泛，风格流派，更是百花齐放。如田园诗派、边塞诗派、温李诗派等。唐人发展了汉魏以来的五言和七言古体诗，并吸收四声八病说和骈偶对仗的合理内核，将其进一步规则化，产生了新体的律诗。唐诗有一个共同的特点：即能把充实的内容与饱满的感情，高度的写作技巧与纯熟的表现方式完美地结合起来。

根据唐诗在不同时代表现出来的不同特征，一般将其分为“初、盛、中、晚”四个时期。

①初唐时期

初唐为唐诗的因袭变革期。一方面虞世南等人延续齐梁华靡诗风，另一方面以“初唐四杰”为代表的一些中下层文人自觉批判六朝文风，开创新的风格。

“四杰”指的是生活在高宗、武后时期的王勃、杨炯、卢照邻、骆宾王四位诗人，他们“以文章齐名天下”。四杰在文学上有较一致的观点，他们不满齐梁绮艳的诗风，努力以自己内容充实、格调健康的作品扫荡齐梁文风。虽然他们的诗文并未脱尽齐梁风气，但是扩展了题材，笔意纵横，感情真挚，并且熟练运用了七言歌行这一诗体。此外，他们为五言律诗奠定了基础。五言律诗在“四杰”之前已有出现，但作品不多。到了“四杰”的时候，五律才得到充分发挥，并在他们的作品中被逐渐固定下来。

②盛唐时期

盛唐是唐诗的繁荣昌盛期。高适、岑参、王昌龄等人写下了许多边塞诗。王维、孟浩然更擅长写田园风光。李白和杜甫可称为盛唐璀璨星空中最耀眼的双子星座。其中，前者最大的成就在于浪漫主义的表现手法，而后者则是伟大的现实主义诗人。

王维的诗以张九龄罢相为界限，可以分为前后两期：前期写的诗更具有现实意义，对当时社会上一些不合理现象表现出不满；而后期，由于政治上遭受挫折，意志日趋消沉，多在佛教和山水中寻找寄托。

孟浩然的诗作现存200多首，大部分是他在漫游途中写下的山水行旅诗，还有一些是写田园村居生活的。他擅长五言律诗和排律，多写隐逸生活和山水田园风光。他的诗歌，意境清远，淳朴明丽，语言流畅，多自然超妙之趣。虽不无愤世嫉俗之作，但更多属于诗人的自我表现。他和王维并称，其诗虽不如王诗境界广阔，但在艺术上有独特造诣，而且继陶渊明、谢灵运、谢朓之后，开盛唐田园山水诗派之先声。他对山水田园诗派的形成起了重要作用，他在南北朝诗人创

李白像

作实践的基础上，把山水田园诗提升到了一个新的境界，他的诗经常写到漫游于南国水乡所见的优美景色和由此引发的自然情趣。

李白是盛唐最杰出的诗人，也是我国文学史上继屈原之后又一伟大的浪漫主义诗人，素有“诗仙”之称。李诗中常将想象、夸张、比喻、拟人等手法综合运用，从而造成神奇异彩、瑰丽动人的意境。

后人把杜甫的律诗专称为“杜律”，成为写作律诗的最高准则。杜甫用律诗写应酬、咏怀、羁旅，也用它来写山水，写时事。《咏怀古迹》五首、《秋兴》八首，以律诗写组诗，是他的律诗里登峰造极的代表之作。其他如《登高》、《闻官军收河南河北》、《春夜喜雨》、《江村》、《江汉》、《蜀相》、《南邻》、《狂夫》、《野老》、《白帝城最高楼》、《旅夜书怀》等，莫不是传诵千古的名篇。

③中唐时期

中唐是唐诗的繁衍期。此时的风格流派更多，影响最大的要推白居易、元稹等人兴起的新乐府运动。新乐府运动鲜明地提出了“文章合为时而著，诗歌合为事而作”的创作宗旨。

元稹的代表作《连昌宫词》是和《长恨歌》并称的长篇叙事诗，诗人意图通过连昌宫的兴废变迁，探索安史之乱前后唐代朝政治乱的因由。开篇从“连昌宫中满宫竹，岁久无人森似束”的荒凉景象写起，引出一位“宫中老翁”对连昌宫今昔盛衰的追述。全诗以叙述为主。

按照白居易自己的分法，他的诗歌有讽谕诗、闲适诗、感伤诗和杂律诗四大类。这四类中，他自己最为重视的是讽谕诗。这一类诗有的是反映民间疾苦，暴露封建统治阶级的横征暴敛罪行的；有的是反对统治者穷兵黩武的战争的；有的是专门写给那些被压迫妇女的。这些诗中，有《卖炭翁》、《观刈麦》、《杜陵叟》、《上阳白发人》等名篇。诗人对当时的很多政治弊端和严重的社会问题，做了直言不讳的揭露和鞭挞，社会的黑暗、上层的丑恶，都被充分地揭露出来了。在当时有些权贵大臣读了这些诗，竟然“相目变色”，“扼腕切齿”！

其余还有刘长卿等人的山水诗、李益等人的边塞诗等。

④晚唐时期

晚唐是唐诗逐渐衰落期。最初有时称“小李杜”的李商隐、杜牧，之后就未曾出现有重大影响的诗人。

李商隐生于末世，一生凋零坎坷，深受朝廷党派斗争之害，因而愤世嫉俗，忧愁深广。他的诗现存600多首，写政治、写时事，忧国伤时，抒情言志，内容深广。在所有的诗作里，代表其诗歌创作最高成就的是爱情诗。诗人在表达对爱情的热切追求的同时，往往结合了他对理想的执着追求；在流露爱情受挫失败时的怅惘悲哀时，又常常交织着他仕途失意、理想落空的痛苦和怨恨，深情曲折，凄楚动人。

杜牧的作品中，最为人所熟知的是那篇精美的《阿房宫赋》，但是赋家本质是诗人。他广泛地学习李白、杜甫、韩愈、柳宗元，形成了自己“雄姿英发”的独特风格。他作诗重视思想内容，有些作品表现出爱国忧民的思想感情，以及自己的理想和抱负，既表现了忧国忧民的壮怀伟抱，又流露出伤春伤别的绮思柔情，两者刚柔相济，在俊爽峭健之中显出风华绮靡的情致。杜牧的诗歌当中，最为人称道的是律诗和绝句，尤其是七律和七绝。他的诗歌与李商隐齐名，并称“小李杜”。

唐传奇

唐代的文言短篇小说，内容多传述奇闻轶事，后人称为唐传奇。唐传奇反映面非常广阔，生活气息也比较浓厚。它的出现，标志着中国古代短篇小说趋于成熟。

唐传奇内容丰富多彩，其语言一般用散体，但多用四字句，句法较整齐，沿袭了六朝志怪小说的传统。

从整个唐代传奇的发展过程来看，初盛唐时期是它的初步发展阶段。王度所做的《古镜记》是现存唐代传奇中最早的一篇，记叙的是一面古镜降妖、伏兽、显灵、治病以及反映阴阳变化的各种灵异现象，和六朝志怪小说相比还没有太明显的进步。无名氏的《补江总白猿记》和张鷟的《游仙窟》则在人物描写和情节安排方面有所着力。

中唐时期是传奇小说的黄金时代，其内容以反映现实生活为主，即使谈神说怪，也往往具有社会现实性。沈既济的《枕中记》和李公佐的《南柯太守传》为这一类题材的代表。这两篇小说都曲折地反映了封建士子热衷功名富贵的思想，也揭露了官场的险恶和权贵们互相倾轧的种种丑态。

反映爱情的主题，也是这一时期的重要内容，或写神怪、或写人间的爱情故事，都充满了寻常人生的气息。这类作品如《任氏传》、《柳毅传》、《霍小玉传》、《李娃传》、《莺莺传》等，在所有唐代传奇创作中是成就最高的。它们大都歌颂坚贞不渝的爱情，谴责封建礼教和门阀制度对女性的迫害，创造了许多美好的妇女形象。其中《霍小玉传》能够联系广阔的社会生活来描写爱情和刻画人物，结构谨严，形象完美，在反映唐代女子悲苦命运的同时，也揭示了豪门贵族与市井细民之间的对立矛盾，是唐代传奇中的佳篇。

到了晚唐时期，出现大批描写剑侠生活的新题材，成为后世武侠小说的源头。作家们歌颂排难解纷的侠义精神，实际上表现了当时社会弱势群体对于那些仗义除奸的侠客的热切期望，这种强烈期望的背后，反映的是社会的黑暗与不公。这类小说中最著名的有《虬髯客传》、《聂隐娘传》、《昆仑奴》等。

总之，唐传奇在中国小说史上起着重要的承前启后的作用。它所创造的许多生动美丽的人物和故事，以及其中所体现的反抗压迫、追求自由的精神，成为后世小说与戏曲中反复描写的对象和歌颂的主题。

五、宋朝文学

宋词

文学史上，宋代以词著称，宋代是词的全盛时期。两宋时期，词在全社会得到了普及，出现了大量新创词调。

①北宋时期

北宋前期，晏殊、张先等人承袭“花间”余绪，由唐过渡到宋。在过渡中，出现了第一个变革者柳永，其创作大量慢词。

柳永的词，既是他所经历、所理解的社会生活的反映，也是他不假掩饰的真实感情的流露。从内容上看，他的词可分为三类：反映妇女生活、愿望和男女恋情；描摹城市繁华和旅途风光；抒发身世遭遇和感慨功名无成。“有饮水处即能歌柳词”，柳永的词不但内容丰富充实，而且艺术上取得了相当高的成就，加上大部分是通俗易懂的白话词，所以当时流传极为广泛。

在柳永以前，虽然也有创作慢词的，但数量不多，质量也不高。柳永的慢词曲折委婉，长于铺叙；融情入景，善于点染；语言明白，不避俚俗。

慢词到了他手里，无论是在内容上还是形式上，都比此前的作者迈出了一大步。

北宋中后期，苏轼登上词坛，创豪放一派。再加上秦观、贺铸等人的艺术创造，促使宋词出现多种风格竞相发展的繁荣局面。

苏轼的词包罗万象，风格多变，豪放旷达有如《念奴娇·赤壁怀古》，婉约凄恻有如《江城子·十年生死两茫茫》，活泼真切有如《浣溪沙》五首。人们之所以用“豪放词人”来评价苏轼，是因为自从他之后，词开始走出了“花间派”专咏风花雪月的路子，转而写生活中积极向上的事物和感情。

秦观虽然师出苏门，但却能另辟蹊径。他的词大多写得纤细、轻柔，语言优美而巧妙，在委婉细腻之外，自显其清新深挚的特色。秦观的词也受到了柳永、苏轼的影响，在语言技巧方面，他把化用典故和前人诗句的手法运用得相当成功。如“斜阳外，寒鸦数点，流水绕孤村”（《满庭芳》）出于隋炀帝的诗句，但他用得恰到好处而不着痕迹。

北宋后期，周邦彦兼采众家之所长，进行了一系列集大成的工作，体现了宋词的成熟与深化。

②南宋时期

南渡后，宋词创作出现了新的情况。南宋初期，主要作家有张元干、张孝祥等，而成就最高的当推女词人李清照，其为婉约派代表人物。

李清照前期的词比较清新淡雅，富于生活情趣。南归后，李清照的词风有了明显改变，山河的残破、命运的多舛、人心的险恶，都给词人带来精神上的痛苦。她开始表达对腐朽统治者的不满，在作品中鞭挞那些不思进取的官僚，当然，也有对故土深沉的思念，词风充满凄凉低沉之音。如《菩萨蛮》、《蝶恋花》，流露出她对失陷的北方大地的无限眷恋，而《声声慢》则表达了她在孤独生活中的深深忧愁。“寻寻觅觅，冷冷清清，凄凄惨惨戚戚。乍暖还寒时候，最难将息。三杯两盏淡酒，怎敌他、晚来风急！雁过也，正伤心，却是旧时相识！满地黄花堆积，憔悴损，如今有谁堪摘！守着窗儿，独自怎生得黑？梧桐更兼细雨，到黄昏，点点滴滴。这次第，怎一个愁字了得！”

这首词深沉悲怆，在语言运用上，充分利用双声迭字等艺术手法。这种对迭字独具匠心的运用，造成了极具感染力的艺术效果，被后人称为“公孙大娘舞剑手”。

南宋中期，爱国词和豪放词空前发展，出现大词人辛弃疾。

辛弃疾是两宋词人中词作最多的作家，有600多首。“器大者声必闳，志高者意必远”，真正将词从花间樽前拉回现实生活中的，是辛弃疾。辛词中有着广泛的社会内容，有山河破碎、南北分裂的现实，奋发昂扬的爱国热情，有壮志难酬的无限愤慨，也有对主降苟安、昏暗朝政的无情批判。由于曾在上饶闲居过一段时间，辛词中还出现了文人笔下少有的农村生活和田园风光。辛弃疾在苏轼的基础上进一步扩大了词的题材范围，他几乎达到了无事、无意不可入词的地步。

辛词向来被人称为“英雄之词”，和婉约词的柔婉细腻完全不同，辛词以气魄宏伟、形象飞动见长，它常常将大河、高楼、奔雷、巨浪等奇伟壮观的形象写入词中，从而使词的境界阔大，声势逼人。强烈的爱国主义思想和战斗精神是辛词的基本思想内容，辛词往往熔写景、叙事、抒怀为一炉，采用多种表现手法，增强了词的表现力和感染力。尤其值得一提的是辛词的语言也是个性化的，和它的思想内容相适应，雄深雅健，舒卷自如。在辛词中，写得最为深沉感慨、沉郁苍凉的还是抒发壮志难酬的词，以《破阵子·为陈同甫赋壮词以寄之》、《永遇乐·京口北固亭怀古》、《菩萨蛮·书江西造口壁》等最为著名。其中《永遇乐·京口北固亭怀古》连用5个典故，借古人抒写自己的忧愤，表现出对英雄的向往和对战斗的渴望，被后人评为辛词第一。

同期，有大诗人陆游。大诗人陆游的作品与辛词交相辉映。

南宋后期，出现姜夔与吴文英两大巨擘。

姜夔对诗文、音乐和书法都有相当深厚的造诣，但真正让他在文坛上名垂千古的是他的词。姜夔用健笔写柔情，情深韵胜。他的词大致有纪游、送别、怀归、伤乱、感遇、咏物六类，在这些作品中，或流露对时事的感慨，或慨叹自己身世的漂零和对意中人的思念。他善于用清丽淡雅的词句构成一种清幽的意境来寄托落寞孤寂的心情，用暗喻、联想等手法赋予所咏对象以种种动人情态，将咏物和抒情完美地结合在一起。如《玲珑四犯》中用“叠鼓夜寒，垂灯春浅”、“酒醒明月下，梦逐潮声去”这样深幽峭寒的景物来烘托自己“天涯羁旅”的凄凉况味。由于深谙音律，姜夔能够自度曲律，创作新调，因此在词作的语言上多用单行散句，特别讲究声律，纠正了婉约派词人平熟软媚的作风，给词一种清新挺拔的风格，从而把婉约词推到了一个新的高度。

宋诗

宋代诗歌在继承唐诗传统的基础上，又有新的发展。在思想内容和艺术表现上都有所开拓，出现许多优秀诗人和作品。

北宋前期主要有“白体”、“晚唐体”、“西昆体”三派，沿袭唐风，但尚未形成宋诗的独特面貌。北宋后期诗人辈出，形成不同流派，王安石的“荆公体”、苏轼的“东坡体”、黄庭坚的“山谷体”主宰诗坛风气。

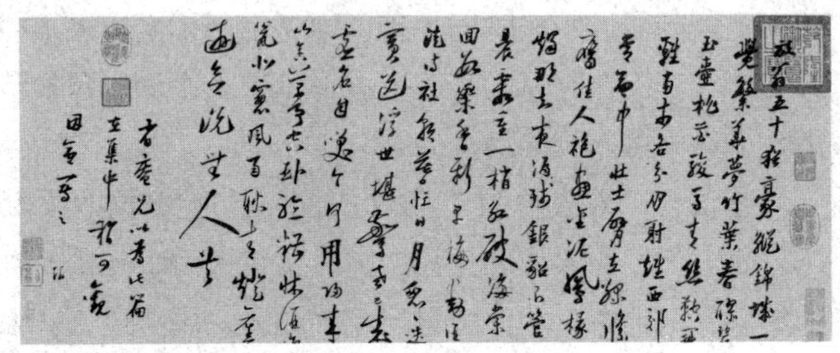

草书《怀成都十韵》 南宋 陆游

南宋中期，随着陆游、杨万里、范成大等中兴诗人的出现，宋代诗歌形成第二个高峰。陆游的爱国诗成就非常高。

陆游才思敏捷，功力精深，诗作数量惊人，自称“六十年间万首诗”并非浮夸。他至今流传下来的诗篇就有 9000 多首，是中国历史上留下诗篇最多的诗人。他的诗反映了广阔的社会生活，涉及南宋前期社会现实的各个方面，他把对收复失地的决心，对抗敌将士的崇敬，对中原父老的同情和怀念，以及对投降派的蔑视和憎恨，全都写进了他的诗篇。

陆游的诗风格多样，既有雄浑奔放的一面，也有清新婉丽的一面，他善于锻炼字句，尤其工于对偶。他反对追求过分的雕琢和险怪，因而他的诗比较接近口语，“清空一气，明白如话”，而又妥帖自然。另外，他有时也比较喜欢用典故来表情达意，这又为他的诗增添了些许书卷气。

南宋后期，随着爱国意志的消沉，诗歌创作进入衰落期，一批“江湖诗人”著称于诗坛。然而“国家不幸诗家幸”，南宋亡国之变又造就了文天祥等爱国诗人。

宋文

宋代散文是从唐代韩愈、柳宗元倡导的古文运动发展而来的。

所谓“古文”，是中唐时人们针对长期以来一直盛行的“骈文”而提出的一个概念，它指的是那种单行散句，摒弃骈俪句式，没有形式规定的一种文体。这种文体的写作，在中唐时期达到一个小的高潮，以韩愈和柳宗元为代表。

古文运动主张继承先秦两汉的散文精神，提倡文章要言之有物，强调文章内容的重要性。韩愈一生致力于散文创作的实践，写出了许多典范性的散文作品，大致可以分为论说文、记叙文、抒情文三大类。其论说文或阐明自己的政治和哲学主张，或议论时政的得失，或针砭世俗发抒内心的牢骚，或发表自己的文学主张。柳宗元一生留下了 600 多篇作品，大致可以分为论说、寓言小品、传记、山水游记等几类。论说文论证古今，针砭时弊；寓言既有深刻的哲理性，严肃的政治性，又有幽默的讽刺性；传记剪裁得体，叙事记言简洁生动；游记文笔清新优美，富于诗情画意，曲折地表现抑郁不平的感情和对丑恶现实的抗议。

柳宗元所作的山水游记，既有借美好景物寄寓自己的遭遇和怨愤，也有作者幽静心境的描写。至于直接刻画山水景色，则或峭拔峻洁，或清邃奇丽，以精巧的语言再现了自然美，生动地表达了人对自然美的感受，丰富了古典散文反映生活的新领域，从而确立了山水游记作为独立的文学体裁在文学史上的地位。柳宗元还写了不少寓言故事，有的寓言篇幅虽短，但也同他的山水游记一样，被千古传诵，像《黔之驴》、《永某氏之鼠》等已成为古代寓言名篇。

柳开于北宋初年首先提倡古文。石介著《怪说》猛烈抨击“西昆体”。欧阳修为宋代散文的第一个大师，是宋代散文的奠基者。

欧阳修的散文创作特点有三：文体多样，议论、叙事和抒情兼备；采“古文”与骈文之长，融成新的风格；富于变化，开阖自如，具有和谐的韵律感。简约有法的叙事、迂疾有致的议论、曲折变化的章法、圆融轻快的语句，构成了欧阳修散文含蓄委婉的总体风格。

北宋后期，宋代散文进入发展的“黄金时代”，活跃在文坛上的有苏询、曾巩、王安石等以及苏轼门下的“六君子”。

王安石在文学上强烈反对西昆体。他认为文章本来就应为社会政治服务，他的散文大多针对时弊，根据深刻的分析，提出明确的主张，具有极强的说服力量。他也很喜欢做翻案文章，对历史上已有定论的人物或事件做出一番新的解释，如《读孟尝君传》就是这样。这类文章虽然也是游戏之作，但有理有据，逻辑性强，不满百字，却依据充实，说理显豁。王安石这类小品文，是其散文中的妙品。它们通常以极简的议论，一语破的断语，感发出一种独具慧眼的识度和见解。

曾巩接受了欧阳修先道后文的古文创作主张，而且比欧阳修更着重于道。其散文在八大家中是较少情致文采的一家，但曾文长于议论，语言质朴，立论精辟，说理曲折尽意，文风以“古雅、平正、冲和”见称。他的议论性散文，剖析微言，阐明疑义，分析辩难，不露锋芒，《唐论》就是其中的代表作，可与欧阳修的《朋党论》媲美。他的记叙性散文，记事翔实而有情致，论理切题而又生动，代表作如《墨池记》和《越州赵公救灾记》。

南宋前期的散文充满爱国激情。李纲主张“文章以气为主”。宗泽、岳飞、陆游等人的作品都是在激烈的民族矛盾中有感而发。南宋末的散文，爱国精神更为昂扬。文天祥、郑思肖等人的作品迸发出爱国主义的光芒。

宋朝骈文也继承了唐代骈文的某些优良传统而有所发展。宋初承晚唐、五代余习，骈文大家前有徐铉、后有杨亿等。到了欧阳修时，随着古文运动的胜利，骈文也作了很大的改革，在文体上开始朝着新的方向发展，出现了曾巩、汪藻、方岳等骈文大家。

六、元代文学

元代词

元词上承两宋余绪，虽难以继盛，但也出现了许多词人。元代词创作可分两个时期：第一时期包括出生于元代一统以前蒙古时期的词人的词作；第二时期包括出生于元一统后到元亡之前的词人的词作。

第一时期的词人，大体上包括由南宋入元的词人、由金入元的词人和在蒙古王朝统治下的北方词人三部分。这一时期的词人大多有亡国和战乱的经历。因此，他们的词中最有价值的部分是抒写怀念故国的《黍离》之悲的词作。

南宋入元的词人，如赵孟頫、曹伯启、姚云文以及刘壎、陆文圭等人，他们的词作都表现了对故国的怀思，以及家破人亡的隐痛。由金入元的词人，如元好问、段克己、白朴等人，其词作大致属于“沧桑之叹”。而这一时期词作成就最高的词人当数元好问、赵孟頫、陆文圭等人。

元代第二时期的主要作家有虞集、王旭、张雨、张翥等。他们作品的主要内容是议论行藏出处和羡慕半隐半俗生活，对现实表达不满。其中最负盛名的词人是张翥，如他的《瑞龙吟》、《水龙吟》、《解连环》等，都具有意境含蓄、描写细腻的特点。

元代杂剧、散曲及南戏

元代文学中新产生的一种体裁是戏曲。戏曲一般分为杂剧和散曲。

元代散曲从北方金代俗谣的基础上发展而来，大多数为北曲。散曲作家前期有关汉卿、马致远、白朴、卢挚、贯云石等，作风朴实；后期有乔吉、张可久、睢景臣、张养浩等人，文字稍露才华而辞藻清丽。散曲中为宴会歌伎唱词的艳曲较多，也有不少写景、抒情和怀古、叹世的小令，以及少量讽世喻俗的套数，如马致远的《借马》和睢景臣的《高祖还乡》。

元杂剧是在宋杂剧、金院本及诸宫调等前代戏剧、曲艺基础上建立起来的。杂剧艺术形式新颖，且内容具有时代特色，主要包括商人和妓女题材、清官公案戏、历史题材及水浒戏和隐逸题材等。其中商人和妓女形象最引人注目。元帝国横跨欧亚，商业十分发达，商人大都以此起家。妓女为城市社会畸形产物，在元剧中大多富于斗争精神，著名的杂剧如关汉卿的《窦娥冤》、《救风尘》、《望江亭》等。

关汉卿、白朴、马致远和郑光祖被后人称为“元曲四大家”。

关汉卿一生所作剧本多达60余种，今存18种。他现存的杂剧从内容看，大致可以分为三类：社会公案剧、爱情婚姻剧和历史故事剧。其中社会公案戏歌颂了人民的反抗斗争，揭露了社会的黑暗和统治阶级的残暴，代表作有《窦娥冤》、《蝴蝶梦》、《鲁斋郎》等；爱情婚姻剧主要描写下层妇女争取爱情、婚姻的自由，突出了她们在斗争中的机智和勇敢，代表作有《救风尘》、《望江亭》、《拜月亭》等；历史故事剧主要是歌颂历史英雄，代表作有《单刀会》、《西蜀梦》等。

关汉卿的作品较多地表现了下层人民的生活状态和悲剧命运，有一种鲜明的执着于现实的人生态度，让人在绝望中仍能看见希望的光芒。当然，由于生活时代的复杂和动荡不定，他的思想常常呈现出起伏不定和危机意识。如对巧合的依赖，对命运的让步，对科举的无法忘怀和对传统道德观念的依存和屈服等。

关汉卿像

《窦娥冤》是关汉卿公案剧中的代表作，真实地记录了窦娥悲惨而短暂的一生，作品中人物刻画精湛细腻，戏剧冲突扣人心弦，反抗精神强烈鲜明。作者以高超的艺术手腕，细致地刻画了窦娥内心矛盾冲突和性格的不同侧面，使她成为一个令人同情和崇敬的、有血有肉的艺术形象。

《窦娥冤》以“感天动地”的艺术魅力，热情地歌颂了窦娥的反抗与斗争，无情地揭露了封建社会的黑暗，鼓舞人们向丑恶势力进行不屈不挠的斗争。《窦娥冤》在艺术上所取得的成就是相当高的，它是戏剧中本色派的代表作。从窦娥被典卖到被屈杀，无一不真实而集中地反映了当时社会中下层人们的生活现实，而她父亲从穷书生到贵官，也是当时读书人普遍的梦想。

白朴在戏剧方面的功底十分深厚，能熟练而准确地把握不同类型戏剧的表现手法，他写的戏剧其风格有着明显的不同。《梧桐雨》以浓厚的抒情韵味见长，而《墙头马上》则以生动活泼的戏剧冲突取胜。

马致远的散曲为元代之冠，明代贾仲明称他为“曲状元”，现存 120 多首。代表作有套曲［双调夜行船］《秋思》，被誉为“万中无一”，小令［天净沙］“枯藤老树昏鸦”也是咏景名篇，周德清赞其为“秋思之祖”，王国维评为“寥寥数语，深得唐人绝句妙境”。

在语言上，《倩女离魂》曲词优美婉转，每折都有出色的辞藻，郑光祖特别注意化用诗词名句，并且以经营诗境的手法来营造戏剧的意境，文笔优美而又不空洞。

郑光祖一生从事杂剧的创作，把他的全部天才贡献于这一民间艺术，在当时的艺术界享有很高的声誉。除了杂剧外，他还写过一些曲词，清新流畅，婉转妩媚，在文学艺术研究上有很高的价值。

元代戏剧在南方尚有南曲戏文，或称南戏。《荆钗记》、《拜月亭》、《白兔记》和《杀狗记》合称南戏四大名剧。元顺帝时高明写的《琵琶记》，标志着南戏发展到顶峰。

散文

元代散文和宋代相比，远为逊色，虽不乏可读的篇章，但总体而言，抒情写景的少，而经世致用、歌功颂德的多。

元朝散文呈三变：初期文坛呈现一片新气象；中期文章写得峭刻森严；晚期，作者摆落凡近，追习往哲。元朝著名的作家有郝经、戴表元、袁桷、姚燧、赵孟頫、虞集、黄溍、杨维桢等人。其中姚燧和虞集被称为元代古文二大家。赵孟頫既是作家，又是画家、书法家，有《吴兴山水清远图记》等作品传世。

元代诗

元代统一前活跃于诗坛的依旧是金代诗人，元好问最为突出，此外还有麻革、张宇、陈赓、李俊民等。契丹人耶律楚材也能写诗，多写塞外风光，意趣天成。入元后，北方的曹伯启、元明善、姚燧，南方的袁桷、贡奎、胡炳文相继兴起，开始形成南北统一的诗风。稍后的虞集、杨载、范椁和揭傒斯号称元代四大家。元代末年，农民起义四起，诗作成就最高的是杨维桢，隐士王冕的诗作也堪称上乘。

元代小说

元代小说是承袭六朝以来两种体制，即唐代传奇的文言小说和宋代话本的通俗小说的传统而发展起来的。但主要成就在话本小说方面。

从说话艺术发展而来的话本小说，分为短篇小说话本和长篇讲史话本两类。元代小说大多经明人修改，现存很少。陆显之编有《好儿赵正》，金仁杰编有《东窗事犯》。这些小说很难确定朝代，一般称为“宋元话本”。

保存至今的元代至正年间新安虞氏刊印的《全相平话五种》十五卷，显示了元代在古典小说的形成和发展过程中的特殊地位。这五种平话是《武王伐纣书》、《乐毅图齐七国春秋后集》、《秦并六国平话》、《全汉书续集》和《三国志平话》。这五种平话所叙史事，多系真假掺杂、虚实并行，但为后来的长篇小说的发展积累了艺术经验。

元代文论

元代诗文理论多沿袭宋人，而戏曲、小说理论开始形成。元代文学理论居于承前启后的地位。

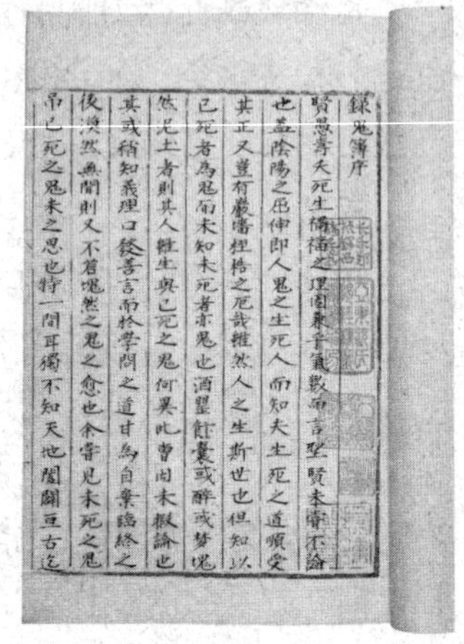
錄鬼簿序
賢愚壽夭死生禍福之理固兼乎氣數而言聖賢未嘗不論
也蓋陰陽之屈伸即人鬼之生死人而知夫生死之道順受
其正又豈有巖墻桎梏之死哉雖然人之生斯世也但知以
已死者為鬼而未知未死者亦鬼也酒罌飯囊或醉或夢塊
然泥土者則其人雖生與已死之鬼何異此曹固未暇論也
其或稍知義理口發善言而於學問之道甘為自棄臨終之
後漠然無聞則又不若塊然之鬼之愈也余嘗見未死之鬼
弔已死之鬼未之思也特一間耳獨不知天地開闢亘古迄

《录鬼簿》书影

元代诗文理论分为以下几派：以郝经、刘将孙为代表，承继宋代理学家的观点，以道论文；以方回为代表，承继宋代黄庭坚与江西诗派，标榜“格律整峭”；以戴表元、袁桷为代表，承继严羽，提倡唐音；元末杨维桢，则把诗当作个人性情的表现。

元代曲论和小说理论均属开创阶段。曲论主要著作有：论述演唱的专著，有燕南芝庵的《唱论》；有关北曲的韵书，有周德清的《中原音韵》；有关戏曲的评论，有钟嗣成的《录鬼簿》和夏庭芝的《青楼集》。小说理论的主要著作是罗烨的《醉翁谈录》、陶宗仪的《南村缀耕录》和杨维桢的《送朱女士桂英演史序》等。

七、明代文学

明代词

词兴于唐，盛于宋，至明代已经衰微。明初词坛，刘基、杨基、高启等人，由元入明，在政治上遭受挫折，所作词都自成家数，各具特色。明代中叶以后，词风日下，杨慎、王世贞、汤显祖等人，多有词作，却不当行。到明末，社会发生变革，给词的创作带来一线生机。最有代表性的词作家是陈子龙、夏完淳、屈大均、王夫之以及金堡等人，使得明末词坛焕发光彩，不仅挽救词坛，也为清词中兴开了风气。

明代小说

这一时期小说创作十分丰富，数量众多，留传下来的有五六十部之多，可大致分为四类：讲史小说、神魔小说、世情小说和公案小说。

讲史小说有两种倾向，或成为通俗演义形式，或向英雄传奇小说发展。

著名的作品有余邵鱼的《列国志传》、甄伟的《西汉通俗演义》等。神魔小说最先出现的是吴承恩创作的《西游记》，成就最大，其次是《封神演义》，在中国小说发展史上占有一席之地。世情小说中最著名的是《金瓶梅》，成就很高。到崇祯年间，描写世情的小说大抵都是才子佳人故事，如《吴江雪》、《王友玑》等。

①《三国演义》

《三国演义》是一部历史演义类小说，共120回，约75万字。描写了东汉灵帝建宁二年（169年）至晋武帝太康元年（280年）110余年的历史故事，尤其集中于魏、蜀、吴三国的斗争。作者罗贯中，是元末明初的一位多产作家，生平不详。

《三国演义》的内容十分庞杂，时间和空间的跨度极大，涉及的人物也很多。作者以刘蜀政权为中心，抓住三国斗争的主线，井然有序地展开故事情节，描写了184年到280年间近一个世纪的历史故事，始于黄巾起义，止于西晋统一，形成了一个庞大有机的故事整体。全书集中描绘了三国时期各封建统治集团之间的军事、政治、外交等方面的斗争，揭示了当时社会的黑暗和腐朽，谴责了统治阶级的残暴和丑恶，反映了生活在灾难和痛苦中的人民迫切希望和平统一的愿望。

在《三国演义》中，塑造得最为出色的形象无疑是诸葛亮，他几乎就是超人智慧和绝世才能的化身。他隐居隆中时，对天下局势了如指掌，初见刘备即提出据蜀、联吴、抗魏的战略。在后来大大小小的战役中，他总能够出奇制胜。尤其在火烧赤壁这段故事中，三方的主要首脑都粉墨登场，各自扮演着自己的角色，他的草船借箭、祈禳东风、华容布阵，无一不是出人意料的大手笔。刘备去世后，蜀国国力大减，他安居平五路、七擒孟获、六出祁山，一手撑起艰难的局面。那种排除万难的才能、坚忍不拔的毅力和“鞠躬尽瘁，死而后已”的精神结合在一起，成了封建时代“贤相”的典型。

《三国演义》把刘蜀集团置于全书的中心，以刘蜀与曹魏两大集团的矛盾斗争作为情节发展的主线，热情地表彰了刘备“上报国家、下安黎庶”的政治理想，颂扬了他宽仁爱民、敬贤礼士的政治品质，而对曹操的极端利己主义和残酷暴虐、狡诈专横的恶德劣行予以无情的揭露和鞭挞。“尊刘贬曹”的思想，从对董、曹、刘三人事迹和结局的描写就能看出这种取向，书中的这种思想并不是罗贯中所独创的，它最迟起于宋代，此后不断得到加强。这一方面是历史学方面的原因，一方面是受惯了欺凌和剥削的中下层民众对“明君”盼望的结果。

《三国演义》是中国长篇章回历史小说的开山之作，其艺术结构既宏伟壮阔，又不失严密和精巧，同时在照顾历史事实的基础上，又适应了艺术情节的连贯。

②《水浒传》

《水浒传》是一部以民众的反抗斗争为题材的长篇小说，描写北宋末年宋江所领导的民众的反抗斗争发生、发展直至失败的过程。作者施耐庵（也有罗贯中著和施、罗合著等说法）。

小说描写了鲁智深、林冲、宋江、武松等数十人深受官府和邪恶势力压迫，被迫反抗，汇聚水泊梁山。他们打祝家庄、曾头市，攻下唐州、青州、大名府，两败童贯，三挫高俅，使统治者为之震惊。但由于起义军首领宋江无意反抗朝廷，曲意求仕，使梁山英雄走上了被招安的道路。之后，梁山好汉或战死，或隐退，或被害，或自杀。小说结局充满了悲剧气氛。

“忠义”是梁山好汉行事的基本道德准则，甚至梁山义军的武装反抗，攻城掠地，也被解释为“忠”的表现。但也就是这种“忠”的力量，最终把梁山大军引到了投降朝廷的灭亡道路。在征讨方腊后，108 将只剩下 27 人回朝，而宋江却仍以所谓的“忠义”自诩。所以他会把最后一杯毒酒留给李逵，将梁山事业断送得干干净净。

《水浒传》的故事内容富有传奇性，情节跌宕起伏，变化莫测，一波未平，一波又起。作品塑造了许多性格鲜明的英雄形象，有人说《水浒传》中的人物不是看出来的，而是“听”出来的。许多人物的语言极有个性，如宋江慷慨背后却又谨小慎微、武松刚毅而略带几分强悍、李逵的纯朴粗豪、鲁智深的英勇豪爽等，都是由他们的语言表现出来的。

《水浒传》人物众多而身份、经历又各异，因而表现出各自不同的个性。林冲的刚烈正直，鲁智深的嫉恶如仇、暴烈如火，武松的勇武豪爽，李逵的纯朴天真、憨直鲁莽，无不栩栩如生。这些英雄人物的个性虽然比较单纯，却并非简单粗糙。比如鲁智深性格是暴烈的，却常在关键时刻显出机智。又如李逵，作者常常从反面着笔，通过似乎是“奸猾”的言行来刻画他的纯朴。作者常常能够把人物的传奇性和富于生活气息的细节结合得很好，使他们的形象显得有血有肉。

《水浒传》十分重视情节的生动曲折，总是在情节的展开中通过人物的行动来刻画人物的性格。这些情节又通常包含着激烈的矛盾冲突，包含着惊险紧张的场面，包含着跌宕起伏的变化，富于传奇色彩。这种非凡人物与非凡故事的结合，使得整部小说充满了紧张感。

《水浒传》的语言也独具风格。施耐庵创造性地继承和发展了“说话”的语言艺术，以北方口语、山东一带口语为基础，形成了明快、洗炼、表现力非常强的《水浒传》语言。状人叙事时，多用白描，不用长段抒写，寥寥几笔就神情毕肖。同时，《水浒传》的语言开始从《三国演义》的类型化写法摆脱出来，走向初步个性化写法，这标志着传统的写实方法在古代小说创作上的重大发展。

③《西游记》

《西游记》是一部宗教题材的神魔小说，描写唐僧率领猴精孙悟空、猪怪猪八戒及沙和尚去西天取经的故事。作者是明代江苏文人吴承恩。

《西游记》虽然是神话小说，但是正如鲁迅在《中国小说史略》中说的，《西游记》“讽刺揶揄则取当时世态，加以铺张描写”。《西游记》神话实际上表现了丰富的社会内容，曲折地反映出明代社会的黑暗，有很明显的现实批判意义。唐僧师徒取经路上遇到的妖魔鬼怪很多都是菩萨或天神的坐骑，当孙悟空打败妖魔，准备灭杀的时候，它们的主人往往就出来说情，将它们救走。从这里，我们可以看出明代社会有势力的宦官庇护他们的干儿子干孙子们贪赃枉法的影子。那些庄严尊贵的神佛，在作者笔下也时常显出滑稽可笑的面貌，如玉皇大帝的懦弱无能、太白金星的迂腐和故作聪明。像观音菩萨在欲借净瓶给孙悟空时，还怕他骗去不还，要他拔脑后的救命毫毛作抵押。就是在西天佛地，阿傩、伽叶二尊者也不

《西游记》图册 清 陈奕禧

肯“白手传经”，而如来居然堂而皇之地为这种敲诈勒索行径作辩护。这些游离于全书基本宗旨和主要情节的“闲文”，不仅令人发噱，而且表现出世俗欲念无所不在、人皆难免的意识。

《西游记》的语言生动流利，尤其是人物对话，富有鲜明的个性和浓烈的生活气息，富有幽默诙谐的艺术情趣。吴承恩提炼民众生活中的口语，吸收其中的新鲜词汇，利用它富有变化的句法，熔铸成优美的文学语言。敌我交锋时，经常用韵文表明各自的身份；交手后，又用韵文渲染炽烈紧张的气氛。它汲取了民间说唱和方言口语的精华，在人物对话中，官话和淮安方言相互融汇，如“不当人子”、“活达”、“了帐”、“断根”、“囫囵吞”、“一骨辣”这些词语，既不难理解，又别有风趣。往往只用简短几句，就能将人物写得神采焕发，反映出其微妙的心理活动。

《西游记》以讽刺、幽默的笔调，运用浪漫主义手法，使小说充满了奇特的幻想，表现了罕见的艺术想象力，为以后神魔小说的创作提供了成功的范例。

④三言二拍

话本在此时引起人们重视，文人模拟话本进行创作，后人称“拟话本”。最著名的是冯梦龙编著的《喻世明言》、《警世通言》、《醒世恒言》。

在艺术方面，“三言”中的优秀作品，故事完整，情节曲折，调动了多种表现手法刻画人物性格。话本小说迎合的是市民的趣味，富有世俗生活气息，语言新鲜活泼、富于生命力。从与文言小说的对比中，我们能更清楚地看到白话小说的优势与特点。文言小说的语言是一种书面语，是与生活中的口语相脱离的，简练是其基本要求。活生生的、直接呈现的生活场景在文言小说中不太可能得到。文言小说是不用细致的笔触来写人物心理活动的，这既与史传传统的影响有关，也与文言讲究简洁有关。而“三言”在这方面却有突出的成绩，如《蒋兴哥重会珍珠衫》中写蒋兴哥得知妻子与人私通时，描写了他又恼又恨又悔的心理活动过程，长达五六百字。在以前的小说中，没有出现过如此细致的心理描写。

继“三言”之后，凌濛初所做的《初刻拍案惊奇》、《二刻拍案惊奇》也很有名。拟话本中有大量的商人、手工业者作为正面主人公出现，市井生活刻画精绝，女子在追求爱情方面显得大胆和自由。

《初刻拍案惊奇》共40卷40篇。《二刻拍案惊奇》是因前书印行后受到普遍欢迎，应书商之请续作，只有39卷。“二拍”完全是作者据野史笔记、文言小说和当时社会传闻创作的，它对传统观念的冲击与反抗及表现的市民社会意识，要比“三言”更为强烈。诸如“官与贼人不争多”(《二刻》卷二十)、“何必儒林胜绿林”(《初刻》卷八)，这样的评语，都表现了作者对社会统治力量的认识。

“二拍”中的故事大多写得情节生动、语言流畅。由于“二拍”善于组织情节，因此多数篇章有一定吸引力，“二拍”不在情节的奇巧上下工夫，情节的生动主要靠巧妙的叙述手法。

明代戏曲

明代戏曲发达，在内容上表现出几个显著特点：产生了大量的现实时事剧，以《鸣凤记》首开风气；讽刺剧有了进一步的发展，孙仲龄的《东郭记》和徐渭的《四声猿》最为有名；爱情剧更加丰富多彩，能较完整、深入、细腻地表现出妇女争取自由、幸福的曲折过程，其中以汤显祖的《牡丹亭》、高濂的《玉簪记》和朱鼎的《玉镜台记》最为著名。

这时期的戏曲在形式方面也有许多创造，总的趋向是更多样化、灵活化。传奇戏曲有长篇，如郑之珍的《目莲救母劝善戏文》。有的却又短至十余出，如高濂的《赋归记》和《陈情记》。杂剧也是如此。一些传奇戏曲作家已较为注意结构的严谨，注意文目的紧凑，注意安排悬念。戏曲的繁荣还推动了理论的进步。徐渭的《南词叙录》、王世贞的《曲藻》、魏良埔的《曲律》、何良俊的《四友斋丛说》等都有一定的见解。这时还出现了“汤沈之争”，体现了汤显祖和沈璟之间不同风格的冲突。

明代诗文

在明代，诗文方面虽不像小说戏曲那样变化明显，但也有缓慢的改变。早在前七子的复古运动声势煊赫的时候，就有如沈周、文征明、祝允明和唐寅等诗文作家并不盲目追随，诗风较为平易清新。到嘉靖初年，前七子影响渐微，出现了杨慎、薛蕙、华察、高叔嗣、皇甫冲等诗人，能自成一体。并且在散文领域出现了以王慎中、唐顺之、茅坤、归有光为代表的唐宋派，反对前七子“文必秦汉”的主张。到嘉靖中叶以后，又掀起了后七子复古运动。其中，除李攀龙较顽固地坚持前七子的理论主张外，许多人都有不同程度的变化。而王世贞到晚年时则自悔以前所做的《艺苑卮言》，看法与公安派的袁宏道有相通之处。与此同时，徐渭、汤显祖也开始反对前、后七子的复古主张。

李贽针对复古风气，提出“童心说”，强调绝假存真、抒发直感。接着，公安派、竟陵派相继而起，在创作主张和实践上都与复古主义相对立。同时，在散文领域出现了晚明小品，形成了一种新的风格。

此外，明代后期的民歌也有所发展。这时期民歌大多数是情歌，表现人民在爱情上要求自由的愿望。

八、清代文学

清代是中国最后一个封建王朝，也是古代文学史上最后一个重要阶段，诗、词、散文、小说、戏曲都取得了重要成就。中国古代文学发展到鸦片战争（1840 年）以前告终，鸦片战争后，近代文学阶段开始。

清代诗

清代诗人借鉴前代，对古典诗歌有所发展，但由于畏惧“文字狱”，限制了清诗的成就。清代诗歌流派迭出，风格多样，其成就超越元明两代，足以下启近代而成为中国古典诗歌的后劲。

清初诗歌主流是“遗民诗”，这些诗人主要有阎尔梅、傅山、黄宗羲、杜濬、钱澄之、王夫之、顾炎武、吕留良等人。其中顾炎武的诗词意坚实，风骨劲健；王夫之的诗诡丽奥衍，寄托亦深。以明臣而仕清的诗人，最著名的是钱谦益、吴伟业、龚鼎孳，称“江左三大家”。

生活于康熙、雍正两朝的诗人有所谓的“南施北宋”两家，即指施闰章和宋琬。但当时第一流诗人应首推王士禛，他提倡“神韵”，并左右诗坛数十年。和王士禛齐名的是朱彝尊。

乾隆时的诗人当数厉鹗，著有《宋诗纪事》，号为“浙派”领袖。这时的诗人，能开拓新格局的是袁枚和赵翼，其与蒋士铨合称“乾隆三大家”，提倡自写“性灵”。

袁枚的诗论是结合选诗阐发的，《诗话》内容的基础正是大量的选诗。袁枚曾说过：“枚平生爱诗如爱色，每读人一佳句，有如绝代佳人过目，明知是他人妻女，于我无分，而不觉中心藏之，有忍俊不禁之意，此《随园诗话》之所由作也。”

乾隆以后诗人当推张问陶，也是“性灵派”诗人。而舒位、孙原湘和王昙，则被认为是继“三大家”之后的诗人。

清代散文

清代散文，包括古文和骈文，作家辈出，佳作甚多，流派分明，在古代散文史上占有重要地位。

清代散文大致可分为三个阶段：清初散文，以直抒性灵的小品文为主，后以钱谦益为代表开始转变，涌现出如黄宗羲、顾炎武、王夫之和侯方域、魏禧、汪琬为代表的散文大家；清中叶散文，以“桐城派”成就最高，代表人物是方苞、刘大櫆和姚鼐，而此时的章学诚和袁枚则与他们的风格不同，后来恽敬和张想言承“桐城派”之风，创出“阳湖派”；后期散文名家有朱琦、龙启瑞、吴敏树、曾国藩等人。鸦片战争前夕，出现以龚自珍、魏源为代表的启蒙思想家。

1842年魏源写成的《海国图志》只有50卷，1847年至1848年，增补为60卷，1852年又扩充为百卷本。《海国图志》是中国近代史上最早的一部由中国人自己编写的有关世界各国情况介绍的巨著。百卷本的《海国图志》除了以《四洲志》为基础外，还先后征引了历代史志14种，中外古今各家著述70多种，还有奏折十多件和一些亲自了解的材料，其中也包括外国人的著述。《海国图志》系统地介绍了世界各国的地理位置和历史沿革等史地知识，涉及到各国的气候、物产、交通贸易、民情风俗、文化教育、宗教、历法、科学技术等，有人誉《海国图志》为国人谈世界史地的“开山”之作。

《海国图志》不但详细记载了外国的情况，还首次从理论上肯定了研究世界史地的必要性。在百卷本的《海国图志》中，作者不仅重视工商业，并由经济扩展到政治，由原来对西方“坚船利炮”等奇技的惊叹，发展到对西方近代资本主义民主政体的介绍。就拿介绍美国民主政治来说，《海国图志》征引了《地球图说》、《地球备考》、《外国史略》、《瀛环志略》等书中的材料，详细地介绍了美国民主政治，涉及到美国的联邦制度、选举制度、议会制度等方面。

魏源以“师夷长技”为突破口，不仅仅主张学习西方的军事工业方面的技术，而且也开始广泛学习、引进西方的科学思想、经济思想和政治思想。

清代骈文盛行，超越明代，多以写“四方体”的骈文为主。其作者以陈维崧最著名，其文气势雄伟，起了开张风气的作用。后来又有胡丕游、邵齐焘、袁枚、吴锡麒等也很出名。

清代小说

清代是中国古典小说盛极而衰并向近代小说、现代小说转变的时期。其中以《红楼梦》为最高代表。

清初的长篇章回小说，如陈忱的《水浒后传》、钱彩的《说岳全传》以及蒲松龄的《聊斋志异》最为著名。到雍正、乾隆年间，长篇小说大放异彩，出现吴敬梓的《儒林外史》和曹雪芹的《红楼梦》两部巨著。短篇文言的笔记小说，有纪昀的《阅微草堂笔记》、袁枚的《新齐谐》等。乾隆以后，章回小说较为著名的是李汝珍的《镜花缘》。

①《聊斋志异》

《聊斋志异》共16卷，计400余篇。全书的故事来源很广泛，有的是作者的亲身见闻，有的出自过去的题材，有的采自民间传说，有的为作者自己的虚构。有些故事，虽有摹拟的痕迹，但作者在生活经验的基础上，加以丰富的想象，推陈出新，充实了这些故事的内容。

《聊斋志异》能获得如此高的成就，主要源于作者高超的艺术创造力，把真实的人情和幻想的场景、奇异的情节巧妙地结合起来，从中折射出人间的理想光彩。《聊斋志异》既结合了志怪和传奇两类文言小说的传统，又吸收了白话小说的某些长处，形成了独特的叙事风格。作者能以丰富的想象力建构离奇的情节，同时又善于在这种离奇的情节中进行细致的、富有生活真实感的描绘，塑造生动活泼、人情味浓厚的艺术形象，使人沉浸于小说所虚构的恍惚迷离的场景与气氛中。小说的叙事语言是一种简洁而优雅的文言，小说中人物的对话虽亦以文言为主，但较为浅显，有时还巧妙地融入白话成分，既不破坏总体的语言风格，又在一定程度上克服了通常文言小说的对话难以摹写人物神情的毛病，创造性地继承了六朝志怪小说和唐传奇的优秀传统。全书构思奇特，刻画细腻，语言简洁，把文言小说推向了不可企及的高度，既深刻而广泛地反映社会现实，又塑造出鲜活的人物，留给世人一个瑰奇幻丽的艺术世界。

②《儒林外史》

《儒林外史》共 55 回，约 40 万字，以明朝成化（1487 年）到嘉靖末年（1566 年）80 年间的四代儒林士人对待功名富贵的态度为衡准，揭示了在八股考试的影响下，文人在文（文章、学业）、行（行为、品德）、出（出仕、做官）、处（在野、退隐）诸方面的丑态，以十多个既独立又有联系的故事，细腻地刻画了一群追求功名富贵的封建儒生和贪官污吏的丑恶面目。

《儒林外史》的出现，标志着中国古典小说艺术的日趋成熟和完善。它既没有人情小说那种缠绵悱恻的曲折情节，也没有历史演义、神魔小说惊天动地的传奇色彩，它把笔触伸向世俗生活和人的精神世界，开创了一个以小说直接评价现实的先例，晚清的长篇谴责小说大都受到它的影响。

总之，《儒林外史》成功地运用了讽刺艺术来表达主题，语言准确精练，常能用三言两语使人物“穷形尽相”、“真伪毕露”。全书以“秉持公心，指摘时弊”的批判精神，“烛幽索隐，物无遁形”的描写功力和“戚而能谐，婉而多讽”的美学风格，奠定了讽刺小说在中国小说史上的地位。

③《红楼梦》

《红楼梦》是一部以爱情婚姻为主要题材的言情小说，但其艺术性及思想性上的成就堪称古典章回小说之最。作者曹雪芹，名霑，雪芹是他的号。曹雪芹的一生经历了家族由盛而衰的历程，而家境的急剧变化成为他写作的源头。小说共 120 回，后 40 回据说是由高鹗增补。

《红楼梦》颠倒了封建时代的价值观念，把人情感生活的满足放到了最高位置。全书以贾、林、薛、史四人的情感纠葛为中心线索，塑造出成群的有血有肉的个性化人物形象。

曹雪芹像

《红楼梦》是一部百科全书式的长篇小说，它在描写宝黛爱情的同时，也描写了广阔的社会生活，上至皇妃国公，下至贩夫走卒，都有生动的描画。它对贵族家庭的饮食起居各方面的生活细节都进行了真切细致的描写，比如园林建筑、家具器皿、服饰摆设、车轿排场等；它还表现了作者对烹调、医药、诗词、小说、绘画、建筑、戏曲等各种文化艺术的丰富知识和精到见解。《红楼梦》的博大精深在世界文学史上是罕见的。

④《阅微草堂笔记》

《阅微草堂笔记》这部笔记小说集是纪昀在创作上的主要成就。这部书包括《滦阳消夏录》六卷，《如是我闻》四卷，《槐西杂志》四卷，《姑妄听之》四卷，《滦阳续录》六卷，共二十四卷，有笔记一千二百余则。这是他晚年追寻旧闻的作品，自乾隆五十四年（1789 年）至嘉庆三年（1798 年）陆续写成，嘉庆五年他的学生盛时彦合刊印行，总名《阅微草堂笔记五种》，后来通称为《阅微草堂笔记》。该书的材料，一部分来自于纪昀本人的亲身经历，或者是他耳闻目睹的事情；一部分来自于他人提供或转述。小说涉及的社会生活领域，从文人学士到妓女乞丐，从三教九流到花妖狐魅，几乎无所不包。内容广博、无所不涉，是《阅微草堂笔记》的特点，也使得它具有较强的知识性和趣味性。

《阅微草堂笔记》在思想倾向上具有“正统”的立场。与《聊斋志异》的名篇相比，《阅微草堂笔记》在艺术上又自成一格。《聊斋志异》效法唐人传奇，铺陈描绘，有浓厚的浪漫风格；《阅微草堂笔记》效法六朝志怪，“尚质黜华，叙述简古”，往往表现出严谨的手法，其中优秀的篇章继承了六朝简古的神韵，读后余味悠长。《阅微草堂笔记》语言质朴、简明、精炼、传神，也与六朝作家“简淡数言，自然妙远”的风格相似。

⑤《镜花缘》

《镜花缘》是清代以小说炫耀学问的一派中最突出的作品。清代小说中出现这一派，与清代的学术风气有关。自从汉武帝独尊儒术以来，中国学术基本上一直以经学一统天下。自汉唐以至宋明，文字音韵、训诂考证、金石考古、算学历法等学术门类渐渐萌生和兴起。顾炎武之后，乾嘉学者对各门学问进行了专门而精深的研究。李汝珍受当时风气的影响，也力求博学，从《镜花缘》中，我们可以看到他对音韵学、中医学，甚至对水利的研究。

《镜花缘》中，李汝珍凭借高超的想像力，根据我国古代神话资料《山海经》中提供的线索，加以发挥补充，描写了君子国、大人国、两面国、黑齿国、白民国、淑士国、无肠国、毛民国、翼民国等地的奇闻怪事、风土人情，令人目不暇接，忍俊不禁，读来仿佛置身于一个神奇的海外神话世界。

清代戏曲

清代戏曲包括传奇和杂剧。如吴伟业的《秣陵春》、李玉的《牛头山》等，抒写国家衰亡之恨。李玉等人合作的《清忠谱》、朱皠的《十五贯》等内容和形式也是可取的。接着出现了洪昇的《长生殿》和孔尚任的《桃花扇》两部杰作。

①《长生殿》

《长生殿》是洪昇戏曲创作的代表作，取白居易《长恨歌》中的“七月七日长生殿”诗句作为剧本题目，以安史之乱为背景，写了唐明皇与杨贵妃的爱情故事。他曾三易其稿，花费十余年的时间。最初所作名《沉香亭》，后更名《舞霓裳》，最后才定名为《长生殿》。

《长生殿》的思想内容相当复杂，它既是一部浪漫的爱情剧，又具有历史剧的特色，场面宏大、人物众多、情节曲折，在写唐明皇与杨贵妃生死不渝的爱情的同时，又用了相当大的篇幅写安史之乱及有关的社会政治情况。这一双线互相映衬的结构，把杨、李的爱情故事结合重大的历史事件和广阔的社会背景来描写，除了通过对唐明皇失政的批评，寄历史教育意义外，还通过描写爱情在历史变乱中的丧失和由此引起的痛苦，渲染了个人命运为巨大的历史力量所摆布的哀伤。剧本带有浓厚的抒情色彩，作者善于用优美流畅、富于诗意的唱词，来描绘人物不同情况下情绪心理的变化。总之，《长生殿》是一部以写“情”为主，兼寓政治教训与历史伤感的作品。

另外，《长生殿》的曲词优美，清丽流畅，刻画细致，抒情色彩浓郁。例如《弹词》一出中，[转调货郎儿] 9 支曲子，低回深郁，曲折动人。而随着人物身份的不同，《长生殿》曲词的风格也多有变化，如前面抄录李龟年流落江南时所唱的一支曲子，别有一种苍凉的感觉；而剧中几支民间百姓的唱词，则大多偏向于通俗风趣。

《长生殿》隐晦地表达了作者的历史思考，在艺术表现上达到清代戏曲创作的最高成就。

②《桃花扇》

与洪昇的《长生殿》并称为清代戏曲“双璧”的《桃花扇》，直接以南明政权的覆灭为背景，具有鲜明的时代感。作者孔尚任，字聘之，山东曲阜人，孔子64代孙。康熙二十二年，康熙亲自到曲阜祭孔，孔尚任被选为御前讲经人员，撰写典籍讲义，在康熙面前讲《大学》，康熙破格将他由监生提升为国子监博士。康熙二十四年初，孔尚任进京，正式走上仕途，后迁至户部员外郎，因故罢官。

关于《桃花扇》的创作，据孔尚任自己说，隐居石门时就已开始创作，经十余年苦心经营，三易其稿始成。剧本的宗旨，作者说是“借离合之情，写兴亡之感”（《桃花扇·先声》），同时要通过说明“三百年之基业，隳于何人，败于何事，消于何年，歇于何地”，为后人提供历史借鉴，“惩创人心，为末世之一救”（《桃花扇小引》）。剧中以复社名士侯方域与秦淮名妓李香君的爱情故事为主线，利用真人真事和大量文献资料，形象而深刻地揭示了明末腐朽、动乱的社会现实，谴责了南明王朝昏王当政，官吏争权夺利，置国家危亡于不顾的腐朽政治，总结了历史教训，抒发了兴亡之感。

在《凡例》中，孔尚任曾提出剧情要有“起伏转折”，又要“独辟境界”，出人意料而不落陈套，还要做到“脉络联贯”，紧凑而不可“东拽西牵”。这些重要的戏剧理论观点，在《桃花扇》中得到较好的实现。全剧40出，以桃花扇这一具有象征意义的道具串联侯、李悲欢离合的爱情线索，又以这一线索串联南明政权各派各系以及社会中各色人物的活动与矛盾斗争，纷繁错综、起伏转折而有条不紊、不枝不蔓。

《桃花扇》在许多方面均富有艺术创造性，从人物形象的塑造来说，女主角李香君给人的印象颇为深刻。作品中把李香君放在政治斗争的旋涡中来刻画，反映了一定的时代特点，她的聪慧、勇毅的个性，显得颇有光彩。《寄扇》一出，香君坚不下楼，在对政治派别的选择和对情人的忠贞中，包含了对美满人生的憧憬。

《桃花扇》的悲剧性的结局，有力地打破了古代戏剧习见的大团圆程式，给读者或观众留下了更大的思考余地。总之，《桃花扇》是古典历史剧的典范，它和《长生殿》一起，标志了我国戏剧文学的最高水平。

乾隆以后，戏曲走向低潮。传奇在《长生殿》、《桃花扇》之后，内容上已逐渐趋于宣扬封建伦理道德，优秀作品少见。代之而起的是比较有新的生命力的各种地方戏曲。讲唱文学的评书、鼓词、弹词等，品种多样，在城市和农村相当活跃，显示出它们的民间色彩和生命力。

第三章

美术（造型艺术）

绘　画

一、先秦绘画

“类万物之象”

有关中国远古先民的美术起源已无迹可考。但在中国的古代文献中，我们可以了解早期的关于绘画起源的解释。据《周易》记载，伏羲通过画卦来“类万物之象”，这是最早的关于画图的记载。

在黄帝时代，仓颉观察奎星圆曲的形式及“龟文鸟羽山川掌指，禽兽蹄远之迹”，体类象形而造出文字来。这象形就是绘画与文字的起源了。

先民逐渐通过绘画创造出各种生动形象的图案来表达对事物的审美理解。

先民的匠心

我们今天看到的原始绘画，主要有三种——陶瓷上的装饰绘画、岩画和地画。

①彩陶上的装饰

彩陶鸟鹳叼鱼缸　仰韶文化

在5000年前的半坡陶器上已开始出现蛙和鸟纹，仰韶半坡彩陶中的鱼纹最为普遍。陕西西安半坡村遗址出土的彩陶，是仰韶文化的代表之一。半坡人已经开始把具体的物象变形成装饰性的图案，并在其中注入某种观念。他们把一条鱼的侧面分割为鱼头、鱼身、鱼鳍几部分，用直线、孤线、三角形和圆圈等来表现，这是一种很了不起的创造。画面上的动物纹虽然非常简练，但表现得很生动：自由自在游动着的鱼，奔跑的鹿，站立吠叫的狗好像受到惊吓，显示了远古艺术家捕捉动物瞬间特点的才能。

1955 年出土的人们所熟知的“寓人于鱼”的人面鱼纹彩陶盆，高 16.5 厘米，口径 39.8 厘米，是儿童瓮棺的棺盖。仰韶文化流行一种瓮棺葬的习俗，把夭折的儿童置于陶瓮中，以瓮为棺，以盆为盖，埋在房屋附近。这件陶盆内壁用黑彩绘出两组彩绘图案，对称分布。一组是两个图案化的鱼纹，用三角、圆点表示鱼头，斜长三角、交叉斜线为鱼身、鱼鳞，单斜线或平行线代表尾鳍、背鳍和腹鳍；另一组为两个人面鱼纹图案，人面作圆形，顶有三角形高髻或头饰，五官部分都高度图案化，口衔双鱼，在人耳部位各绘一鱼，作鱼衔人耳状。

整件陶盆的构图以人面居主位，人鱼地位层次清晰，表现了人与鱼之间非同一般的关系。有的学者根据《山海经》中某些地方曾有巫师“珥两蛇”的说法，认为人面鱼纹表现的是巫师珥两鱼，寓意为巫师请鱼附体，进入冥界为夭折的儿童招魂。也有人认为它是渔猎的巫术仪式用物，表现先民捕鱼的愿望；有的认为是祭祀的装饰；有的认为是一个“福”字的图形文字；大多数考古学家则认为人面鱼纹具有图腾崇拜的意义。彩陶图案虽拙朴、简单，但显得奇幻、怪异，都采用非写实的、大胆夸张的构图。

在甘肃省马家窑一带发现的彩陶被称之为马家窑类型，器物身上大都描绘水波纹、旋转纹等图案。这些图案匀称、流畅，十分精彩，看上去有行云流水之感，使人觉得轻松活泼、平和而亲切。面对这些 5000 年前的历史遗存，我们很容易想像到历史中讲述的原始氏族社会的情景：男人耕作、狩猎、捕鱼，女人从事家务或采集等。

今天看来，这些彩陶上的几何纹饰和鸟鱼蛙兽等动物纹饰，以及画出的人的形状，表明原始人类对美的认识已具有相当的能力。

从新石器时代众多的彩陶纹饰的描绘方法上，可见当时的绘画技法已相当熟练。几何纹的严整连续、动植物纹的生动造型，以及对人自身生活的认识与表现，也表明当时已初步掌握了绘画的“语言”。

②岩石上的“生活画面”

岩画是古代描绘和刻在崖壁石块上的图画。数十年来，在中国的许多地区发现了原始时代的岩画。具有代表意义的有内蒙自治区古阴山岩画、江苏连云港将军崖岩画、广西壮族自治区花山崖岩画、云南苍源岩画、四川洪县岩画等。在这些古拙、简练的画面上，记录了原始社会不同地区不同民族的经济生活、社会生活和宗教信仰，表明了作者对生产生活、自然现象的理解，其中包含有原始的审美观念和独特的想象。

除了具有审美情趣外，这些岩画还有很高的史料价值。如描写狩猎的岩画中，有的猎人身旁有狗相随，这说明当时狗已被驯养，成为家畜；另有描述牛群成行，或脖颈上套了绳索被拖拉的情况，表明当时已出现畜牧业；舞蹈场面有手拉手的圆圈舞，也有手持牛角的围猎舞和手持盾牌的战争舞；有一幅村落图，描写战争凯旋返回村落的情景，大约是一次重大战争的记录。

目前中国发现的岩画中，最早的是内蒙古自治区阴山的岩画，这处岩画距今 1 万年左右，刻画的是鸵鸟和大角鹿的形象。鸵鸟岩画刻画了 7 只直立的鸵鸟，做伸颈远望的姿态。两幅大角鹿岩画中，每幅都刻有一只站立抬头远眺的大角鹿。这些岩画动物特征都比较明显。至于其中包含的寓意，现在还难以确定，或许是一种动物崇拜的形式。

广西壮族自治区左江流域宁明县花山崖岩画则是目前国内已知的规模最大的岩画。这处岩画大约是距今 2300 年前制作的，描绘的是古代骆越人祭祀水神的场面。画面长约 221 米，宽约 40 米，尚可辨认的图像有 1819 个。画面绝大多数是人物，还有动物和乐器等，排列密密麻麻，但是密而不乱，按内容分为若干组。每一组以一个酋长式的大人物为中心，大人物做正面舞蹈的姿势，戴羽毛头饰，腰佩刀或剑，前面有犬。周围则是正身或侧身舞蹈的人群，个头较小，动作轻松。中间有铜锣、铜鼓、羊角钮钟之类的乐器。画面内容安排紧凑，而每个具体形象则刻画得极为简练，几乎省略了所有的细节，但抓住了人物动作中最富特征的瞬间形态，使每个形象单纯、整体、醒目。

总的说来，岩画画法原始古朴，线条粗犷有力。在构思上，远古岩画大都天真纯朴，反映出人类童年时代的生活场景、某种幼稚的想象或美好的愿望。在造型上，远古岩画采用平面塑造的方法，善于抓住物象的基本特征，物体的结构简化到不能再简的程度，没有细节刻画，大都不画五官。但这些粗制的图形描绘出生活的真实，显示出活跃的生命力，其中的动物形象尤为生动。这种原始形态的艺术，对生活有敏锐的观察力，再与艺术上粗犷手法浑然一体地结合在一起，构成其显著的特征。这或许也是许多岩画至今仍具有生命力的重要原因。

③地画

1982年，在中国甘肃秦安大地湾仰韶文化时期遗址上发现了地画，这是遗留下来的数千年前的绘画的实物资料，也是中国考古学在绘画上的最重要的发现之一。地画中的人物和动物图案有着明显的性别特征，三个人物形象中，中间具有男性特征的人物处于主导地位；左侧人物身躯狭长而略有弯曲，细腰，胸部突出，显系女性；右侧一人已脱落。地画可能是关于祖神崇拜的内容，人物下部方框内的动物代表的可能是供奉神灵的祭品。地画用笔粗犷古朴，寥寥数笔绘出一幅生动的画面。地画不仅刻画出了人物特征，而且人体比例也把握得比较好。

此地画的完美和清晰程度在考古文物中是罕见的。地画体现出原始社会朴实简练的绘画风格，表明当时人们在长期的生产生活中已积累了丰富的素材。

礼教与绘画

夏、商、周时代的绘画，因历史的变迁，我们很难知道它们的全貌了。从文献资料上看，这个时期的绘画艺术，特别是器物上的装饰绘画和宫殿壁画还是相当兴盛的。考古发掘的进展也为我们提供了实物史料。

商代青铜器工艺精湛，造型丰富，当时流行饕餮纹（或称兽面纹）、云雷纹、夔纹、龙纹、虎纹、向纹、鹿纹、牛头纹、凤纹、蝉纹、人面纹等纹饰，通常在云雷纹上再加浮雕式的主题纹样。这些纹饰所表征的动物，都是当时祭天、祭神、祭祖、祭鬼的仪式中沟通天地的媒介、人神相通的使者，象征着权力。青铜艺术的狞厉之美便主要来自铸刻于其上的动物纹饰，特别是那长睛大耳、大口獠牙的饕餮纹，当代美学家李泽厚称之为“一种神秘的威力和狞厉的美”。

在河南殷墟，人们在清理地穴和房子时发现了一块绘有红色花纹和黑色圆点的白灰面墙皮，证明了殷代晚期建筑物上已有了壁画，这也是《说苑·反质》中所说的纣王时“宫墙文画，雕琢刻镂”的佐证。

《尚书·说命》记载了这样一段故事，“（高宗）梦帝赉予良弼，其代予言。乃审厥像，俾于形旁求于天下，说筑傅岩之野，惟肖，爰立作相”。凭记忆和想像画出肖像，又凭此画找到梦中人，并让他成为商汤的宰相。从当时的青铜工艺和发达的壁画来看，这时的画家具有一定的写实的绘画艺术是不足为奇的。

夏、商、周三代为礼教兴隆时期，大多数的绘画多应用在礼教上，而且大多数的绘画是依礼教的标准创作的。《左传》记载，夏禹铸鼎上绘鬼神百物的形象。《周礼》记载尊彝上有鸟兽、植物、云山等图形。《周礼》上还记有虎门，就是门上有猛虎的绘画。《孔子家语·观周》曾载：“孔子观乎明堂，睹内门墉，有尧舜之容，桀纣之象，而各有善恶之状、兴废之诫焉。又有周公相成王，抱之负斧展南面以朝诸侯之图焉。孔子徘徊而望之，谓从者曰：‘此周之所以盛也。’”通过这段记载，我们知道了周代的壁画艺术的广泛应用，特别是一些大型建筑如宫殿“明堂”等都绘有壁画。壁画表现的内容已由有宗教意味的图腾发展到具有现实教育意义的历史题材，说明了这个时期的绘画是以宣传和教育功能为主的。

二、五彩斑斓的春秋战国绘画

商周时代独立的绘画作品至今还没有发现，遗留下来的只是主要建筑和器物上的一些装饰性图案。到了春秋战国时代，随着中央集权的削弱，各诸侯国开始走向独立发展的道路，各国的绘画艺术在此时也蓬勃发展起来。绘画题材日益广泛，天地山川、历史神话及宫廷贵族生活中的打猎、宴乐、出行等大量入画，而且工艺品制造日益繁多。绘画艺术出现了漆画、壁画、帛画、针刻绘画和青铜镶嵌画等多种形式，表现手法也日趋成熟。这时的工匠、画师对色彩已有了更丰富的经验，春秋战国时代人们已有红、黄、青、黑、白“五色”的观念。从绘画作品上看，当时的画师与工匠在给棺椁、乐器以及日用器物涂漆时，表现出对色彩搭配规律的高水平的审美认知。这时，以线条为主要造型手段的中国传统绘画，已具有相当高的水平。

镶嵌画与针刻画

镶嵌画主要是在青铜器的外表按画面构图和其具体形象在器壁表面上刻出沟纹，再镶嵌红铜而成。

春秋战国时代的青铜纹饰已经不同于商周时的样式，它已经从礼乐的神秘气氛中走出，而更多地去描绘自然界和社会生活。早期的青铜器上镶嵌的图案比较单一，到春秋战国后，图案内容出现了多层排列、人物众多的画面。

战国时期的青铜器，比如宴乐狩猎攻战纹铜壶（现被故宫博物院收藏），从壶口到圈足，都是用红铜镶嵌，壶身被斜角云纹的界带分为上、中、下三层画面。以壶肩部两个耳朵为准，分装饰区为前后图像相同的两面。采桑、习射和狩猎的场景在壶的颈部装饰中体现出来。在壶腹中部以上右方，有一个似为双重台榭的楼房，许多人在上层宴饮，下层有一个翩翩起舞的女子，并有伴奏者和敲磬击钟的人，还有人在最右边烹饮。而左方画的是弋射飞禽，池旁有群雁伫立，也有的在空中飞翔，猎人仰头射大雁，被射中的雁贯矢下坠，还拖着长长的缴。最大的装饰区是在壶的下腹部，右边画着激烈的攻防战，城上的士兵似在防守，城下的士兵则用云梯攻城，他们拿着许多兵器，如戟、矛、剑、弓和盾等。还有从高空跌下的被砍头的尸体。左侧是水陆战斗的场面。

在这种镶嵌画流行的同时，还有平面凸起的绘画性纹饰和针刻的图案画像。平面凸起的纹饰是一些人物和动物的变体形象；针刻的画面一般都是依器物的造型特征，采取多层的横列构图，其表现内容以贵族生活为主，构图活泼自然。比如晋国贵族使用的盛食器，器盖和器身都镶嵌有红铜纹饰，组成了贵族狩猎图。各种飞禽走兽跳跃奔跑，而狩猎者处于群兽之中，勇猛威武，弯弓射猎。整个画面不同于商周时的拘谨的对称模式，追求的是自由奔放的风格。

河南省洛阳金村出土的金银错狩猎纹铜镜由三组双涡纹、一组人物和两组动物组合而成。其中两组动物修饰分别为展翅的大鸟和搏斗的两兽。最精彩的要数人物那一组，画中身披盔甲的战士骑在全身披甲的马上，持剑向虎刺去，怒虎转身扑过来，极为凶猛。英姿飒爽的勇士、咆哮的马和恶虎的外形都被完全展现出来。

漆画

漆器在中国有很长时间的历史，距今7000多年前的浙江余姚河姆渡人就已经使用漆器了。到春秋战国时期，漆器工艺发展到更高的水平，取得了杰出的艺术成就。尤其是彩画纹饰更加精美，并出现了情节性的漆画作品。迄今为止，已在 40 多个城市的 80 多个地点发现了漆器，河南、湖南、湖北三省为最多。漆器的品种很多，有饮食器、日常用器、乐器、兵器、文具、丧葬用具、交通用具等。

漆画大体分为两类，一是日常用品漆器上的图画，大多描绘的是现实生活或神话传说、装饰图案等；一是漆棺画，多描绘带有巫术内容的形象。这些漆画，以朱、黑两色为主调，间有黄、蓝、绿、白、金、褐等色，色彩斑斓，对比强烈，变化多样。加之漆本身具有的油光闪亮的特点，漆画显得富丽堂皇。

湖北随州擂鼓墩曾侯乙墓的发掘，为人们打开了一座战国漆器的宝库。比较有代表性的有漆衣箱、彩漆棺和彩漆鸳鸯盒等。从漆衣箱的箱盖上，人们可以看到后羿射日的神话传说画面。而鸳鸯盒腹部两侧，也分别绘制了两幅表现乐舞活动的漆画，即《击鼓图》和《撞钟图》。

《撞钟图》画面呈长方形，黑底朱绘，图中画有两只长颈鸟形怪兽，张嘴衔吞横梁，上面悬挂大小不同的两座钟。这两只鸟兽是对称的，作为支柱，以保证横梁的稳定性；鸟兽脚腹间也架有横梁，上面悬挂编钟。乐师则头戴鸟形面具，双手握持长木棒，作撞钟的样子，姿态优雅自如。整个画面给人一种强烈的动感。撞钟的木棒被画成弧形，似乎是由于撞击用力过猛而使其弯曲；乐师背向编钟侧身挥棒的动作，准确地表现了乐师回击编钟的动态形象；被撞击的小钟位于悬带的偏右部位，横梁与悬带间构成不等边三角形，也表现出钟被撞击后前后摆动的状态。《撞钟图》略带夸张变形的意味，起到了装饰美化漆盒的艺术效果。

《击鼓图》也呈长方形，以黑色为底，用红色描绘出两人化装后击鼓起舞的场面。漆画中间画有一尊鼓，站在鼓右的是乐师，头戴高冠，手舞鼓槌，左右轮番击鼓。站在鼓左的是舞师，身佩长剑，饰有飘带，屈脚转体，举臂扬袖作歌舞状，姿态轻盈婀娜。乐师侧目注视着舞师，两人相互呼应与配合，把人们带入“展诗兮会舞，应律兮合节”的境界。这幅画用笔简练，写意性强，富有装饰性。在形象描绘方面，大胆舍弃了细部刻画和周边环境的表现，而着力于人物动态特征的描绘，艺术语言简练生动。

曾侯乙的彩漆内棺上，描绘的则是方相氏率领神兽执戈驱疫的傩仪图。

方相氏头戴铜制的熊头假面具，率领着载魂升天的鸾凤、长生不老的无启、头顶生角人面蛇身的土伯、形状如鹤正在啖蛇的秃鹫、朱雀与白虎等“山川神灵”，执戈扬盾，驱逐瘟疫。这些形象可能都是墓主灵魂的保护神。这幅漆画带有浓厚的巫术色彩。

壁画

在春秋战国时代，楚国的壁画仍以宗教神话为题材，而且大多内容丰富。在屈原的楚辞名篇《天问》中就有关于楚宫的壁画的内容，这是他参观楚国先王宫中的壁画后作的。诗中描写了丰富的壁画内容，有天象图及天上神怪、大地图像、远古传说及历史人物等。自夏商周以来，王宫多以壁画装饰，可惜几经战乱，先秦的壁画多已不存。

缣帛画

缣帛画是中国绘画中的一种重要形式，它是卷轴画的前身。战国时期的人物肖像画艺术已有相当高的成就。刘向《说苑》中有这样一段记载：“齐王起九重台，召敬君图之，敬君久不得归，思其妻以图妻对之。”从遗存的楚国帛画可知，战国时期已经形成了中国线描人物的传统风格，并达到较高的水平。

人物龙凤帛画 战国

这是一件葬仪中用以引导死者灵魂升天的铭旌，也是我国现存最古老的帛画。画中女子侧身而立，细腰长裙，广袖宽袍，姿态优美大方，双手合掌前伸，似在祈祷。她的前方和上方各绘一龙一凤，凤鸟昂首奋翼，腾爪扬尾；龙则曲足扭身，势若扶摇直上。整幅画以线条造型为基础，省略了一切背景，静态人物与动态龙凤形成一种对比中的和谐。

现存比较有名的战国帛画有两幅，分别是 1949 年在长沙东南郊楚墓中出土的画在白色丝帛上的《人物龙凤图》和 1973 年于湖南长沙子弹库楚墓出土的《人物驭龙图》，可把它们看作姊妹篇。

①《人物龙凤帛画》

这幅画高 28 厘米，宽 20 厘米。图中画一细腰女子，身穿宽袖长衣，头后挽垂髻，衣服和冠都有装饰物。妇人两手向前伸出，向上作合掌状。女子左上方画有一展翅飞翔的凤鸟和一仅画一足的龙。根据考古学家的分析，这幅画的用途可能是“引魂升天”。在当时殉葬仪式中称为“幡”，也就是《三礼》中所记载的铭旌。

绘画者通过对身段、动作和服饰的刻画表现出了楚国贵族妇女的形象特征。整个画面呈现出恭谨、庄重的气氛，而画中的凤鸟呈现出雄健奔放、轩昂非凡的气势。这是一幅构图绝妙的佳作。此帛画主要采用黑线勾画，在色彩上以黑白对比，使形象有一定的质感。

此画出土于湖南陈家大山楚墓，是中国现存最早的绘画之一。

②《人物御龙帛画》

此画出土于长江子弹库楚墓。高 37.5 厘米，宽 28 厘米，画中是侧身直立的男子，身着长袍，腰佩长剑，一手握剑，一手拉绳，驾驭着飞龙，龙形似舟，昂首向前。龙尾部立一鹤，龙身下有鲤鱼，人物头顶正中有华盖，飘带随风飘动。绘画的主题也是“升天”，不过不是龙凤引升，而是驾驭飞龙。

这幅画以单线勾描，设色平淡，兼施渲染，画中人物加彩，而龙、鹤等基本用白描。线条属“高古游丝描”，用笔因物象的形体、质地和运动而有粗细、刚柔等多种变化。从中大致可以看出战国时人物画的艺术水平。

三、民族绘画形式的形成——秦汉时期的绘画

秦汉绘画在中国的绘画史中起到了承前启后的作用，这时期的绘画也成为中国绘画艺术传统的源泉。秦汉的绘画打破了先秦“以形出发”的平面描绘，开始注意体积和厚度；构图上也改变了先秦平列形象的单一式样，处理大场面时采取分视点来表现空间。这时的秦汉绘画已具备了鲜明的汉民族的艺术特征，体现了“形神兼备、寓巧于拙、寓美于朴”的美术思想。民族形式的绘画此时已生成。秦汉的绘画，留传到后世的主要有壁画、画像石、画像砖，还有罕见的帛画。

汉墓彩绘帛画

从 20 世纪中后期出土的汉墓中我们发现了汉代的帛画。长沙马王堆汉墓以及山东金雀山汉墓中都发现了彩绘帛画。

1976 年山东临沂金雀山 9 号汉墓出土的一幅帛画约为西汉前期的作品。帛画从上到下，分为天上、人间、地下三大部分。天上有云气，右上角画一轮红日，日中有一只黑乌鸦；左上方是一轮新月，月中有蟾蜍和玉兔，三座仙山和象征“琼阁”的建筑物画在日、月下方。地下用海里鱼、龙之类动物

来表示“九泉”境界。占据整幅帛画相当大比例的是人间部分，五组画面自上而下排列：第一组，帷幕下为体态丰腴的老年妇女端坐像，即墓主人位于右方，除一人执杯跪献外，三名婢女拱手侍立于其前。第二组，画的是歌舞宴乐场面，女子在中间拂长袖而舞；右边二人为乐师，一人吹竽，一人弹琴；左边二人面对乐舞而坐，或许是观赏者。第三组画的五个男子，头戴冠，身穿长袍，互相拱手施礼，是宾客相聚场面。第四组，左方二人拱手相对，似在交谈；右方为一女子在纺车旁纺纱的情景；在旁站立观看的三人中，其中一人身材矮小，也许是侏儒。第五组为角抵表演。二武士中，中间那位身穿宽松衣衫，头戴面具，红带束腰，双手交叉于前，神采飞扬；右侧的武士，手戴红镯，头有饰物，双方摆开架势，正准备一决高低。

金雀山旌幡用淡墨、朱砂起稿，平涂渲染着色，最后勾勒部分以朱线和白线为主。

马王堆1号汉墓的彩绘帛画最为完整，绘制精美。画面呈T形，以繁杂严谨的构图把全画分为上、中、下三部分。上部为天界的景象，人首蛇身的女娲居中。右角上画有金乌（太阳），另有八个小太阳散在扶桑的枝干之间。左上角画一弯新月，月牙上有蟾蜍和玉兔，一女性乘坐龙翼凌空飞舞。天界的下方画着天阙，阙内有司门人，阙两旁各有一神豹守卫。画的中部又分为两部分，上半部描绘一个体态丰腴、身披锦绣的贵妇人，立在华盖下边，她身后有侍女跪迎；下半部绘帷帐玉磬，帐内案上陈设鼎壶等饮食用具，两旁有七人对坐。整个画的下部分画一个裸体巨人，他双手托举着平板，平板上承载着地上的物品，立于交叉的两条大鱼的背上。两旁各有一只大龟，龟背上站着猫头鹰。

这幅画展现出了一个琳琅满目、五彩缤纷的世界，表达了对人生幸福的追求，反映出对生命的肯定和热爱。

这幅画表现出了西汉时期绘画的高超水平，通过变形的龙及动物把画面分成天、人、地三个部分，各部分的联系显得和谐而富有变化。画中对人和其他生灵的刻画充满了奇异的想像。此画用线密而不堵，设色艳而不俗。虽在地下历经几千年，仍明艳夺目。

砖石上的绘画

画像石和画像砖是汉代美术史的最重要的材料，数量最多，内容也最丰富。这与当时厚葬的风气有关。

所谓画像石就是在石头上刻出一些图像，也称石刻画，主要用于墓室、墓前祠堂、石阙等墓葬建筑的建造与装饰。它产生于西汉，盛于东汉，魏晋之际仅有个别实例，故又称汉画像石。它的产生恐怕是担心壁画不能久传的缘故。从技法上讲，这种石刻画突出以线造型的特点和黑白关系，没有色彩，是绘画和雕刻结合的一种形式。

画像石的规模和艺术水平体现了墓主人的显贵地位。规模大、水平高的大多集中在经济富庶、文化发达、附近石料充足的地区。汉画像石墓以河南、山东、陕西、山西、四川、江苏、安徽等地区为多。

画像砖是秦汉时代的一种建筑装饰构件。画像砖用模印烧制而成，不用雕刻，一块砖就是一幅独立的画面。秦汉至西汉初期，多用于装饰宫殿衙舍的阶基；西汉中期以后，主要用于装饰墓室壁面；东汉则是画像砖艺术的鼎盛时期。

四川、河南两省出土画像砖最多。艺术造诣最高的是四川成都一带出土的东汉后期画像砖。这些画像砖都是实心的方砖或长方砖，画面一次印模而成，构图完整生动。四川画像砖在题材内容方面也独树一帜，除少量神话内容外，绝大部分刻画现实生活。其中既有表现墓主人生前社会地位的门阙、仪卫、车马出行、经师讲学、宴饮观舞等场面，也有反应庄园经济农副业生产活动及集市贸易活动的画面，风格清新隽永，乡土气息特别浓郁。

①以画示教的鲁风画像石

在秦汉时期，山东的画像石主要是祠堂里的装饰，题材主要描绘历史故事、人物，宣传儒家教义。这类画像石主要分布在肥父城孝堂山、嘉祥武氏祠、沂南等处。武氏祠画像石在内容和技法上最有代表性，主要作品有《泗水取鼎》、《王陵母》、《荆轲刺秦王》、《蔺相如》等，画像善于抓住事件发展的最具戏剧性的情节，以突出主题，增强感染力。如《荆轲刺秦王》表现了荆轲刺秦王时匕首飞刺到大柱上、秦王大惊逃跑的一个惊险瞬间。在刻画的技法上多采用剔地凸像的“薄肉雕”，以阴线表示面部和衣纹，人物形象多为正侧面角度，虽只见大略外形，但能生动表现人物的神态。

沂南画像石在题材上以攻战、家居、丰收、宴乐及乐舞百戏为主，刻法较武氏祠里的画像石更成熟。

鲁风画像石在构图上气势磅礴，人物造型高度概括，使布局的装饰性、性格特征的夸张性和情景的戏剧性融为一体，并成为后世同类题材的经典表达范式。

②墓室里的生机——南阳画像石

河南南阳是汉画像石艺术最发达的地区之一。

南阳西汉画像石以赵寨砖瓦厂的画像石墓为代表，东汉时期则以扬官寺、唐河针织厂发现的两座画像石墓及东郊李相公庄许阿瞿墓为代表。其刻画的方法除阴刻线和平底线浮雕之外，最有特色的是斜横纹衬底浅浮雕。镌刻方法是剔地并施以横斜衬纹，使主体凸出，再用简练的阴线条刻画出形象的细节部分。造型简洁，神态生动，构思大胆奇巧，刀法粗犷泼辣。画像的内容除了历史故事外，多取材于生活场面，如车骑出行、狩猎、宴饮、舞乐、杂技等。另外还有神话传说中的人物、动物以及天文星象，充分反映了艺匠们的文化心理和技艺。

③富有浓郁生活气息的四川画像砖

在四川的成都、广汉、德阳、重庆等地，发现了许多东汉后期的画像砖。四川的画像砖在表现技法上灵活多变，有用线刻画的作品，也有浅浮雕结合凸线阳纹表现的作品。特别是画面的空间处理、人物及车马动态表现更是生动洗练，令人叹为观止。代表作品有《弋射收割图》、《播种图》、《采莲图》、《采盐图》、《骈车图》、《宴饮图》等，作品大多反映现实生活，从农桑狩猎到渔田盐井，从车马居室至宴饮博弈，从歌舞杂技到山林田泽，涉及社会生产生活的各个方面。

墓室壁画

在中国绘画史上，汉代以前的墓室壁画迄今还未发现，自汉以来，厚葬之风大盛，墓室内亦出现大量的壁画。重要的遗迹有洛阳西汉卜千秋墓、八里台西汉墓、营城子汉墓，山西平陆枣园村、河北望都、内蒙古自治区和林格尔等汉墓壁画。

①洛阳汉墓壁画

汉代厚葬之风盛行，所谓“崇饰丧祀以言孝，盛饷宾客以求名”的风气四处弥漫，上至皇室，下至豪门世族，殷富大户，皆崇尚厚葬，追求灵魂不灭，成仙为神浸透着汉代人的灵魂。这种从凡俗升华到天国的热切情怀，对未来生活的憧憬与对物质财富的强烈占有欲，在汉墓壁画中得到了充分的体现。

卜千秋墓壁画约在西汉昭帝至宣帝之间（公元前 86 ～公元前 49 年）。壁画以粗放的线条勾勒描绘出男女墓主人分别乘龙持弓、乘三头凤鸟捧金乌，以持节仙翁为前导，在各种神兽的簇拥下飘然升仙的浪漫情景。天界神灵有人身蛇尾的伏羲、女娲，生动活跃的青龙、白虎，展翅飞翔的朱雀。内有蟾蜍与桂树的满月，飞着金乌的太阳，打鬼的方相氏，人首鸟身的王子乔，以及方士、仙女、仙兔、奔犬等众多异常生动的形象，还有流动的云彩穿插连贯其中。线描得流畅洒脱和富于粗细变化，使得画中的各种形象生气盎然，画面充满动荡活跃的气氛。

此墓壁画的绘制，与其他汉墓壁画也有所不同。它不是画工在砌就的墓室内所画，而是先在地面上，把砖排列编号、粉刷绘制之后，再依次砌筑到墓室里去的。由于地面上有较墓穴里更为宽敞便利的环境条件和充足的光线，能充分发挥作者的技能，所以此墓壁画比迄今所见任何汉墓壁画更为精工，设色用笔都代表着汉代绘画的较高的艺术水平。

西汉打鬼图壁画墓这是一座夫妇合葬墓，原址在洛阳牢城西北 1 千米处的烧沟村南。墓的年代大约在西汉元帝至成帝之间（公元前 48 ～公元前 8 年）。

“以古为镜，可知兴替”，重视借鉴历史的思想在汉时甚为风行，并以壁画形式引导帝王臣民酌古而鉴今。烧沟出土的壁画中除有辟邪升天的内容外，还有两幅取材于历史故事“鸿门宴”和“二桃杀三士”的图画。

“二桃杀三士”是《晏子春秋》中的故事。说齐国有三个勇士名叫公孙接、田开疆、古冶子，都很有勇力，能搏猛虎。晏子认为他们傲慢无礼，对国家有害，便建议齐景公送给三人两只桃子，让他们自己论功吃桃。三人都夸自己有功，争要桃子，最后公孙接、田开疆认为自己功不如古冶子却取桃不让，是贪，如不死是无勇，便还桃而死。古冶子认为自己独自活着是不仁，也还桃自杀。

“鸿门宴”已是大家耳熟能详的故事了。说的是刘邦进入咸阳后，项羽大军到来，项羽手下谋臣范增设鸿门宴，请刘邦来赴宴，准备在席上杀死他。因项羽手下的项伯事先向刘邦的谋臣张良透露了消息，项羽在席上又不肯当机立断，刘邦便靠樊哙的勇力和张良的机智保护了自己，逃脱了危险。

这两幅图画色彩艳丽，线条简练流畅，人物生动传神，场面布局紧凑，是 2000 年前壁画艺术的珍品。

东汉出行图壁画墓原址在偃师市以西的杏园村之南。《车马出行图》气势雄壮。画幅长达 12 米，共绘出 9 乘安车、70 余个人物、50 余匹奔马，在当时可谓宏篇巨制。壁画色彩深沉厚重。浩浩荡荡的车骑队伍，描绘出一派车辚辚、马萧萧的宏大场面。

从以上墓室壁画，我们大概可以看到两汉壁画的发展脉络：从招魂升天到车骑出行，从谶纬迷信到儒家宗教，汉代艺术题材逐渐从神鬼世界走向人的现实生活。同时，洛阳汉墓壁画又以其稚拙古朴、天真浪漫的独特风格、深沉雄大的气魄为中国绘画史增添了辉煌的一章。

②望都 1 号墓室壁画

望都汉墓位于河北省保定市望都县所药村内。墓的主人是东汉浮阳侯孙程。孙程是东汉的宦官，涿郡新城人（今保定徐水县西南）。汉安帝时为中黄门，也就是主管食官令号的食监助手，在长乐宫供职。汉安帝死后，他谋立济阴王。济阴王即位后，因孙程有功，封其浮阳侯，食邑万户。孙程卒于 132 年。

墓室坐北向南，由墓道、墓门、前室及东西耳室、中室及其东西侧室、后室以及北壁小龛诸部组成。壁画就分布在前室四周壁上和通往中室的券门上。

经过狭长的墓道来到墓门，就会发现描绘在前室南壁、墓门两侧的人物画。东侧是一个“寺门卒”，面向墓门，持仗而立。他头着红巾，上衣虽长，但仍露出极其宽肥的胯腿。西侧的“门亭长”佩剑，也面向门，拱手弓腰做迎送状。紧挨着两人的前室东西砖壁上，壁画逐渐丰富起来。上端是各式各样的人物，下端为云气鸟兽。西壁绘有负责击鼓禀奏的追鼓掾，管杂务的门下史、门下贼曹，负责巡查的门下游缴，登记功过管理罚赏升降的门下功曹。东壁有掌管刑狱的仁恕掾，维持治安的贼曹，为墓主人车前护卫的兵卒辟车伍佰等。看来这个曾经做过中黄门的宦官，“因功封侯”之后，倒是家中僚属仆役众多，日子过得尊贵气派。西壁的仆人除了打杂的门下史和追鼓掾拱手外，其余的 4 人均持笏。6 人面向木棺所在的后室弓腰而立，做出朝拜的样子，表现出对主人的毕恭毕敬。东壁的辟车伍佰 8 人，有的红巾黄衣，有的黑巾青衣，上衣均短至膝盖。8 人之中，拱手的、持旗的、持仗的，仗或高举、或拄地。个个都是粗眉圆目，勇猛威武的样子大有万夫莫当的气势。东壁最北端还有一个门下小史，宽袍持笏，做长跽状，一副战战兢兢的眼神显得畏缩紧张，谦卑恭谨的态度跃然壁上。

前室北壁的画面是省录众事的主簿和主记史。主记史坐于矮榻之上，主簿则手持笔和奏牍，做记录状。二人皆举止斯文、神态悠闲自在。

望都壁画的色彩全部用墨线勾勒，再以朱、青、黄三色加彩，颜料采用了不易退色的矿物质，至今鲜明清晰。画面的线条极其简练，却能将人物的相貌神情、性格特征表现得各有千秋，鸟兽生动传神。尤其值得注意的是人物衣服已能用深浅不同的色彩烘托出明暗和质感。

这说明，我国汉代绘画经过长期艺术实践的逐年积累、不断探索，已在绘画语言的变化运用上取得了进步，虽然壁画在线的运用、形的描绘上还处在中国绘画粗犷、拙朴的阶段，但却已反映出汉代艺术家描写生活、认识生活的艺术技巧。

③和林格尔壁画

和林格尔汉墓位于乌兰察布市和林格尔县新店子乡境内的一座土山上。墓分前、中、后三主室和三耳室，全长约 20 米。墓壁上涂白灰，白壁上有彩色图画，尚存有 46 组、57 幅画面，画中可辨之榜题 250 条。这是我国考古发掘迄今所见榜题最多的汉代壁画。

前室与中室壁画绘出墓主历任官职情况，其最后职务是护乌桓校尉；后室壁画描绘了墓主晚年家居之庄园图景；耳室多为奴仆杂役放牧、种地画面。壁画布局精致，技巧娴熟，形象地反映了东汉后期农牧业生产、坞壁庄园、车马出行、城垣官署、舞乐百戏、历史故事以及祥瑞等，画中乌桓、鲜卑族人物形象颇多。这些壁画形象地反映出东汉时期我国北方多民族居住地区的阶级关系、民族关系和社会生活面貌。

壁画内容有反映死者的仕途经历，以及升迁各任时的车马出行图；有死者历任官职所在城市和府舍的官府图；有反映统治阶级生活的饮宴、舞乐、百戏等描绘；有反映东汉时社会生产活动的场面，如农耕、庄园、牧马、放牛等图；有当时社会生活的写照，如少数民族的装束、发式、相貌，以及祥瑞图和一些圣贤、忠臣、孝子、烈女的故事图等。

从壁画内容及榜题得知，墓主为东汉王朝派到北方民族杂居地区的最高官员——使持节护乌桓校尉。

其中，《舞乐百戏图》堪称汉代壁画的精品之一。图中描绘的是墓主及宾客，边饮酒边观看乐舞杂耍的情形。表演场地的中央是一面建鼓，两侧各有一人执桴擂击，左边是乐队伴奏。弄丸表演者轻松地同时飞掷五个弹丸，飞剑者正跳跃着将剑抛向空中，舞轮者站在踏鼓上将车轮抛起在空中，倒提者在四重叠案上倒立。童技是最惊险的节目，一人仰卧地上，手擎樟木，樟头安横木，中间骑一人，横木两侧各一人，作反弓倒挂状。画面上部，一男子与一执飘带的女子正翩翩起舞。表演者都赤膊，束髻，肩臂绕红带，动作优美、矫健。

《舞乐百戏图》构图处理为罗列式，反映出中国早期绘画的观念。以建鼓为中心安排人物的构图位置，将观者放置于上角，在余下大面积中尽情描绘场中乐舞杂耍之人，只描写其意而不事雕琢。画面设色鲜艳，以红为主，间以黑、棕色，透露出天真质朴的气质，表现出作者稚拙的艺术思维和熟练的绘画技巧。

《汉使持节护乌桓校尉出行图》最为突出的是墓前室壁画中环绕一周的出行图，六任官职的出行场面各自独立却又相互连续，从而把数百人骑和数十车驾的内容贯串统一在一个宏伟的画面之中。图中的百余马匹，动态逼真、各具风姿，乘马轻捷，驾马因挽具的负担而步伐沉稳，并驭而驾的马则步伐整齐，狩猎场中的马则腾跃疾驰。画面内容安排得主次分明，疏密有致，虽然人马密集，但不显得杂乱，而给人一种宏伟、壮观的鲜明印象。

宴饮图壁画 西汉

《过居庸关图》描绘了墓主经居庸关前往草原的情景，用山谷中的桥梁表示居庸关，加之用线的简练、准确，富有想像力，成就了这幅场面宏大、颇具表现力的绘画。

古墓中百余平方米的壁画，展现了1800

年前汉代画工令人钦佩的艺术才能。它们具有高度的构图技巧，画风古拙、简约而粗犷，既写实又写意。人物的身份、姿态、神情的刻画生动入微。马的造型硕壮劲健，特别是头颈及蹄足让人感到有一种强劲的弹力，踢踏有声。而其瞬间动态的表现尤显功力，从而造成了整组壁画热烈紧张的气氛。壁画以其规模之恢宏，形式之质朴，充分凸现了汉代艺术“气魄深沉雄大”的时代风格。

四、绘画艺术走向自觉——魏晋南北朝时期的绘画

东汉末年，中国社会开始进入一个动乱的年代。社会的变动也引起了社会思想的变化，同样也影响了绘画艺术的发展，绘画从为古代礼乐及宫廷贵族、富豪的住宅厅堂、墓室服务的功能中走出来，走向自身独立的发展道路。在题材上，从信仰与崇拜发展到对社会生活场面的描绘。

到这一时期，绘画艺术开始走向自觉。宫廷的礼乐文教性质的绘画和工艺性质的绘画仍然有其社会基础，但也逐渐在新的绘画的影响下，开始转变题材和技法。

开启绘画新风

自秦汉以来，绘画在题材和技法上有了很大发展，尤其在魏晋时期，反映老庄思想及玄学和佛教思想的绘画开始出现，从体现正统礼教思想转为反映单纯的审美观念，使绘画走向了另一条轨道。

①“曹衣出水”

在魏晋画坛上，有两位艺术家以其创造性的艺术开启了一代新风，他们是曹不兴和卫协。

曹不兴是东吴黄武年间（222 ~ 228 年）以佛画知名的画家，他的绘画技巧纯熟，富有创造力和想像力。据说他能在长数十尺的绢上绘一佛像，心敏手捷，须臾即成，而头脑四肢比例准确。曹不兴所画佛像被称为“曹家样”，其特点在于所画的衣纹像贴在身上一样，故有“曹衣出水”之说。这个特点明显受印度绘画技法的影响，他用线缜密、细柔，不同于汉代其他画家的用笔技法。这种风格开始于曹氏，被卫协发扬光大。

卫协活动年代约在三国末至西晋，他是曹不兴的门徒，他的作品有《北冈图》、《伍子胥图》、《醉客图》、《神仙图》、《列女图》、《楞严七佛图》

等。他绘画的主要特点是“精思与巧密”，这是顾恺之的评价，一是指绘画刻画细致，二是指其笔法用线细如蛛网，笔力精巧。他的绘画已在汉画风格的基础上有了新的突破，建立了南朝至唐初的人物画的风格样式。葛洪在《抱朴子》中将他与他的弟子张墨并称为“画圣”。这肯定了卫协作为绘画的开拓者在中国历史上的地位。

②人物画家顾恺之

魏晋时期，老庄思想成为当时的士大夫思想的主流，具体表现为“任性放达，风神萧朗，不扬于礼法，不拘泥于形迹，追求超然绝俗、简约玄澹的魏晋风度”。它不同于秦汉时的君子风度和品性道德，是一种艺术审美的人生观。当时的“玄学”对艺术产生了重大影响，即单纯以审美情趣来进行艺术实践，确立艺术评价准则。这在中国绘画史上是一个特殊的时代，它使绘画走向了自身发展的轨道，而区别于绘画的礼乐功用，追求美的原则。这一转变，首先表现在魏晋时的人物画上，其中最杰出的代表就是提出“传神写照”美学思想的顾恺之。

顾恺之，字长康，小字虎头，无锡人，出身世族家庭，曾任司马参军、散骑常侍。当时人称他画绝、才绝、痴绝，充分肯定了他的绘画、文字方面的才华和他任性放达、超越世俗的虚静态度。

顾恺之曾画过释道人物、山水及同时代人物肖像。现在流传下来的是他根据文学作品而创作的《洛神赋图》、《女史箴图》、《列女图》等作品的摹本。

《洛神赋图》取材于魏陈思王曹植（字子建）的名篇《洛神赋》。曹子建在《洛神赋》中以神话故事曲折地表达自己失去爱情的痛苦，反映出曹氏家庭矛盾的尖锐，同时也反映出礼教束缚给男女青年带来的精神上的悲苦，题材很有意义。顾恺之利用绘画手段再现了文学原作的主题，生动感人。画卷从曹子建和他的随从在洛水看到洛神起，到洛神离去为止，全卷交织着欢乐、哀怨、怅惘的感情。作品构思巧妙，表达人物内心活动十分细腻。曹子建的精神依依难舍，怅然若失，浸沉在沉思默想之中，而洛神的回眸顾盼，含情脉脉，与神采飞动的境界相互生色。正如他自己曾说的，达到“悟通神化”的地步。《女史箴图》是根据西晋文学家张虎华所撰《女史箴》一文而作的长卷。“女史箴”就是劝诫妇女的道德箴言。相传，此文是为讽喻当时的贾皇后而写的。《女史箴图》原作12段，现存9段。第四段绘有两名妇女对镜梳妆，另一女人对镜端详，画的右面有几行字大意是告诫妇女德行的修养比容貌的修饰更重要。画中线条非常纤细，如春蚕吐丝。

顾恺之是卫协的学生，他继承发展了卫协的艺术风格，把线描的表现力提到一个新的高度。他用线遒劲连绵如“春蚕吐丝”，似“春云浮空、流水行地”，体现出当时艺术追求的秀雅与高贵之美。顾恺之还提出了人物画的最高要求——传神写照，并加以实践。他说：“手挥五弦易，目送归鸿难。”“神”是指人的风神、个性、情调等，顾恺之的艺术主张和艺术实践给中国的传统绘画树立了新的范式。

顾恺之的画对后世有深远影响，后人评论他的画“意存笔先，画尽意在”，“清淡雅奕，不求藻饰”，其笔法如春蚕吐丝，线条似行云流水，轻盈流畅，遒劲爽利，称为“铁线描”，与师承他的南朝陆探微、梁代张僧繇，并称“六朝三杰”。世人曾这样评价三人的作品：“像人之美，张得其肉，陆得其骨，顾得其神，神妙无方，以顾为最。”

顾恺之还著有《论画》、《魏晋胜流画赞》、《画云台山记》等绘画理论著作，提出并阐发了“以形写神”、“迁想妙得”的理论，对中国画的发展产生重大影响，国画界尊崇他为“画祖”、“画圣”。

由于绘画的需要以及文艺思想的活跃，美术评论开始出现。士族知识分子也投身于绘画领域，他们对于创作经验的总结、艺术规律的探讨、绘画发展的研究起了主导作用。其中南齐谢赫的《古画品录》中提出了品画艺术的标准——六法论。即气韵，生动是也；骨法，用笔是也；应物，象形是也；随类，赋彩是也；经营，位置是也；传移，模写是也。前两法理论性较强，内涵丰富，历来解释不一；后四法是关于绘画的学习、认识、表现手法的阐述，得到后世画家的肯定。

③山水画的兴起

南北朝时期山水画兴起，出现了一批山水画家和有关山水画的评论。这时的山水画目前已经失传，据史料记载有戴逵的《剡山图》、《吴中溪山邑居图》，戴勃的《九州居山图》，宗炳的《秋山图》，谢赫的《大山图》等。

山水画的兴起有诸多原因，玄学的兴起是山水画形成的基本原因。玄学思想也是山水画所追求的艺术境界，即山水画真正的审美价值所在。玄学使人们回到自然。在士大夫们看来，山水的美不在于山水本身，而在于它体现了“道”。宗炳的《画山水序》中这样写道：“圣人含道应物，贤者澄怀味像，至于山水，使有而趣灵。”他认为圣人理解或“映照”万物，而贤者澄清胸怀以道为法则去看待万物，至于山水是以其外形体现道，山水与道是相合的。

中国的山水画家以老庄哲学为基础来认知自然。艺术家们的简淡、玄远以及深厚丰实的美感、艺术观决定了1500多年来中国山水画的基本趋向和主要气质，使中国绘画在世界上成为一个独立的体系。

④魏晋的佛教艺术绘画

魏晋在变乱中求生存，产生出新的思想和观念，而这时，传入中国的佛教在东晋十六国时期开始普及到社会各个阶层，佛教艺术也随之兴起。佛教艺术主要体现在建筑、雕塑、壁画上，一般的石窟和寺庙中都绘有壁画。佛寺壁画因建筑的破坏已荡然无存，但北朝的石窟壁画仍然保存至今，主要有克孜尔千佛洞壁画、库木吐喇千佛洞壁画和被誉为东方艺术宝库的敦煌莫高窟壁画。

莫高窟壁画早期故事画的题材主要是佛教故事、因缘因果故事和佛本生故事。这些来自民间的佛本生故事，通过画师的妙笔，构成了莫高窟壁画中最富有人间气息的动人作品。壁画中有《鹿王本生图》、《须大拏太子本生图》、《尸毗王本生图》。

《尸毗王本生图》绘制于北魏前期，重点表现了故事发展高潮中有代表性的场面。画面描绘了尸毗王为从鹰嘴下救出一只鸽子，以及他宁愿用自己的肉来喂鹰的情节。尸毗王端坐着，双目下垂，安详镇定地被人割着左腿上的肉。周围配有各种表情的弟子眷属，天上有飞天散花，以衬托庄严的气氛。

壁画与漆画

①墓室壁画

战乱年代，当时的绘画遗迹遭到洗劫，流传的画作不多。20世纪70年代初在嘉峪关和酒泉之间的戈壁滩上，发掘出魏晋之际的墓室壁画600余幅，描绘了农桑、畜牧、狩猎、林园、屯垦、营垒、庖厨、宴饮、奏乐等景象，多方面、生动真实地反映了魏晋时期的社会生活。壁画是每砖各成单位的小幅构图，不同于汉画的分层排列的布局方法，画工们基于劳动实践经验，很准确生动地勾勒出一幅幅活泼感人的画面，色彩热烈明快，线条单纯和谐。

魏晋时期的绘画艺术正处于我国绘画史上最繁荣的阶段，但由于连年交战，民不聊生，所以遗存下来的很少，嘉峪关魏晋墓壁画砖的出土正好填补了这一空白。从绘画技巧看，这些壁画砖并不是罗列堆积事物，而是抓住最本质、最有个性的东西加以表现。所以许多画尽管寥寥数笔，画得很简单，却反映得很深刻，很准确。如 17 号壁画，只画了一个高墙大院，墙上竟建筑了 12 个碉堡，院门大开着，没画一个人，却让人感到阴森、恐怖而又压抑。画工们继承了中国传统的画法，人物的不同部分采用不同的线条表现，如轻重、明暗、远近等。他们用粗线条画人物服装的皱褶，增加了衣服的凝重感；用细线条画马的下腹部使人感到马腹部的柔软和弹性。

现存的文献资料所记载的魏晋壁画中，宣扬儒家思想的三皇五帝、忠孝节义之类的题材仍占据重要地位。左思在其《魏都赋》中对曹魏宫廷中的温室壁画这样写道："丹青炳焕，特有温室，仪形宇宙，历象圣贤，图以百瑞，綷以藻泳，茫茫终古，此焉则镜。"

②漆画

20 世纪 80 年代中期，安徽马鞍山市发现了三国时孙吴大司马右军师朱然的墓，从该墓中出土了大量漆器。漆器上的彩绘内容丰富，题材广泛，有描绘宫廷生活的，有表示祥瑞的，还有诸如杂技、宴会场面，以及山水、云树等景物。漆画在构图上以平稳手法求变化，色彩多用朱红、红、黑、金、浅灰、深灰、赭等，给人一种色泽华丽而又庄重的感觉。

五、盛世风采

隋朝仅存 37 年，在画坛上出现了展子虔等画家。唐代揭开了中国绘画的灿烂篇章，中国传统绘画中的各个门类，在这个时期都以独立的姿态屹立于画坛，在表现手法上也日趋成熟和完善。这是一个集前代之大成、开未来之风貌的时代。

"唐画之祖"展子虔

展子虔，隋代大画家，渤海（今沧州一带）人。他年轻时勤奋好学，酷爱绘画，曾经游历大江南北许多地方。他还在洛阳、长安等地的很多寺院里画过许多壁画。他一生经历北齐、北周和隋代，入隋后官朝散大夫、帐内都督，但政绩并不显著，而在绘画方面取得了突出的成就。

展子虔擅长画台阁、人物、车马、山水，他的画细致、传神。他画站着的马就有马走的样子，画卧着的马就有腹部起跃的姿势；他画的山水树木层次分明，比例适当，人称“有咫尺千里之趣”；画人物描法细腻，以色晕开面部，神采如生。他是隋代唯一有画迹传世的画家，现存故宫博物院的《游春图》为我国传世最古老的名画之一。

《游春图》生动地描绘出明媚春光和游人在山水中纵情游乐的神态。各种花树点满山野，桃红柳绿，相映成趣。山上有骑马的游人，水中有乘船的妇女，瀑布前有桥，远山近坡，层次分明。在色彩上，用浓重的青绿填色，作为全画的基调，有勾无皴。这种浓重的青绿色调，正是春天自然景色的特征。这幅作品在透视关系的处理上，已开始注意客观物体之间远近、高低、大小的一般关系和深度层次，把山水画发展成较为合乎比例关系的新格局，历来被评家视为“开青绿山水之源”的重要作品，在山水画发展史上具有奠基的意义。这种画法发展到了唐代的李思训、李昭道父子笔下，便形成了“青绿山水”，成为中国山水画中独具一格的画风。

展子虔的《游春图》对推动青绿山水的画法起了重大作用。传说在黄帝时代，已经能“造山写形”，可谓中国山水画的起源。山水画的创立时期在晋代，当时最杰出的画家顾恺之曾经画过《庐山图》、《雪霁望五老峰图》，可惜这些作品都没有流传下来。我国现存最早的山水画是传为展子虔所做的卷轴画《游春图》。因此展子虔在山水画史上具有不容忽视的地位。《宣和画谱》称赞他：“写江山远近之势尤工，故咫尺有千里之趣。”他的山水画比起六朝前山水画那种“水不容泛，人大于山”的稚拙画法要成熟得多。据记载，他的《仙山楼阁图》以青绿勾勒为主，笔调甚为细密，后人称他为“唐画之祖”。美术史家称顾恺之、陆探微、张僧繇、展子虔为唐以前杰出的四大画家。

初唐画风

阎立本和尉迟乙僧代表着初唐的画风。

①阎立本以画颂政

阎立本，临潼（今陕西临潼县）人，出身于贵族家庭，其父兄皆善画并任职于朝廷。

阎立本善于画台阁、车马、肖像，尤其是重大题材的历史人物画和风格画。他的肖像画多描绘唐初建功立业的功臣形象，如描绘房玄龄、杜如晦等 18 位文人谋士肖像的《秦府十八学士图》。杜甫《丹青引》中有“良将头上进贤冠，猛将腰间大羽箭，褒公、鄂公毛发动，英姿飒爽来酣战”的诗句，形容其所画之生动传神。据记载，他的绘画作品在《历代名画记》、《唐朝名画录》、《宣和画谱》中提到的就有六七十件。他的代表作有《凌烟阁功臣图》、《秦府十八学士图》、《历代帝王图》、《职贡图》和《步辇图》等。

历代帝王图（局部）　唐　阎立本
全图绘十三位历代帝王，这是其中一幅，为隋炀帝杨广，图中帝王身躯伟岸，侍从则相对矮小，体现了中国传统绘画中“主大仆小”、“君大臣小”的思想。

《职贡图》描绘了外国的进贡队伍，是“中国即安、四夷自服”的形象说明。《历代帝王图》描绘的是两汉至隋代的十三位帝王的形象。阎立本的人物画一般不画任何背景，只通过对侍从和少量器物的描绘来交待情境与衬托人物。他特别看重对人物的服饰、举止、面部神情的刻画，通过这些来表现人物的不同气质、个性和外貌特征。

阎立本的画风继承并发展了顾恺之等的“以线描画”、“以形写神”的风格。

②尉迟乙僧的西域画风

尉迟乙僧是西域于阗国国王的亲族，他在长安从事绘画创作。他的画继承了西域画风，当时人说他“凡画功德人物、花鸟，皆是外国之物象，非中华之威仪”。他在绘画技法上用线“曲铁盘丝”，用色“堆起绢素”，具有“身若出壁”的艺术效果。其作品“气正迹高”。他的独特艺术风格使他在长安画坛与阎立本齐名。

盛唐大家

①画圣吴道子

盛唐时期，中国的绘画进入一个更高的艺术境界。在绘画门类中，宗教画占主要地位，宗教壁画比比皆是。寺观壁画是体现当时绘画水平的重要方面，这时期最杰出的画家是吴道子。

吴道子，阳翟（今河南禹县）人，出身贫寒。早年浪迹洛阳，因绘制壁画而出名，得唐玄宗赏识。他画了一些反映玄宗宫廷生活的作品和数百幅寺观壁画。吴道子一生作品众多，所画人物、佛像、鬼神、禽兽、山水、台殿、草木皆冠绝于世。

吴道子改变了印度佛画的面貌，创造出了一种连绵不断、能粗能细、运转自如的“兰叶描”。吴道子用这种笔法画佛像背上的圆光，一挥而就。以这种方式画人物的衣带，疏密有致，飘飘若举，人称“吴带当风”。吴道子的这种绘画技法的出现，标志着中国佛画的诞生，也是中国人物画的一个里程碑。

吴道子的绘画对后世影响极大，他被人们尊为“画圣”，被民间画工尊为“祖师”。苏轼曾称赞他的艺术“出新意于法度之中，寄妙理于豪放之外”。吴道子的绘画无真迹传世，传至今日的《送子天王图》可能为宋代摹本，它所表现的是释迦牟尼降生为净饭王子以后，其父净饭王抱他拜谢天神的佛经故事。从中可见吴道子的基本画风。另外还流传有《宝积宾伽罗佛像》、《道子墨宝》等摹本，莫高窟第103窟的《维摩经变图》，也被认为是他的画作。

②丰腴华贵——张萱、周昉的仕女画

张萱，京兆（今陕西西安）人，生卒年不详，宫廷画家。擅长人物画，尤其擅长仕女画。他经常以宫廷游宴为题材作画。张萱所画的妇女形象，据说以朱色晕染耳根为其特点。他特别长于画贵族的年轻男女，在点缀景物，亭台树木花鸟等环境描写方面也很见长。他曾以王昌龄“金井梧桐秋叶黄”诗句为题，创作了描写宫廷妇女被遗弃、冷落的寂寞生活的图画，获得了很大的成功。

唐宋画史著录上记载的张萱作品一共有几十幅，其中不少还一再被后来的许多画家摹写，但出于张萱本人手笔的作品，现在已经无一遗存。历史上只留下两件重要的摹本，即传说是宋徽宗临摹的《虢国夫人游春图》和《捣练图》。

《虢国夫人游春图》是以盛唐宫廷贵族妇女生活为题材创作的作品。画的是杨贵妃姐妹三月初三游春的场景。虢国夫人和韩国夫人都是杨贵妃的妹妹，都在唐玄宗的浪漫生活中占有重要地位。虢国夫人常撤去幕帐，公然在市街上乘马驰骋，这种大胆的行为引起社会的惊讶。这幅画马的步伐轻快，人的神态从容，切合郊游的愉快主题。行列中刻画了一个在马上照顾小孩的妇女的窘态。不依靠背景，仅以一组人物的配置，马的跑动和色彩运用能衬托出春天的气息是这幅作品的成功之处。这幅画表现出当时豪贵的骄纵生活。

《捣练图卷》从各角度描绘了捣练工作中的贵族妇女。全卷共分三段，开始一段是 4 个妇女在捣练；最末一段是把练扯直了，用熨斗加以熨平；中间一段在络线，缝制。在表现这几组人物时，相互间的联系自然而生动，如扯绢者身体微微着力后倾，熨练者细心在绢上轻轻地熨平，动态徐缓，仪态娴静。画中细微的动作描写得尤其具体生动。《宣和画谱》中写道：张萱“又能写婴儿，此尤为难”。因为许多人画儿童不是身小貌壮，就是类似于妇人。而在《捣练图》中，煽火的小女孩畏热而回首，熨练一节的小女孩因身不够高，钻在练下仰首而顾的顽皮特点表现得生动活泼。

在画史上张萱通常与另一稍后于他的仕女画家周昉相并提论。张萱的仕女形象与周作品中的形象具有共同性：女性一般都丰满、艳妆，用笔工细，设色匀净，极似出土的唐俑泥塑和宗教画上的菩萨像。张萱的仕女画在其以后的人物画史中影响深远。

周昉擅长的画科不及张萱广博，他长于仕女画、肖像画和佛像画，仅限于人物画中的各个分支，但他有许多艺术上的独到之处。周昉作画非常认真，据说创作时他不停地思考，以至于在梦中见到了所求的形象。周昉创造的最著名的佛教形象是“水月观音”，也就是将观音绘于水畔月下，很有艺术魅力。这不仅为画工所模仿，而且也成为雕塑工匠的造型样式，流传极广。更重要的是，后人将周昉的人物画特别是仕女画和佛像画的造型尊为“周家样”，与“曹家样”（北齐曹仲达创）、“张家样”（南朝梁张僧繇创）、“吴家样”（唐代吴道子创）并立，合称“四家样”，成为中国古代最早具有画派性质的样式，为历代画家所推崇。

周昉不仅在肖像画上挖掘到人物的心灵深处，更悉心于将宫中各类仕女的心态微妙地展示在绢上，如忧郁、感伤、悲叹、惆怅和怨情等，概括地表现出经过“安史之乱”后，唐宫仕女们颓唐的精神状态。这也是走向下坡路的大唐帝国的一个缩影，折射出周昉的忧患意识和对被幽禁于深宫的宫妃们的同情，深化了仕女画的主题。张萱与周昉分别生活于“安史之乱”前后，时代的差异必然会在他们的仕女画中的女性精神面貌上有所反映。

周昉的仕女画代表了中唐仕女画的主导风格。他笔下的女性形象体态丰厚，曲眉丰颊，以肌肤丰满为美，所着衣冠全是贵妇之妆，衣裳用笔简劲，色彩柔丽，反映了宫中仕女单调寂寞的生活，如扑蝶、抚筝、对弈、挥扇、演乐、欠身（打哈欠）等。北宋《宣和画谱》记录了他的 72 件画迹，均已湮没于世。遗憾的是，没有周昉的摹本传世，但有一些古画相传为他的名作，如《簪花仕女图》卷、《挥扇仕女图》卷和《调琴啜茗图》卷，代表了周昉独有的绘画特征。

周昉的艺术影响是通过“周家样”传播于后世的。他的仕女画被当时的批评家论作“画子女为古今之冠”。晚唐的仕女画家们几乎都处于墨守“周家样”的阶段，“周家样”独步晚唐仕女画坛。“周家样”的艺术影响早在唐代已超出了中国本土，它的艺术魅力为邻国新罗的画家所倾倒。贞元年间以来，很多新罗人曾到周昉活动过的江淮一带以善价求购周昉的画迹。“周家样”不仅影响到新罗的人物画，而且漂洋过海至东瀛，波及日本奈良时代的佛教造像，如藏于日本东京国立博物馆的《吉祥天女像》。这个时期日本仕女画的造型便是直取“周家样”之形，如藏于日本东京国立博物馆的《鸟毛立女屏风》等。

③山水画派的“北宗”与“南宗”之祖

李思训及其儿子李昭道继承了魏晋以来的山水画的技法，从而形成了中国山水画中的青绿山水画派。

李思训，出生于宗室之家。李思训学画较早，年轻时即享有盛名。他擅画山水楼阁、宴游仕女、花木走兽及佛道等，尤以金碧山水著称。李思训还是青绿山水的创始人。他的金碧山水意境隽永、线条遒劲、色泽明丽、典雅又富于装饰感的风格。他善于描绘宫殿建筑和自然山川的奇秀风貌，所绘物象皆能穷其形态神情；其画风精丽严整，以金碧青绿的浓重颜色作山水，细入毫发，独树一帜；在用笔方面，能曲折多变地勾画出丘壑的变化，法度严谨、意境高超、笔力刚劲、色彩繁复，展现出从小青绿到大青绿的山水画的发展与成熟的过程。它和同时期兴起的水墨山水画，都为五代和北宋时期的山水画奠定了基础。

李思训的作品大都散佚，现在仅见《江帆楼阁图》和《九成宫避暑图》。《江帆楼阁图》画面以俯瞰的视角描绘山林江景，设色以青绿为主，线条转折处用金粉突出，具有交相辉映的艺术效果。安歧评谓“傅色古艳，笔墨超轶”。此画表明山水画到此已趋成熟。它是中国早期山水画的代表作品之一，现藏北京故宫博物院。

李思训的青绿山水画对后世产生了很大影响，后人把他推为“北宗”或青绿山水画派之祖。

在唐代山水画中，“水墨山水画”的出现与勃兴把山水画艺术推向了一个新的高度，其中最有影响力的是王维的“泼墨山水”。

王维，字摩诘。他诗、书、画、音乐样样精通，但最擅长的是诗画。他的画作中的水墨山水对后世的影响最大。

王维称得上是一位具有划时代意义的山水画家。他作青绿山水似李思训，作水墨山水近吴道子。同时他首创了波墨山水，舍弃了以往山水画的浮华之气，仅用水墨渲染而成，把原先以勾线为主的山水画，向水墨发展推进了一步，并丰富了我国的绘画技巧。明朝董其昌说王维的山水画“一变勾斫之法为水墨渲染”，可见他对于山水画的发展所作出的贡献。由于他诗作得很好，吟咏自然，描写形象具体；画山水布局优美，又富于诗意，所以苏轼赞他“诗中有画，画中有诗”。王维的山水，并不单纯凭主观想像，而有丰富的生活依据。他晚年居住在辋川别墅，和朋友们观赏大自然。他的画能给人以真实的感觉，宋代的米芾引用张彦远评论他的画说：“笔思纵横，参于造化。”绝不是偶然的。

以王维之名传世的作品有《雪溪图》、《江山雪霁图》、《辋川图》，均为后人摹本。从其作品来看，他已运用了“皴法”和凹凸晕染法，用笔干湿浓淡，各有其妙处，别有一种萧疏淡远的“禅境”情趣。

王维观察事物非常仔细深刻，这也是他在绘画上取得突出成就的重要原因。据说有一天，他到朋友庾敬休家做客，看见墙壁上挂着一幅《按乐图》，这幅图描写吹奏音乐的场面。王维本来精通音乐，便欣赏起这幅画来。他看了又看，忽然笑了。旁边的人莫名其妙，问他笑什么。他说道：“这幅画，画的正是吹奏《霓裳羽衣曲》第三段第一节的时候。”有人不相信，就找乐队来表演这首曲子，当演到那一节时，用画对照，果然，吹奏者的姿式动作表情完全和画中一样。

王维的绘画成就很高，他开启了唐代的水墨山水，并对后世文人画有着极为重大的影响。他一生把所有的感情尽情挥洒于山水之间，寄情造意，诗从胸发，画由意出，情景交融，诗画同工，曲意盎然，达到了诗画相融的最高境界。他曾写了一首诗来评价自己，他说：“宿世谬词客，前身应画师。”就是说人们都错把我当作诗人，其实我的‘前世’倒应该是画家呀。王维在中国山水画史上被尊崇为“南宗”之祖。

④韩干画马

韩干，京兆蓝田（今陕西西安）人，唐朝中期以画马出名的画家。他出生于贫困的家庭，据说少年时他曾在卖酒之家当佣工。有一次韩干送酒到王维家，恰巧王维不在家，韩干就利用等待的时间在地上画人和马。王维回来后看见韩干的画，认为他很有绘画才能，便鼓励他辞去工作以专心学习绘画，并且每年资助他两万钱的生活及学画费用。韩干获得王维知遇非常感激，便用心学画，刻苦自励。十多年后，韩干果然不负王维栽培，成为唐朝著名的一代人物、鞍马画家。

韩干画的马在当时产生过广泛的影响。与他同时的诗人杜甫赞扬“韩干画马，笔端有神”，并说他是“良工惆怅，落笔雄才”。而从《酉阳杂记》、《历代名画记》和米芾的《画史》中的几则神话性的故事中，还可以看到一般人对他画马的推崇程度。韩干笔下的马虽然肥壮，却并不是墨猪。他在当时的御厩中和各名公巨卿宅内看到那些油光发亮的硕健丰肥的马后，用写实而略带夸张的笔调，把它们直接描绘下来。因此，韩干画马艺术风格的形成，是在写实的基础上几经提炼，然后又自出机杼地把马的典型特征突出地表现出来的结果。而他的画所以更胜曹霸和陈闳，大概是韩干更能突出表现唐代马的生动形象，因为肥马在唐代是极为普遍的。

韩干一生的作品非常多，流传下来的有《牧马图》、《照夜白》等。《牧马图》画了一黑一白两匹马，一个武士骑在马上，马的形体真实生动，用细劲的线条勾出劲健的姿态，既续汉画的画风，又具唐代独有的雄浑气魄。武士倔强的性格与骏马的雄姿相呼应，使整个画面气势磅礴。“照夜白”是匹名马，它是唐朝皇帝玄宗李隆基特别喜爱的坐骑。从它的名称就可以知道，这是一匹浑身雪白的骏马。《照夜白》构图比较简单，一匹马和一根木桩。但是画幅却非常有气势。马被栓在木桩上，马首高高昂起，马的鬃毛飞扬，双耳直立，两目圆瞪，鼻孔张得大大的，咧着嘴在嘶叫，四只马蹄腾跃踢踏，好一匹性子刚烈、志在千里的“千里驹”。韩干的画在绘画史上占有重要的地位。他不仅把自晋代史道硕以来的以马为题材的绘画加以丰富，同时更以他的杰出成果为后代留下了一份宝贵的文化遗产。

⑤金碧辉煌的唐代敦煌壁画

唐代的壁画十分发达，而且大多出自名家手笔。但大量的宫殿、寺观壁画随着建筑的损毁而消失，保存下来的主要是石窟和墓室中的壁画遗迹，其中最具代表性的当属莫高窟的唐代壁画了。

在莫高窟的壁画中，历代都有画作，其中唐代的壁画几乎占了一半，而且保存完好。

《弥勒净土变》构思精密。画面结跏趺坐的弥勒佛居中正在说法，宝盖悬空，圣众围绕。姿态各异的人物流露出迥然不同的神情、个性，佛的庄严肃穆，菩萨的恬静美丽，天王、力士的勇武有力，都表现得淋漓尽致，显示着画家惊人的技艺。经变中还穿插着许多小型构图。左上角的《农作图》绘一农民扶犁耕地，后面跟一撒种的妇女，旁边一农民持镰收割；堆放着粮捆的麦场上，有一农民双手执六齿叉在扬场，一妇女持扫帚掠扫。这些场景具体而真实的再现出唐代农业生产的方式和农民的劳动生活。经变下方左右对称的《男女剃度图》，有剃头的、盥洗的、更衣的、侍立的，还有徘徊观望的，各式各样的人物生动有趣。此外，还有《山中行旅图》、《宴会图》、《写经图》、《坟茔图》等描绘社会生活的画面。这些小构图与经变内容交相辉映，使神秘而肃穆的天国带上了浓郁的人间烟火的味道。

西方净土变 唐 敦煌壁画

《西方净土变》展示了佛徒理想中的极乐世

界。画面上楼台亭阁平列环抱，菩提树下阿弥陀佛朗朗说法，十大菩萨次第拥坐，静听佛语。天上仙鹤起舞，飞天散花；地上荷花盛开，碧波荡漾。殿堂前舞女伎腰悬长鼓，舒臂轻击，双脚起落交错作踏歌状。两边八位乐师亦皆是女性，或笛、或箫、或琴，各执一技，悠然自得，观之使人有飘然欲仙之感。

《维摩经变》在莫高窟壁画中多有出现。维摩经变通常描绘的是卧病在床的维摩与探病的文殊菩萨论辩的场面。

在大型经变图的周围，常常配有连续性的故事画，真实地反映了当时不同阶层的生活场景。

晚唐画风

唐代的宗教壁画实现了外来艺术民族化，以及宗教艺术向世俗化方向的转变。

①孙位与《高逸图》

孙位生活在 9 世纪后半期，是唐僖宗时的宫廷画家，后随僖宗逃往四川。其画风对当时画坛影响很大。汤垕在《画鉴》上这样记载："蜀中山水、人物，皆以孙位为师。"现在流传下来的《高逸图》是他的代表作。画卷画了四个"不事王侯，高尚其事"的隐士。该图用笔较细，流畅自如。《高逸图》体现了晚唐人物画的水平。

②花鸟画的兴起

花鸟的形象在绘画上的出现比山水形象的出现要早，但到了唐代才有独立的花鸟绘画在画坛上出现。盛唐时有薛稷，擅画鹤，中唐时有边鸾，所画的牡丹和翎毛设色精工。到了晚唐，善画花鸟、湖石的刁光胤避乱入蜀，五代画家黄筌拜他为师，后成为黄家花鸟派系的先驱。

六、追寻自然之美——宋代绘画

宋代画院画风

①宋画院

在中国历史上，殷商时宫廷就设有专门机构统领美术人才，唐、五代以来，机构逐渐分工明确，开始出现画院。西蜀前、后主很重视绘画，画院制度更为完善。宋代的高道兴、黄筌、黄居寀等都是画院有名的画家。两宋时，画院制度最为完备。

绘画方面，赵佶是工笔画的创始人，尤其擅长画花鸟、山水、人物、楼阁。他用笔挺秀灵活，舒展自如，充满吉祥的气氛。他注重写生，体物入微，以精细逼真著称，相传他曾用生漆点画眼睛，活灵活现，栩栩如生，令人惊叹。

赵佶的代表作《芙蓉锦鸡图》中所画的锦鸡，飞临于疏落的芙蓉花枝梢上，转颈回顾，翘首望着一对彩蝶翩翩飞舞。画中状物工丽，神情逼真。锦鸡全身羽毛色泽艳丽，曲尽其妙，俱为活笔。芙蓉枝叶的俯仰偃斜精妙入微，每一片叶都不相同，各具姿态，而轻重高下的质感耐人寻味。图下几枝菊花斜插而出，增添了构图的错综复杂感，渲染了金秋的气氛。芙蓉斜刺向上，使观者凝神于飞舞的双蝶。用笔精娴熟练，双勾设色细致入微，空间分割自然天成，足以代表北宋宣和年间院体画的最高水平。工笔画的典雅与俗气之分，关键就在于胸怀修养的内涵，运笔的动力节奏感和诗意的构成。赵佶的这幅画典雅浓丽，诗情画意，不愧是中国绘画史上院体画的上乘之作。

赵佶独创的花鸟画风格对后世影响极大。赵佶的花鸟画，大都取材于自然写实的物象。他的构思十分巧妙，着重表现超时空的理想世界。这一特点开启了南宋刘松年、李嵩和夏圭在山水画构图方面的变革先声。他还强调形神并举的绘画技巧。劳伦斯·西克曼在《中国的艺术和中国的建筑》一书中曾说，赵佶的花鸟画写实技巧以“魔术般的写实主义”给人以非凡的诱惑力。

赵佶提倡诗、书、画、印相结合的艺术创作。他创作时，经常以诗题、款识、签押、印章巧妙地组合成画面的一部分。这成为元、明以后的传统特征。

赵佶时又设立了画学专业，成立了中国历史上的第一个皇家画院。画学的学科，专业课有道释、人物、山水、鸟兽、花竹、屋术六门，公共课有《说文》、《尔雅》等。画院的取士标准是“以不仿前人、而物之情态形色俱若自然、笔韵高洁为工”。

②黄氏花鸟

黄筌是宋代花鸟画的代表画家，他在南唐和西蜀时已是一代名家，其绘画的题材、手法都反映了宫廷贵族的要求，作品以富丽工巧见称。北宋统一后，黄筌入宋画院，其画风成为画院派花鸟画的典范。

由于黄派花鸟画符合帝王、贵族的审美要求，一时成为院体标准画风，且“较艺者视黄氏体制为优劣去取”。黄筌之子黄居宷，最受皇家宠幸。他的画继承家学并有所发展，画风艳丽工致，作花卉翎毛，妙在得其天真之处。《山鹧棘雀图》是他仅存的一幅真迹。此画表现的禽鸟、小滨，都是先作勾勒，然后着色，线条清细秀劲，功力很深。

③山水画宗师荆浩

五代两宋时期，是山水画家辈出的时代。这些山水画家继承并发展了南北朝、隋、唐山水画家的优秀传统，把山水画艺术推向了前所未有的高峰，成为元、明、清山水画家努力学习的楷模。

五代山水画坛出现了荆浩、关仝、董源、巨然几位大画家，他们创立了南北山水画的风格。荆浩表现太行山景色，关仝描绘关、陕一带风光，董源、巨然画江南山水，他们都创造了自己独特崭新的表现手法，成为中国传统山水画的优秀范例。

荆浩为关仝的老师，生于唐朝末年，大约卒于五代后唐（923 ~ 936 年）年间，河南济源人，唐末五代影响最深远的山水画家。他原本出身士大夫，后梁时期为避战乱，曾长期隐居于太行山洪谷，故自号“洪谷子”。荆浩开创了笔墨并重的北派山水画，与关仝同被后世尊为北方山水画派之祖。他放眼于广阔空间的雄伟气象，创立了“开图千里”的新格，在从上下、远近、虚实、宾主以及各种物象的全方位审视中，形成了“山水之象，气势相生”的整体观念，作品往往重岩叠嶂，危峰突兀，林泉掩映，气势浩大。他的作品被奉为宋画典范，只可惜存世作品极少，最有代表性的是《匡庐图》。《匡庐图》描绘了庐山及附近一带的景色，重峦叠嶂，山路蜿蜒，巨峰凌空，飞瀑如练，林木依山川地势而参差多样。用细碎多变的皴笔表现了山石的形状，抒发了画家对巍峨耸立的庐山的崇敬仰慕之情。

荆浩还基于个人创作心得，写出了一篇探讨绘画技法的山水画论——《笔法记》，使中国水墨山水画形成了完整的体系。文中提出画法“六要”：气、韵、思、景、笔、墨。只有“六要”具备才能画出山水的“神”，达到山水画的最高境界——真。他还提出了神、奇、妙、巧作为山水画品评的四个标准。荆浩的绘画影响极大，当时已获得成功的关仝还师法于他，北宋的李成、范宽都与荆浩有师承关系。元代的倪瓒、黄公望，明代的唐寅，也都一致尊他为山水画的宗师。

④山水三家

宋初山水画以李成、关仝、范宽三家为主要代表。三家都师从荆浩，关仝的峭拔、李成的旷远和范宽的雄杰代表了宋初山水画的三种风格。

北宋的史书都认为，关仝向荆浩学习画法，是“青出于蓝”，甚至说他“晚年笔力过浩远甚”。荆浩开五代山水画之先河，而关仝合笔墨为一体，为山水画树立了一个新的审美标准。关仝在绘画理论上的贡献不逊于他绘画技能，构造了五代时山水画的“荆关”体系。

关仝所画的山水很能表现出关陕一带山川的特点和雄伟气势。北宋米芾说他“工关河之势，峰峦少秀气”。关仝在山水画的立意上能超出荆浩的格局，显露出自己独具的风貌。他的画风朴素，形象鲜明突出，简括动人，被誉为“笔愈简而气愈壮，景愈少而意愈长”。关仝所画秋山、寒林、村居、野渡、幽人逸士、渔村山驿等生活景物，能使观者如身临其境，“悠然如在灞桥风雪中，三峡闻猿时”，具有很强的真实感和感染力。

关仝传世作品有《关山行旅图》、《山溪待渡图》等。《山溪待渡图》描绘的是大山下水滨旁待渡的情景。画中大山矗立，石质坚凝，气象壮伟荒寒。《关山行旅图》画的则是深秋季节荒山中的一座行旅野店。所用画法勾皴简括有力，景物高深，虚实富有变化。作者又穿插了各种人物活动，使画面更富有生活气息。

李成擅长山水画，他的画风源自荆浩、关仝，但却从未见过有“一笔相似”，可见他善于脱去前人的窠臼，发挥出自己的创造性，自成一派。他注重发挥传统绘画的笔墨表现力，用爽脱的笔调和富于变化的墨色，表现风雨明晦中的灵秀山川。他用墨清淡而富有层次，故被后世称为“惜墨如金”。他描绘的郊野平远旷阔，让欣赏者油然而生一种虽遥距千里却秀色可掬的感觉。他所画的寒林老树，形象劲拔而富有生命力。他的画风格清劲，墨法变化神妙，以描写烟林平远景色见胜，纯粹出于写实。

李成一生虽然短暂，但创作丰富，仅画史记载的就有 159 件，而今留在世上的则寥寥无几。流传至今的有《读碑窠石图》、《寒林平野图》、《晴峦萧寺图》、《茂林远岫图》等。其中《读碑窠石图》一图，描绘的是荒野寒林中，一个骑骡的人在童仆的陪伴下仰面读老树下的一通古碑的情景。画中枯枝呈蟹爪、石头如同卷云，萧索的气象和平远的景物，体现了李成山水画的特点。通过读碑这一事件的描绘，人们很容易联想起历史的兴衰演变，颇为耐人寻味。

李成的绘画在他在世的时候就受到人们的高度重视，很多王公贵族争相请他作画。但李成气节高尚，不为权势所动，所以他的画很难求得。李成去世后，他的名望更高，收藏家纷纷出重金求购他的作品。北宋皇帝中神宗、徽宗等都酷爱李成的作品，他们刻意搜访，这造成李成真迹稀少，而赝品却大量流传。北宋书法家米芾曾说，他这一生中得到李成的画有 300 件，但其中只有 2 件是真迹。由此可见李成的绘画受欢迎和赏识的程度。

范宽字中立，一名中正，陕西耀县人，活跃于北宋初年。因性情宽厚，故人称“范宽”。范宽的画起初学李成，后来又学荆浩。因为他认识到，前人学习画画，未尝不是取自眼前的事物；向前人学习，不如向眼前的事物学习；向眼前的事物学习，不如研究它们的本性。于是，他便隐居起来，活动范围主要以陕西的华山、终南山为主，而黄土高原上大山直立的气势成为范宽绘画风格的渊源。

范宽下笔雄强老硬，山多正面巍立，石纹用豆瓣、雨点状皴笔，山势折落有势，顶植密林，枝如丁香，水际作突兀大石，屋宇笼染墨色，称为“铁屋”。他的画能画出秦陇间峰峦浑厚、严峻逼人的气势。

《溪山行旅图》历来被看作范宽的代表作，这幅画给人的第一印象就是雄伟、壮阔。画面上大山迎面矗立，气势逼人。山头丛林茂密，两峰相交处白色飞瀑如银线飞流而下，于静穆的气氛中增添了一分动意。近景、中景怪石叠起，小溪、古树、楼阁在其间隐现。一条崎岖山路向上延伸。从右至左走来一队旅客，四匹骡马载着货物正艰难跋涉着。从这幅画中也可以看出范宽绘画喜欢用全景式的构图方式。

雪景山水是范宽的一大创造，被人们评为“画山画骨更画魂”。他的代表作《雪景寒林图》由三幅条绢拼成。画中群峰屏立，山势嵯峨。山头遍布寒柯，深谷寒柯间萧寺掩映。后有民居，一人张门而坐。板桥寒泉，流水萦回。整幅画气势雄浑，意境深远，层次丰富，真实地表现了山川初雪的景象。山间弥漫的雾气和坚实的树石更强化了画面意境的幽静、雄壮、浩莽。

《雪山萧寺图》则层峦叠嶂，白雪皑皑，山骨隐显，寒树挺拔。寂静中仿佛听到古刹钟声。近景中粗笔画出的有雄悍之态的巨株秃树被人形容为“扫帚”，是范宽绘画的特点。

范宽尤其善于运用积墨法，这在《雪景寒林图》中体现得淋漓尽致。他画山时先用干笔皴山石，再用水墨“笼染”，用淡破浓或用浓破淡，反反复复加积而成，既浑厚又不干枯，既湿润又浑厚。

北宋初年，画家以大自然为对象，开启了山水画的恢宏气度。范宽的画给人的感觉是远望的景色，但实际上画家就坐在景色之中，即“远望不离坐外”。这与李成作画“近视如千里之远”的特色相对应，这些都被列入“神品”之中。

⑤青绿山水画

北宋后期，山水画中的青绿山水画进入成熟发展时期，主要的代表作品是王希孟的《千里江山图》和赵伯驹的《江山秋色图》。

《千里江山图》全长12米，为全景青绿山水，气魄宏大，构图严谨，充分体现出中国画的散点透视的优点，锦绣山河尽在眼底，给欣赏者以良好的视觉效果，使人心旷神怡。这幅画在表现形式上运用了青绿山水的传统勾勒法，各类山、石、水、草木的设色统一中有变化。如天空上半部涂青色，越往下越浅，不但使山的轮廓分明，而且有落日余晖之感，色彩的运用非常成功。

《江山秋色图》则笔法秀劲工致，布局巧夺天工，其风格既有青绿山水的富丽，又有文人画的“雅逸”，显示出了由“大青绿”向“小青绿”过渡的趋势。

文人画兴起

①米氏山水

由于受北宋中期的“文人墨戏”之风的影响，至北宋末期又有一个新的山水画派出现了，即所谓的“米氏山水”。

米芾祖籍山西太原，后移居江南，长江沿岸的云山烟树的景象启发了他，于是在董源的画法基础上，形成了他含蓄、空濛的神韵。他作画时不拘形色勾皴，多以烟云掩映树石，只求意似。米芾之子米友仁继承父法，有少量作品传世，《云山墨戏图》、《潇湘白云图集》是他的传世佳作。

《潇湘奇观图》为典型的“米家云山”作品。画面中远山连绵，尖峰林立，雾霭萦绕其间，山似迁移起来，林木、屋宇难匿雾中，生机勃勃地挺拔矗立，江水川流，亦添动感。整幅画以大肆渲染取胜，墨、水相融，于纸上渲染，一改唐宋以来青绿山水画“线勾填彩”的画风，加之长卷之气势恢宏，画端顿起云山雾水，天地一体之苍莽氛围，令人叹为观止。

②人物画大师李公麟

从画风上说，李公麟是文人士大夫画家。李公麟，安徽舒城人，他活跃的时代正是文人学士交往频繁、士大夫墨戏之风盛行的熙宁、元丰年间（1068 ~ 1085 年）。他对绘画最大的贡献是在人物故事画中体现文人意趣，在绘画形式上他大力探索“白描”这种艺术形式，他的“铁线描”由敛而放，由生而熟，含蓄而刚劲，被誉为“天下绝艺”。李公鳞擅长人物画，尤其注重刻画他们的状貌，使人一看就知道画的是廊庙馆阁之人，还是山林草野之人。至于动作和态度，他从人物的颦伸俯仰方面刻画，让观赏者看出东西南北各地的人和他们地位尊卑贵贱的区别，这可不是一般的世俗画工所能做到的。他的人物画不仅能表现出不同阶层的特点，还能画出不同人物的个性和情态，在线描方面具有极高的功力。尤其是他把过去仅作为粉本的白描画稿，确立为白描创作，这对中国绘画方面的贡献很大。

他的传世作品有《维摩诘图》、《五马图》、《临韦偃放牧图》、《西园雅集图》等，其中《西园雅集图》描绘了苏轼、米芾、黄庭坚等文人在驸马王诜家的花园里谈禅说道、作诗绘画的情景。这幅画的构图和表现人物的方法成为后来一些文人士大夫肖像画通行的格式。

五马图（局部） 北宋 李公麟

全图绘北宋哲宗年间贡入的五匹名马，此选其中一幅。马匹线条简洁遒劲，充分体现出骏马的骨感与健壮之美。全图基本用白描，只有小部分以墨渲染，给人以苍逸潇洒之感。

《维摩演教图》以一段佛教故事为题材，描绘了维摩向文殊师利宣扬大乘教义的情景。维摩坐在炕上，面部略带病容，但精神矍铄，以手作势，一望便知他是这幅画的主角。坐在他对面另一个炕上的文殊师利，正在静听他说法。维摩右侧是散花的天女，她正把花朵撒到弟子的身上。两旁还有许多认真聆听的法侣、天女、神将。整幅画面庄严肃穆，画中 21 个人物，个个栩栩如生。从这幅画上，可以看到李公麟高超的白描技巧。

③“减笔水墨”画

宋代与白描艺术相映生辉的是“减笔水墨”，代表人物是梁楷、法常等。在宋初石恪的基础上，梁楷发展了减笔水墨画，《太白行吟图》是他的代表作品。此外，他还运用了一种泼墨大写意画法，丰富了中国传统人物画的表现手法。主要作品有《泼墨仙人图》、《六祖斫竹图》等。

市井风俗的写照:《清明上河图》

宋代，随着城市经济的发展，市民阶层的扩大，以城乡“市井小民”生活为题材的风俗画开始大量出现。当时，王居正、李嵩、苏汉臣等都是风俗画的高手，而张择端的《清明上河图》则显示出了风俗画的新成就。

张择端，字正道，是北宋末期优秀的人物、风俗画家。他在画院任职，《清明上河图》是他的不朽名作。全图长 525 厘米，宽 25.5 厘米，作者通过对清明节时北宋都城汴梁以虹桥为中心的汴河两岸各阶层人物活动情景的描绘，反映了这一时期社会生活的一个场景，是一幅具有历史价值和艺术价值的风俗画长卷。

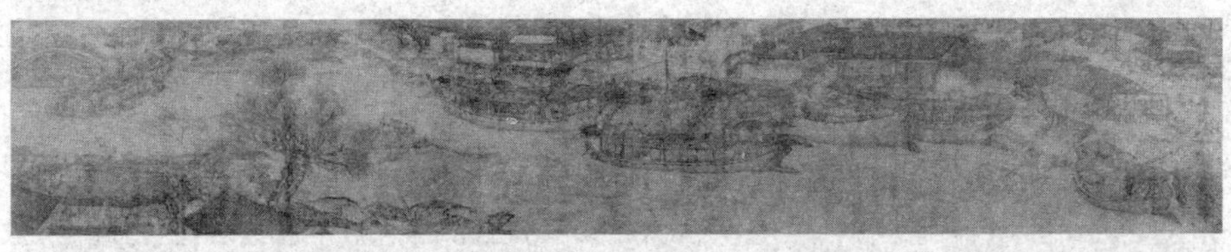

清明上河图（局部） 北宋 张择端

这是一幅巨幅风俗画，又称城市风景画。描绘的是北宋都城汴京（今河南开封）清明时节汴河及其两岸的风光。全画分三段：首段描绘郊区风景，春寒料峭，薄雾疏林，渐次有新绿杨柳和扫墓归来的人群，点出了时令节气，这是全卷的序幕。中段展示了以虹桥为中心的汴河及其两岸的手工业、商业贸易活动景象。最后则是城门内外的繁华街景，街道纵横交错，人流如织，车水马龙，热闹非凡。

《清明上河图》描绘的是清明时节汴京城郊一带的种种活动，从商业、交通、漕运、建筑等几个具有代表性的角度再现了12世纪我国都市社会的生活面貌，构成了一件内容极为丰富、完整的艺术品，为后人研究宋代绘画和考据宋代社会提供了一件具有综合性价值的形象化资料。

在5米多长的画卷里，张择端采用散点透视的构图法，将繁杂的景物纳入统一而富于变化的画面中。全图分为三个部分：

第一部分是汴京郊野的春光：疏林薄雾中，掩映着低矮的草舍瓦屋、小桥流水、老树、扁舟，阡陌纵横，田亩井然，依稀可见农夫在田间耕作。两个脚夫赶着五匹驮炭的毛驴向城市走来。一片柳林里，枝头刚刚泛出嫩绿，使人感到虽是春寒料峭，却已大地回春。路上一顶轿子，内坐一位妇人。轿顶装饰着杨柳杂花，轿后跟随着骑马的、挑担的，从京郊踏青扫墓归来。环境和人物的描写，点出了清明时节的特定时间和风俗，为全画展开了序幕。

第二部分是繁忙的汴河码头：汴河是北宋国家漕运枢纽，商业交通要道，从画中可以看到人烟稠密，粮船云集。人们有在茶馆休息的，有在看相算命的，有在饭铺进餐的。还有“王家纸马店”，是卖扫墓祭品的。河里船只往来，首尾相接，或纤夫牵拉，或船夫摇橹。有的满载货物，逆流而上；有的靠岸停泊，正紧张地卸货。

横跨汴河上的是一座规模宏大的木质拱桥，它结构精巧，形式优美，宛如飞虹，故名虹桥。一只大船正待过桥，船夫们有用竹竿撑的，有用长竿勾住桥梁的，有用麻绳挽住船的，还有几个人忙着放下桅杆，以便船只通过。邻船的人也在指指点点地像在大声吆喝着什么。船里船外都在为此船过桥而忙碌着。桥上的人则伸头探脑地为过船的紧张情景捏了一把汗。这里是名闻遐迩的虹桥码头区，车水马龙，熙熙攘攘，名副其实一个水陆交通的会合点。

第三部分是热闹的市区街道：以高大的城楼为中心，两边的屋宇鳞次栉比，有茶坊、酒肆、脚店、肉铺、庙宇、公廨等。商店中有绫罗绸缎、珠宝香料、香火纸马等，此外还有医药门诊、大车修理、看相算命、修面整容等各行各业。大的商店门口还扎着“彩楼欢门”，招揽生意。街市行人，摩肩接踵，川流不息，有做生意的商贾，有看街景的士绅，有骑马的官吏，有叫卖的小贩，有乘坐轿子的大家眷属，有身负背篓的行脚僧人，有问路的外乡游客，有听说书的街巷小儿，有在酒楼中狂饮的豪门子弟，有城边行乞的残疾老人等。男女老幼、士农工商、三教九流，无所不备。交通运载工具有轿子、骆驼、牛马车、人力车、太平车、平头车等，形形色色，样样俱全，绘声绘色地展现在人们的眼前。

整幅画的结构宛如一首乐曲，以轻柔开始，起伏跌宕推向高潮，最后在热烈的气氛中结束。《清明上河图》的出现是北宋人物画长期发展的结果，画家对纷繁复杂的社会活动作了集中的、生动的概括。虽都是寻常的、平凡的琐事，但因为全画的主题色泽鲜明、含义丰富，所以被广泛地予以展开，使得活跃的古代城市生活得到艺术的再现。

反映市俗生活的作品还有王居正的《纺织图》、李嵩的《货郎担图》及苏汉臣的《百子嬉春图》、《秋庭婴戏图》等。

七、继承与创新——元代画坛

元代画坛开启文人画新风

①托古改制代表画家

赵孟頫是中国绘画史上承前启后的大师。

赵孟頫，字子昂。赵孟頫主要学习了董源、巨然和李成、郭熙两大体系，脱离精勾密皴的画法，参照唐人古、简的意趣，自创新格。他博采众家之长，形成了厚重工稳、秀润清丽的总体风貌。人物画多保持唐人风范，法度严谨，风格古朴。花鸟画融合郭熙、黄筌二体，兼工带写，不事工巧，清疏淡雅。绘画理论上，他提倡复古，主张“画贵有古意”，崇尚唐人，反对南宋院体中柔媚纤巧的画风。尤为可贵的是，他的画变革了南宋院体格调，开创了元代画风。他大胆尝试将书法运用于绘画，形成书法和绘画相结合的“书画”，熔诗、书、画于一炉。他枯笔淡墨、浅绛设色，格调疏淡隽逸，着重表现出文人隐逸的生活情趣。

赵孟頫是自己艺术主张的积极实践者，他在人物、山水、鞍马、竹石方面无所不能，他 59 岁时作的《秋郊饮马图》是他人物鞍马画的代表作。《鹊华秋色图》是他山水画的代表作。此画纸本设色，取材于山东济南郊外的鹊山、华不注山的自然景象，用平远法构图。笔法潇洒清逸，设色明丽浓郁，使他以“有唐人之致去其纤，有北宋之雄去其犷”的“中和”风貌屹立于元初山水画坛。赵孟頫的山水作品还有《重江迭幛图》、《双松平远图》等。

赵孟頫传世的《洞庭东山图》是比较有代表性的一幅，此图描绘的是洞庭东山的景色。洞庭山位于江苏吴县西南太湖中，分东西两山。东山古代叫胥母山，又称莫厘山，是伸出太湖的半岛。图中东山山势不高，圆浑平缓，山径曲折，有一个人伫立岸边眺望太湖。山后雾气迷蒙，岗峦隐约。湖面微波粼粼，轻舟荡漾。近处小丘浮起，杂木丛生。此幅笔墨从董源的规范中变化而来，柔和流畅的披麻皴和疏密相间的点苔，表现出江南草木滋润的土山形貌。细密的鱼鳞水纹，写出太湖潋滟的水光。山峦和坡石罩染淡淡的石青、石绿和赭石，以花青点染树叶，画面色调明澈清雅。这种浅绛山水是赵孟頫在唐、宋青绿山水基础上发展起来的新体貌，对元代山水画风影响很大。

与赵孟頫齐名的元初画坛“复古”思潮中的活跃人物还有钱选、高克恭等人。

钱选的山水画，师古而不拘泥于古，形成自己独特的风格。他的山水画常以他居住的浮玉山和苕溪为题材，以设色画为多。如他的《山居图卷》，青绿设色，笔势细腻，方刚拙重，多有北宋以前的情调。画中一帘气韵幽静的青绿山水，尽收眼底。在富有诗意的画境中，碧峰崇立，嘉树成阴，环抱瓦宅数栋，篱前犬驰。山的左右波平如镜，烟水浩渺，江中一叶篷舟，隐士垂钓。远处云卷云舒，列岫隐浮，对面一骑偕侍者走过木桥。前方苍松数株，挺立岩上，岩下杂树茅舍，山后水烟弥漫，冈峦逶迤。这的确是一派绝无尘喧的山林僻境，又是文人清士幽栖的淡泊境界。

钱选的人物画联系着自己的生活理想，着重描绘的是陶渊明和竹林七贤。

钱选在广泛吸收传统的基础上自出新意，形成了自己的独特风貌。他提倡复古，在创作思想上主张绘画重在体现文人的气质，即所谓“士气”，就是力图摆脱对于形似的刻意追求，目的在于摆脱南宋画院习气，继承唐、五代、北宋的画法。这种主张在元初画坛上具有一定的代表性和影响。

钱选的作品大多数都有自己的题诗和跋语。这种诗、书、画三者相结合的形式，被后来的文人画家广泛使用，形成中国绘画的传统特色。

②元四家

黄公望、王蒙、倪瓒、吴镇是元代最有代表性的文人画家。自赵孟頫开创一代文人新风后，至“元四家”时画风已走向成熟。

黄公望，字子久，又号大痴道人，江苏常熟人，他是元代最负盛名的山水画家。他的山水画有两种风格，代表他的第一类风格的画，点线兼并，笔势雄伟而潇洒。这类风格的作品以《富春山居图》为代表。此画画了 24 年尚未完成，在表现技法上体现了中国画披麻皴线条和墨色的特点，后被誉为山水画的典范。

《富春山居图》以水墨披麻皴描绘富春江一带的秋初景色。图为长卷，长 636.9 厘米，宽 33 厘米。画中山峰起伏，林峦蜿蜒，平冈连绵，江水如镜，境界开阔辽远、雄秀苍莽、简洁清润。凡数十峰，一峰一状。数百树，一树一态。其山或浓或淡，都以干而枯的笔勾皴，疏朗简秀，清爽潇洒，远山及洲渚以淡墨抹出，略见笔痕。水纹用浓枯墨勾写，偶加淡墨复勾。树干或两笔写出，或没骨写出；树叶或横点，或竖点，或斜点；勾写松针或干墨，或湿墨，或枯笔。山和水全以干枯的线条写出，无大笔的墨，惟树叶有浓墨、湿墨，显得山淡树浓。远处的树有以浓墨点后再点以淡墨，皆随意而柔和。满纸空灵秀逸，气度沉雄，后人称它为“画中之兰亭”。

黄公望的第二类风格表现在水墨方面，代表作是他 81 岁时作的《九峰雪霁图》。另外还有《天池石壁图》和《溪山雨意图》等亦为其代表作。

《天池石壁图》代表他山水画构图繁复的一路。只见画中层峦叠嶂，巨石堆垒，长松杂木，其烟云流润，山石明灭，气势雄浑，苍苍莽莽。构图至繁，状物之皴笔却简略，长而整的线条自然流畅，起落有序，多用赭色，墨青墨绿合染，色调简淡恬雅。所谓“浅绛”法，实为黄公望首创。

王蒙，字叔明，浙江吴兴人。他的山水画多表现高人逸士的隐逸生活，用笔融牛毛皴、解索皴、披麻皴为一体，主要作品有《葛稚川移居图》、《夏山高隐》、《青卞隐居图》等。

倪瓒，字元稹，无锡人。他的山水画面单纯明净，皴法洗练灵动，个人风格十分鲜明，传世作品有《松林亭子》、《虞山林壑图》等。

吴镇，字仲圭，嘉兴魏塘人。吴镇画学董源、巨然，兼融泼墨之法，挥洒自如，墨色浑厚，世人有“黄、王、倪三家皆重笔，吴则重墨”之说。传世作品有《双松平远图》、《渔父图》、《双松图》等。

元四家的画风各异，黄画空灵潇洒，王画苍茫浑厚，倪画简淡荒疏，吴画沉郁湿润，四家各具特色，在元代画坛上相映生辉。

永乐宫壁画

永乐宫壁画是迄今发现的最优秀的古代壁画之一，保存也较完好。原址在山西永济县永乐镇相传为吕洞宾故宅的地方，1959 年因风陵渡水利工程而迁至芮城县龙泉村。现共存龙虎殿、三清殿、纯阳殿、重阳殿四个殿。

三清殿是永乐宫的主殿，周围的墙壁上绘有《朝元图》。《朝元图》4 米多高、90 多米长。展现了诸神朝拜道教始祖元始天尊的情景。南墙两侧的青龙、白虎两星君，为这个庞大的仪仗队的前导，神龛背后的 32 帝君为后卫；东、西、北三壁及神龛的左右两侧壁上以南极长生大帝、西王母等八位主神为中心，四周围以四圣、八卦、二十八宿、五岳、四渎、金童、玉女、天丁、力士、帝君、宿星、仙侯等 290 个天神地祇，背衬浮腾的瑞气，足登缭绕的祥云，一派仙境界的景象。

画中神仙，青龙星君凛然严肃；白虎星君彪悍威猛；三十二天帝安静淡泊；天蓬元帅横眉怒目；玉女个个娇若惊鸿；黑杀将军面色宁静，却杀气隐露；真武大帝慈祥谦和；寿星和气可亲；金星身姿丰美，樱桃小嘴加上微颦的双眉让人感到一种莫名的哀怨；而八卦神君则有的如人，有的如牛、有的如鬼……。他们有的在对语，有的在倾听，有的前呼后应，有的左顾右盼……一路上仙乐嘹亮，仙鹿瑞鸣，紧相伴随。如此这般神道仙境景象，不禁令人产生无限的神往。纵观庞大的神仙朝谒队伍，不仅丝毫没有杂乱无章之感，还大大地烘托出主神至高无上的尊贵地位，显示了作画者高超的构图技巧。

西壁堪称是整个《朝元图》中最精彩的部分。画面以东王公、西王母夫妇为中心，各天官簇拥左右。西王母端坐椅中，凤冠品服，仪态端庄典雅，表情温柔亲和。在她面前有一身着蓝袍的长者，据说是哪吒的师傅太乙真人。他头微低，脸微侧，双手持笏，似有要事启奏西王母。在太乙真人的身后有两位天神作交谈状，似乎真人所禀奏之事正是他们也关心的事。这一组人物相互呼应，特别是真人传神的心理描绘，为我们刻画出一个心事重重的长者，眉宇间蓄着焦虑。在东王公的侍官中，最突出的四眉四目的仓颉。仓颉是黄帝的史官，传说因他结绳记事出错触怒黄帝，被罚造字，因此成为中国文字的始祖。

全图以 8 个主像为中心，共画 286 人，每个人物高达 3 米以上，布局宏伟严密，具有非凡气魄。线描用笔粗壮有力、朴拙流畅，明显地继承了吴道子、武宗元的宗教画传统。色彩鲜明谐调，主体部位有时采用沥粉描金的手法，加强了画面的装饰效果。

纯阳殿四壁所绘为《纯阳帝君仙游显化图》，共有 52 幅，是吕洞宾的传记故事画。艺术手法基本上是宋代风格。绘在殿后影壁上的大幅壁画《汉钟离度吕洞宾》是全殿中最突出的一幅。画面人物的表情刻画和环境气氛的渲染极为出色。

在这些壁画中还有画工们的落款姓名，这些画工为继承壁画艺术的优秀传统做出了贡献。

八、失落与追寻——明清画坛

明清时期是中国宗法封建制的成熟期，亦是其僵化和保守期，更是一个衰弱期。在这种特定的历史背景下，绘画艺术的发展极不平衡，文人画与院体画相争相融，文人士大夫的画成为画坛主流。随着工商业的发展，在一些经济较繁荣的城市里画家云集、画派林立。同时，民间通俗文化空前繁荣，世俗的真实胜过高雅的趣味，民间绘画也沛然兴起了。

对传统宫廷画的继承

明初恢复了宫廷画院，从宣德到成化、弘治的一段时期内宫廷画得到了发展。但是在当时严格的思想控制下，文化艺术的发展受到极大阻碍。当时著名的宫廷画家有边景昭、戴进、商喜、林良、吕纪、吴伟等。

戴进，字文进。宣德年间被荐入宫，后因别人的谗言而被免职赶出画院，流落民间。他在钱塘一带声望很高。戴进的绘画技艺比较全面，他继承古人传统，又自创新意，风格以挺健苍劲为主，传世作品有《风雨同舟图》。

受戴进的影响并继之而起的是浙派盟主吴伟，他的传世作品有《溪山鱼艇图》、《松风高士图》等。

文人画开创新境界

①吴门四家

到明中期，吴门画派在画坛上崛起并逐步取代了浙派在画坛上的霸主地位。因这一派的画家都是苏州人，苏州别名“吴门”，故称“吴门画派”。吴门画派属文人画体系，沈周、文徵明是吴门画派开派大家，而唐寅、仇英是吴派支系。“吴门四家”又称“明四家”。

沈周，字启南，号石田、白石翁。山水、人物、花卉、鱼禽皆超妙。早年刻苦追摹传统，对董源、巨然、李成和“元四家”皆有心印。因此有人形容其画风是从“上下千载，纵横百辈”中来。沈周作图高山巨壑，气势雄强。另外沈周也有大量的记游山水作品。其生平好游，足迹遍及大江南北，每到一处必写景作画，并赋诗纪事，因此这类作品极富美感和抒情性。沈周常作花卉、禽鸟作品，对景写生，很有生活情趣。晚年作品笔墨舒展随意，名望很高，再加上他一生不曾为官，故许多人对他十分倾慕，求画者挤破家门，他们所乘的船也堵塞了河港。拜沈周为师者很多，以文徵明、唐寅最为知名。其流风弥漫，蔚然成派，故一般以沈周为“吴派”的开创者。

文徵明名璧，号衡山，是“吴派”的中坚，长洲（今江苏苏州）人。出身仕宦之家，早年工诗文、书画，师事吴宽、李应祯、沈周，中年后以岁贡生荐吏部考试，授翰林院待诏，4年后辞归故里，以诗文书画自娱。他的诗、书、画皆超妙，其山水画初以郭熙、李唐、王蒙、赵孟頫为追摹对象，并参以沈周作风。早年画风细致精密，以青绿山水为多，有秀逸之气。中年后则行笔渐放，重山水气势，丘壑布陈，以水墨见长。晚年精细兼备。文徵明山水题材以表现江南实景为多，再现了苏州一带的秀丽湖山，也有描绘劳动生活的作品。还有一些临仿古人之作，造型笔墨力追前人，但仍能表现出真切的感情。除山水外，文徵明兼擅花卉、人物。常作意笔兰、竹，也作菊、水仙。画史云：“以风意写兰，以雨意写竹。”画兰最著名，秀丽婉润，有“文兰”之誉。文徵明绘画作品有《烟江叠嶂图》、《湘君湘夫人图》、《林榭煎茶图》、《惠山茶会图》、《江南春图》、《古木寒泉图》、《真赏斋图》、《溪桥策杖图》、《古木疏篁图》、《春深高树图》等传世，书法有墨迹《上吴愈尺牍》、《真赏斋铭并序》、《南窗记》、《诗稿五种》、《西苑诗》等传世。

唐寅字伯虎，号六如居士，吴县人。自小聪明绝殊，学习刻苦。弘治十一年（1498 年）乡试第一。次年因“鬻题受贿”案牵连。经过这次打击，唐寅放浪形骸，遍游江南湖海之胜，宣泄失意的苦闷，并且更寄情于书画，开始了他后半生的诗文书画创作活动。唐寅早年师法周臣，继承了李成、范宽和“南宋四大家”的传统，对元代赵孟頫、黄公望、王蒙的画法皆有心印。唐寅的绘画作品取材广泛，形式技法充满变化。他不仅擅长山水人物，写意花鸟也颇具特色。更值得推崇的是唐寅在作品意境的创造上极富诗意。晚年的作品，不少表现社会生活，很有趣味。

秋风纨扇图　明　唐寅

唐寅的山水画作品有《山路松声图》、《荷净纳凉图》等。唐寅的仕女画多取材于高人韵事、神仙故事以及官伎、歌伎等，作品有《东方朔偷桃图》、《孟蜀官妓图》、《秋风纨扇图》、《李端端图》等。在作品内容上多流露出作者对出身卑贱的风尘女子的同情和对名教礼法的反叛。他笔下的女子多是两手纤细、弱不禁风的美人，这也反映了他的美学趣味和当时的审美时尚。

仇英字实父，号十洲。工匠出身。少年时师从周臣学画，继承了南宋马、夏传统。16 岁时，结交文徵明、祝允明、唐寅等文人画家，对其提高文艺修养和画艺起了很大的作用。他还曾在收藏家项元汴家作画，遍观项氏所藏历代法书名画，并加以临摹，潜心钻研，终成一代名家。仇英擅人物、山水、走兽、界画，亦精于临摹，技艺精湛。其山水师法赵伯驹、赵伯骕，作青绿山水，山石勾勒，皴染细密，色彩浓丽明雅，境界宏大繁复。人物画分细、粗两种面貌，前者取法唐宋，线条流畅、圆劲、细秀，造型准确，色彩清艳而具文雅之致；后者师承马远、杜堇、吴伟，笔法劲健，造型简洁，画风豪放洒脱。仇英以画工身份步入画坛，经过刻苦钻研，努力提高自己的文化素养，其画既有职业画家技艺精湛，造型准确的长处，又具文人画家的清逸秀雅，真正做到了雅俗共赏。他的作品有《桃源仙境图》、《剑阁图》、《莲溪渔隐图》、《摹萧照中兴瑞应图》、《人物故事图》、《秋原猎骑图》、《右军书扇图》、《柳下眠琴图》等传世。

②八大山人和石涛

八大山人，即朱耷，是明宗室后裔。明亡后，削发为僧，做过道士，名号甚多，有刃庵、雪个、个山、个山驴、人屋、驴屋、八大山人、良月、破云樵者等，后世最熟悉的还是“八大山人”。陈鼎在《八大山人传》中说：“八大者四方四隅，皆我为大，而无大于我也。”又说：“余每见山人书画款题‘八大’二字，必连缀其画，‘山人’二字亦然。类哭之笑之，意盖有在焉。”

朱耷在绘画上精于山水、花鸟、竹石多种，早年师董其昌，上追元代黄公望、倪瓒直至五代北宋董巨。他所创造的山水形象是一种凄楚苍茫、残山剩水、寂寞荒率的境界。他的这种笔墨和意境在《花鸟山水册》、《秋山图》轴中也明显地反映出来。尤其是《秋山图》轴，以擦干而得明洁滋润的笔墨形象，蓬松朦胧，一片混沌。

在绘画上，八大山人又尤以花鸟画的成就为最高。他先后从古人身上汲取过营养，并且挣脱形式的束缚，强调缘物寄情，推陈出新，别开生面。他的花鸟画意境幽冷清奇，构图和用笔均极简疏，可谓“笔简形具”。他的作品在立意、造型、用笔用墨以及诗书画印的结合上，达到了一个水墨写意花鸟画前所未所的水平，是中国整个绘画史上极为光辉的一页。代表作品有台北市故宫博物院所藏的《枯木四喜图》、北京市故宫博物院藏的《荷花水鸟图》、《写生册》。

石涛，原姓朱，名若极，广西全州人。明亡避祸为僧，法名原济，亦作元济，号石涛，又号苦瓜和尚。

他重视学习传统，师法元人笔意，更注重深入自然，写生创作。擅画山水、兰竹、花果、人物，而以山水成就最为突出。所画黄山、庐山、江南水乡，皆完美于实际景物。石涛绘画最大突破在于章法，他布局变化多端，新颖奇妙，给观赏者以强烈、新鲜的视觉冲击，代表作有《搜尽奇峰打草稿图》、《双清阁图》以及《山水清音图》等。

自石涛以后，山水画在“扬州八怪”那里达到了新的境界。

③扬州八怪

扬州八怪是清代雍正至乾隆年间扬州画派的代表人物，他们是金农、郑燮、黄慎、李鲜、罗聘、李方膺、汪士慎、高凤翰。因为他们大胆突破了“正统”派摹古、追求笔墨形式的桎梏，在继承传统的基础上有所创新，所以人们称之为“扬州八怪”。他们的绘画主要是写意花鸟，其次是人物，山水较少。

“扬州八怪”大都是失意的官吏和隐居的文人。在艺术上主张师造化、重创作。他们都有追求书画同源的艺术情趣。在他们中间，郑燮是一个特别出色的人物。

郑燮，号板桥道人，江苏兴化人。曾任12年七品知县，后辞官卖画为生。郑板桥一生坎坷，这形成他孤高倔强、不落时俗的性格，并在他的文、诗、画中流露出来。郑燮在艺术上主张革新，师法自然。他善画兰、竹、石。他画竹石几十年，作画时有“我有胸中十万竿，一时飞作淋漓墨”的气势。郑板桥善于将诗、书、画融为完整的艺术整体，画兰竹用行草笔法，多而不乱，少而不疏，秀劲潇爽，生气勃勃。题款也特立独行，成为作品构图布局的一部分。现存《兰竹图》多幅，笔墨简劲疏朗，构图变化多端，题款更多奇趣。

李鲜的绘画则有“水墨融成奇趣”的特色，如《芭蕉萱石图》、《芍药图》等。

其他的几位画家也都自创一门，给清代画坛带来了清新和生气勃勃的画风。他们在中国绘画史上占有极重要的地位，对后世影响很大，如清末的赵之谦、任伯年、吴昌硕、齐白石等人都在扬州画派的影响下创立了自己的风格。

④“前海派”与“后海派”

上海自从被辟为对外通商口岸后，经济飞速发展，人口猛增，成为中国最重要的商埠。随着商业的繁荣和近代城市的逐步形成，新的市民阶层和市民文化渐次出现。周围的许多画家聚集在这座新兴的都会中，出售自己的艺术品。上海便逐步取代清代中期的扬州成为新的通俗文化的中心。聚集在这里的画家虽然绘画风格不完全相同，亦无明显的师承体系，但通俗易懂的题材、潇洒活泼的笔调、清新雅致的色泽成为他们共同的追求和特点。这一批画家被人统称为“海上画派”或简称“海派”。其中比较著名和有影响、有特色的画家有虚谷、任熊、任薰、任预、任颐（以上四人被称为“海上四任”)、吴友如、钱慧安、赵之谦、吴昌硕等。

赵之谦出生在一个商人家庭。他从青少年时代起就刻苦读书，17 岁拜山阴金石书画家沈霞西为师，20 岁即开馆授徒。31 岁时他考中举人，以后多次参加会试，都没有被录取，后来担任过几个县的县令。晚年蛰居于上海写字作画，从者甚众，成为“前海派”的盟主。

绘画方面，赵之谦继承陈淳、石涛、李鲜、罗聘等人的笔法，又融入篆隶笔法，峻劲浑厚、古茂沉雄，一扫清末画坛盛行的庸腐柔靡之习，为传统中国画开辟了一条全新的道路。同时，他作花卉、木石及杂画，亦以书法出之。宽博淳厚，水墨交融，合文长、石涛、复堂之长而独具一格，为清末写意花卉开山之祖。

吴昌硕最擅长写意花卉。他常常用篆笔写梅兰，用狂草作葡萄。所作花卉木石，笔力老辣，力透纸背，又纵横恣肆，气势雄强，布局新颖，构图也近书印的章法布局，喜取“之”字和“女”的格局，或作对角斜势，虚实相生，主体突出。用色似赵之谦，喜用浓丽对比的颜色，尤善用西洋红，色泽强烈鲜艳。

民间绘画的兴起

民间绘画在明清时期比较活跃。民间绘画包括各种风俗画、神像、道释画、历史故事画、水陆画、壁画、年画、书籍插画等，其中民间的版画艺术最能体现明清时期民间艺术的水平。

①明清时期的版画插图

中国木刻版画早在隋唐时期就开始出现了，到两宋时随着印刷技术的改革，版画到了一个繁荣时期，从单纯的佛经插图发展到了多种书籍的版画插图。元代的市民文学的兴起使版画走入更广泛的领域，戏曲文学、小说、话本为版画的全面发展打开了局面。明清时期，版画已进入到刻本书籍的各个门类之中，而且其艺术性之高已达到前所未有的地步。

牛郎织女版画 清

如被称为“金陵派”的富春堂和

世德堂刻本已由上图下文扩为整幅图画，人物形象古朴天真，画风渐趋精细工丽。著名作品有《南西厢》、《古烈女传》、《月亭记》等。

安徽新安（徽州）的版画享有盛名。此地有很多技艺精湛的雕版能手，他们制作的版画插图，销往全国各地，影响广泛。如黄子立雕版的陈洪绶的《水浒》、《西厢记》，黄一楷的《北西厢》、《琵琶记》等，可谓穷工极巧，精细无比，具有工整秀丽、缜密妩媚的情调。虽属单色，却使人感到古韵盎然，呼之欲出。徽州木刻代表着明代版画艺术的最高水平。

清代版画不如明代发达。但也有一些文学名著的插图刻本，如《秦楼月》、《三国志》、《红楼梦》等。

②明清时期的年画

年画是中国特有的艺术品种，在民间有着深厚的基础。宋代的手绘或木刻的节令画应当是年画的雏形。自元明以来，年画正式成为独立的艺术形式。

年画在明代流传不广，保留下来的不多，到清代才逐渐繁盛起来。清代的年画题材广泛，从古到今，从城到乡，从戏剧舞台人物到家庭巷里、人情世态、动物花鸟，可谓形形色色，应有尽有。如《牛朗织女》、《耕织图》、《春牛图》、《武松打虎》、《法人求和》、《财神》、《灶王》、《招财进宝》等。年画的体裁形式有单幅、条屏、扇面、灯画、图片等。在制作方法上一般是套色印刷，也有印绘结合。

天津的杨柳青年画是中国北方年画的代表，杨柳青年画吸取了宋、元、明在绘画上的工整纤巧和写意的传统，雕绘结合，笔法匀整，设色鲜明，形成一种独特的格调。在它的兴盛期，当地居民不分男女老少，大都以印制年画为生。

杨柳青年画大都表现人们美好的感情和愿望，反映时事风俗，充满浓厚的生活气息。大致可分 5 类：一是仕女、娃娃，这是早期作品的主要内容。画面常为单个或两三个人物。娃娃的形象都是佛颜、童身、武架、戏姿。二是戏曲及历史故事。三是喜庆吉祥主题。四是市俗生活。比如清朝曾为慈禧作画的杨柳青著名画师高桐轩的一幅《庆赏元宵》年画，充满节日的喜庆气氛：儿童们有的敲锣打鼓，有的吹喇叭。妇女们有的怀抱婴儿教其击鼓，有的携子擎灯奔前凑趣。厅堂廊庑装饰得金碧辉煌，把闹元宵的情景描绘得有声有色。五是新兴事物。如清末的年画《天津火车站》、《天津马路骑车》，画的都是新鲜事物。

杨柳青年画富有民族特色。饶有情趣的构思、寓意和写实结合的手法、丰满匀称的布局、挺拔流畅的线描、富有美感和节奏感的造型、鲜明典雅的敷彩，都突出了年画的实用性、装饰性，以及“大”、“老”、“中”、“满”的特色，都使它赢得了民众的喜爱。“大”，形象大，通过对比、映衬和隐喻，突出主要形象，突出形象的主要部位。如《双鱼吉庆》画，在莲花、葡萄的陪衬下，两个大头胖身娃娃各抱着大鱼，醒目传神，洋溢着吉祥意味，满足了民众对祥和、喜庆的期待。“老”，主题老，福禄寿喜、人寿年丰都是人们永恒的追求目标。但表现老主题时又要突出美好事物的延续性、持久性，因而寿星伴童、山林猛虎、狮子巴狗都是生命力旺盛的表象。“中”，构图以中心点为座标原点，以中轴线为对称轴，使画面稳重、均衡、和谐，这也顺应了民众求安稳、平和的心态。如传统杨柳青年画《财源茂盛》中，财神和聚宝盆处于中轴线，两旁对称立着文武侍臣，人物四周饰物满满当当。“满”，画面布局满，无论是用物象谐音组成文字画题，还是用象征、寓意手法作画，都使图画占满画面空间的同时，占据人们的心理空间。

中国南方的年画以苏州桃花坞为中心。它的绝大部分作品是采用敷色和彩色套印制成的。

19 世纪后，由于钢版、石版印刷技术的采用，尤其是近代“月份牌”年画的流行，手工生产的木版画竞争不力，日趋衰落。

海外来风：西洋绘画的传入

明万历年间意大利传教士罗明坚来华，他带有几张五色斑斓的手绘圣像。在 1595 年利玛窦上表神宗，并献天主像、天母像各一幅。清初，传入的西洋画渐多，康熙五十四年（1715 年）意大利人郎世宁来北京，以其别具一格的中西并用画法而闻名清朝画坛。同时，服务于清廷的西洋画家还有王致诚、艾启蒙、安德义等。

郎世宁的代表作有《万树园赐宴图》等，他传世的唯一的一幅油画是《太师少师图》。郎世宁的作品将焦点透视、色彩空间等西方画技与中国画用线用墨的传统结合，形成了他自已独特的绘画风格。

郎世宁在宫内还向中国画家传授油画技法，一些宫廷画家如陈枚、冷枚、唐岱等都受其影响。

明清之际西洋美术的输入，对于中国美术的发展，有着积极的意义。明暗画法与焦点透视，丰富了中国绘画的表现手法，后来的中国画不同程度地吸收了西洋画的某些因素。但因其仅局限于宫廷内府，对中国画坛未能造成广泛影响。

19 世纪末叶以后，一些有识之士开始学习和介绍西洋画，为近现代中国油画的诞生做出了贡献。

九、现当代绘画大师

国画大师齐白石

齐白石原名纯芝，字渭青，号白石、濒生、阿芝、借山吟馆主者、寄萍老人，出生于湖南湘潭。他家境贫寒，早年以雕花木工为生。那时雕花千篇一律，他突破陈规，造出许多新的花样，深受百姓的喜爱，人称“芝木匠”。

“廿七年华始有师”，直到 27 岁时，齐白石才有机会向文人名流学习书画，正式从艺。他曾用了 7 年时间走访名山大川，结交名士，胸襟因之开阔，见识由此广博，这为他的创作积累了深厚的文化底蕴。

齐白石在绘画艺术上受陈师曾影响甚大，他同时吸收吴昌硕之长。他专长花鸟，笔酣墨饱，力健有锋；画虫则一丝不苟，极为精细。他还推崇徐渭、朱耷、石涛、金农，工虾蟹、蝉、蝶、鱼，水墨淋漓，洋溢着自然界生气勃勃的气息。他所表现的不是正襟雍容士大夫的味道，而是一种返朴归真的感觉，一种教化之外的野趣。

齐白石的画反对不切实际的空想，他经常注意观察花、鸟、虫、鱼的特点，揣摹它们的精神。他曾说：“为万虫写照，为百鸟张神，要自己画出自己的面目。”他的题句非常诙谐巧妙，他画两只小鸡争夺一条小虫，题曰：“他日相呼”。《棉花图》题曰：“花开天下暖，花落天下寒”。他的画充满了平民意识与朴实健康的审美情调，于粗袍乱服之中自然地呈现出蓬勃的生命力，作品中洋溢着健康、欢乐、诙谐、倔强与自足。

齐白石具有深厚的传统文化功底。他把农民的生活和情感融进作品中，把老鼠、油灯、算盘、锄头、柴耙等引进画中，作品流露出农民的质朴、孩子的天真、真诚的爱和恨，这打破了传统文人画中画竹即写“虚心”、画兰便写“幽香”的陈套。他曾在一幅《竹院围棋图》上题诗：“阖群纵横万竹间，且消日月雨转闲。笑依尤胜林和靖，除却能棋粪可担。”竟然把下棋和挑粪并提。

齐白石从民间画工转变为文人画家，将富有农民生活气息的民间艺术情趣融进文人画中，而且也更新了文人画的艺术境界，开创了具有时代精神和生活气息的写意花鸟画。

齐白石的绘画为人民大众所喜爱的另一个原因是他的作品传达了深厚的民族感情，鞭挞时弊。他是一位木匠出身而又诗、书、画、印无不卓越的大艺术家，他在艺术上的经历很有传奇色彩。90 岁时，文化部授予他“人民艺术家”的称号。1956 年，世界和平理事会颁给他和平奖金。

徐悲鸿画马

徐悲鸿原名寿康，别号神州少年、江南布衣、江南贫侠，又号黄扶、东吴王孙。他出生在江苏宜兴一个画师之家。因为家境贫寒，徐悲鸿没有进过正规学校，也谈不上学历和文凭，为此常遭人奚落。这使他深感前途渺茫，不禁悲从中来，犹如鸿雁哀鸣，于是将名字改为“悲鸿”，以哀鸿自比，发愤绘画。

徐悲鸿擅画动物，尤以画马闻名。他笔下的马超越了动物的一般自然属性，不仅形神兼备，生机勃勃，而且使马人格化，赋予马画家的理想。徐悲鸿用泼墨写意或兼工带写，塑造了千姿百态、倜傥洒脱的马，有的回首长嘶，有的腾空而起、四蹄生烟……徐悲鸿借马的形象表达了高尚的情操，寄托在马身上的内涵更成为鼓舞人们奋进的精神力量。

群奔图 徐悲鸿

徐悲鸿的马还为国际艺术交流做出了重大贡献。从 1933 年起，徐悲鸿应邀去法国、意大利、比利时、德国等国举办个人作品展览，“在欧洲各国一路挂过去”。到达莫斯科的时候，苏联对外文化局提出了一个请求，让徐悲鸿为观众作一次画马的现场表演。徐悲鸿欣然应允，从容地吮笔理纸，行笔走墨，挥洒自如，转眼工夫，一匹势不可挡的奔马便跃然纸上。素有爱马之癖的苏联骑兵元帅布琼尼也是观众，他激动得无法抑制自己的感情，大步走到徐悲鸿面前，先向他敬了一个军礼，然后说："徐先生，就将这匹马赠送给我吧，否则我会发疯的！"徐悲鸿被布琼尼诚恳而又幽默的话逗笑了，连连点头，将《奔马》赠予布琼尼元帅。

徐悲鸿的作品熔古今中外技法于一炉，显示了极高的艺术技巧和艺术修养，是古为今用、洋为中用的典范，在我国美术史上起到了承前启后、继往开来的巨大作用。他擅长素描、油画、中国画。他把西方艺术手法融入到中国画创作中，而素描和油画则渗入了中国画的笔墨韵味，创造了新颖而独特的风格。

漫画大师丰子恺

朱自清是丰子恺漫画的发掘者、评论者，他评价丰子恺的漫画说："一幅幅的漫画如一首首的小诗——带核儿的小诗。就像吃橄榄似的，老觉着那味儿。"

丰子恺的漫画常以儿童的心态、生活为主，画的大多是他的子女。他认为"人间最富有灵气的是孩子"，孩子才是真正的"人"。孩子搬凳子"办小人家"，或者脱下自己的小鞋连同妹妹的新鞋穿在凳子的四只脚上，或者扮作新郎新娘，或者拿着两把薄扇凑在胯下当自行车骑，这些对丰子恺来说都是极好的材料。这表明丰子恺对生活的热爱。

对待敌人，丰子恺则把漫画作为武器，狠狠打击他们的嚣张气焰。1937年芦沟桥事变爆发，面对日寇的侵略行径，丰子恺满腔怒火，决定用自己的画笔来宣传抗日。他说："我虽未能真的投笔从戎，但我相信以笔代枪，凭我五寸不烂之笔，努力从事文化宣传，可使民众加深对暴寇之痛恨。"他把日本侵华的无数事件用笔画出，编成一册，以最廉的售价广销各地，使略识文字的中国人都能看懂。

丰子恺具有独特的艺术气质，作品崇尚自然，温和含蓄，暗藏机锋。他描绘儿童的世界，表现真情真性；他执着于宗教关怀，流露出超脱淡泊的情怀，不求功利；他讲究人生的平淡趣味，使他在那个疯狂喧嚣的时代仍能坚持自己的人生追求，记录下内心真实的声音。作品就是他的生命，就是他的一切！

国画大师张大千

张大千，四川内江人。他的家世很大，是内江的望族。原籍广东番禺，先世于康熙年间迁徙入蜀，定居内江，从事盐业。幼年时，张大千就在擅长绘画的母亲和以画虎著称、自号“虎痴”的二哥张善子的熏陶指引下，对绘画产生了浓厚的兴趣。除临摹历代名画外，他还遍游名山大川，以造化为师，刻苦钻研。

青年时期，张大千就能画出具有石涛、八大山人画风的作品，几乎可以乱真，有“南方石涛”之称。他早年画的《石涛画册》，被著名鉴赏家、画家陈半丁作为石涛“真迹”珍藏起来。这足以证明，张大千临摹古人绘画的功力十分惊人。

1940 年前后，张大千用两年半的时间，对我国敦煌洞窟逐个整理编号，并进行临摹。这不仅丰富了绘画技法，也保留了大量的珍贵艺术品。这时，张大千的画风以临古、仿古为多。他从隋唐到清代，逐一研究古人的作品。

1949 年，张大千定居海外。在海外的 30 多年中，张大千还来往于亚、欧各国，举办画展，声噪国际，被誉为“当今最负盛名之国画大师”。他也为宣扬我国传统文化艺术做出了卓著的贡献。早在 30 年代初，张大千的作品初次参加赴欧展出时，徐悲鸿先生就曾说他的画“实令欧人神往”、“为国人脸上增色”。张大千是天才型画家，他的创作“包众体之长，兼南北二宗之富丽”，集文人画、宫廷画和民间艺术为一身。人物、山水、花鸟、鱼虫、走兽，无一不精。张大千 57 岁时创立泼彩画法，创造出一种半抽象、墨彩交辉的意境。这是在继承唐代王洽的泼墨画法的基础上，揉入西欧绘画的光色关系发展出来的一种山水画笔墨技法。

张大千的画风先后几度改变，30 岁以前可谓“清新俊逸”；50 岁时“瑰丽雄奇”；60 岁以后达“苍深渊穆”之境；80 岁后气质淳化，笔简墨淡，其独创泼墨山水，奇伟瑰丽，与天地融合，增强了意境的感染力和画幅的整体效果。

除绘画外，张大千还对诗词、古文、戏剧、音乐以及书法、篆刻等方面有所涉猎。他的诗文真率豪放，书法劲拔飘逸，外柔内刚，独具风采。

雕 塑

一、最初的造型

原始时代的创作

旧石器时代的雕塑至今尚未发现。在新石器时代，雕塑作品开始出现，但大多是陶塑，表现的是妇女和女孩的形象。在辽东半岛黄海沿岸后洼新时器时代遗址中，发掘出6000年前的40多件陶塑，造型多是动物形、植物形、人形或人兽合一形，这是目前中国发现的最早最丰富的陶塑。

在辽西牛河梁，考古人员发现了5000年前的女神庙遗址，里面有完整的女神头部雕像，以及许多女娲雕像块，跟真人大小差不多。最具特色的是仰韶文化时期的青少年女子的陶塑人像或头像。如陕西华县柳枝镇出土的一件泥塑人面，女孩的特征很明显，双目呈桃叶形，外眼角向上翘，菱形的嘴显得纯朴稚气。辽东后洼遗址中的动物雕刻有龙、虎、猪、狗、鸡等生动造型，刻画入微，给人以朴拙而饶有生趣之感。

装饰之美——夏商周时期的雕刻艺术

到了夏朝时，随着制造工艺的进步，雕刻也逐渐成为装饰的重要手段。夏禹时在鼎上铸上纹饰，上有山川鸟兽。殷商时的雕塑已具有相当水平，大量的青铜器上的纹饰是绝妙的艺术佳作。许多青铜器的造型是雕塑的精品，如商代的鸟纹牺尊、四羊方尊。商代晚期的雕塑在对人像的塑造上已有相当水平，湖南宁乡出土的人面方鼎，在鼎的四面外壁上浮雕着四个男性头像，神态威严，表明这时的工匠已具备良好的造型能力。20世纪80年代在四川三星堆商代大祭祀坑中，发掘出了数十件青铜人像、人头像和面具。造像与真人大小相近，十余件青铜头像的帽盔、发型、面目、神态各不相同，用概括夸张的手法塑造出一种静穆感和神秘感。其中青铜连座人像高1.7米，头戴高冠，身微前倾，胳膊平抬，手作握物状。这些青铜雕塑表明，当时的雕塑艺术和铸造技术都达到了较高水平。

除青铜工艺上的铸刻外，牙、玉、骨、石雕都有新的创作。郑州商代遗址中发现不少陶塑，有人像和羊、兔、鱼、龟等。刻玉在商代、周代有大量作品，人物龟虫应有尽有。殷墟出土的乐器虎纹大石磬，正面用流畅的复线精刻卧虎一只，周围加以图案纹饰，极其精美。

到了周朝，雕刻艺术更加繁荣，《周礼》上记载当时已有八种雕刻的材质，即象、玉、石、土、木、金、草、羽等，其中以玉尤为重要，并设玉府之职，专司刻镂服玉、佩玉、含玉、玉敦、六瑞、六器。铜器的雕刻在当时亦有很大发展，大多用于礼器的铸造。周代的石刻传于今日的有石鼓 10 个。石鼓高约 3 尺，是用原来的大块圆石略加镌凿而成的。

二、宏伟与质朴——秦汉魏晋南北朝时期的雕塑

汉代的石雕艺术

秦汉是中国雕塑史上的一个重要阶段。

秦汉两代，雕塑同其他艺术门类一样被用来当作宣扬政治统一的工具。随着宫殿、祠堂、陵墓的大规模兴建，雕塑同样以前所未有的规模和数量出现。依其材料可分为陶俑、石雕、铜雕、木雕、玉雕、泥塑等，根据雕塑的功用大致可分为大型纪念性石雕、建筑装饰、工艺装饰和陶俑等。

①碑阙

碑阙多作为宫殿、苑囿、陵墓前的特定设置。阙是体现封建礼仪的一种象征性装饰性雕刻，一般立于宫廷、官衙和墓前。汉代墓阙保存至今的共有 28 处，其中四川有 21 处。其代表是雅安高颐阙，该阙高达数米，阙前雕石兽。

②墓前石雕

这是秦汉时期墓葬建筑中不可缺少的组成部分。墓前石雕大多是石兽，这些石兽是汉代人们想象中的猛兽，它有虎豹的身躯、飞鸟的羽翼和狮子的头，体态雄健并呈现出充满生机的弹跃感。它们一般左右对称于墓道，镇守一方，镇恶辟邪。现存的有河南南阳宗资墓前的石雕、山西太原北郊出土的辟邪石雕、四川德阳和雅安出土的天禄辟邪石雕等。

与生机勃勃的石兽相比，汉代的人像雕塑则显得稚拙古朴，在方柱体石面略施浅刻而成。

在众多的汉代墓前雕刻中，最杰出的是霍去病墓前雕刻。霍去病是西汉大司马骠骑将军，他先后 6 次出师远征漠北，去逝时年仅 24 岁。汉武帝

为纪念他的战功，为他建造了一个大冢。他墓前的雕刻，大多以马来突出创作的主题，歌颂英雄。马是西汉将士的伴侣，西汉骑兵因马之骁勇而强盛。所以墓前有跃马、卧马、立马（或称马踏匈奴），马的神态各异，每一创作都以马之形态营造出气氛。

马踏匈奴　西汉
这是汉武帝为表彰霍去病出征匈奴的战功而建立的纪念碑。

《马踏匈奴》历来被公认为是霍去病墓石雕群的代表作。这件石马，表现的是和霍去病生死相依的战马。霍去病在生前就是骑着这匹马征战厮杀，立下不朽战功。石马实际上是霍去病的象征。石马高 1.68 米，长 1.9 米，形态轩昂，英姿勃发，一只前蹄把一个匈奴士兵踏倒在地，手执弓箭的士兵仰面朝天，露出死难临头的神情。艺术家的动静结合，形象地表现了大汉帝国的强盛不可撼。艺术家用一人一马，高度地概括了霍去病戎马征战的丰功伟绩。战马骠悍、雄壮、镇定自如，巍然挺立。与之对比的是，昔日穷凶极恶的匈奴此时仰首朝天，蜷缩在马腹之下，虽已狼狈不堪，仍然凶相毕露，面目狰狞，手持弓箭，企图垂死挣扎。作品通过简要、准确的雕琢，尤其是在马的腿、股、头和颈部凿刻了较深的阴线，使勇敢而忠实的战马跃然而出，又好像纪念碑一般持重圆浑。这一作品把圆雕、浮雕、线雕等传统手法结合一体，既自由又凝练，既保持了岩石的自然美，又富于雕刻艺术美。

《马踏匈奴》是一件现实主义与浪漫主义相结合的作品，同时，又含有象征主义的构思。在 2000 多年前，古代先辈雕刻家经过敏锐的观察和周密的考虑，用精湛的技艺，为我们留下了辉煌的艺术丰碑，霍去病墓石刻是汉代艺术质朴、深沉、雄大艺术风格的典范。而且也是整个群雕作品的主体，同时也是这些雕塑所讴歌的主题。

《卧马》为圆雕作品，它是利用把自然石块稍加修饰的办法来处理的，在形象和动态上不受局限。这里塑造的是一匹静卧憩息的马，作者以敏锐的观察力和精湛的技巧，紧紧抓住马的好动习性，它不能那样长时间地卧在地上，所以卧马虽暂做卧状，却显出即将起身的神态：头部微仰，一只前腿向前伸出，蹄用力着地，另一只前腿微曲抬起。尽管形象拙朴，但蕴有一般的马所不具有的活力。这种特点与现存汉马形象，包括汉画像石刻上所见的形象迥然不同。卧马与其他雕像——跃马、卧牛、卧象、石虎、石牛、石羊等，原散置坟“山”上，它们的姿态各异，造就出祁连山上牛马成群，“山草肥美，六畜番息”的一派北国风光，真是意味深长，富有情趣。

《跃马》后退蜷曲而卧，弓起的前腿和昂仰的头却昭示出战马蓄势待发，欲凌空腾跃，全身显露出豪迈昂扬、雄气勃发的气势。这件作品在整体上借用了石头的天然形态，只是略加雕刻，有浑然天成的意味。

这批石雕不仅在创作题材上设计精巧，而且还体现了汉代艺术的古拙美，是中国古代大型纪念性雕塑的杰出创造。

多姿多彩的秦汉陶俑

①“奋击百万、战车千乘”：秦始皇兵马俑

秦代的陶俑进入了一个大发展时期，被誉为“世界八大奇观”的秦陵兵马俑，足以代表当时陶塑艺术的辉煌成就。

20 世纪 70 年代，在陕西临潼县秦始皇陵东侧，发现了大批兵马俑。这些殉葬陶俑在距地表约 6 米以下的坑道里。1 号坑总面积 14260 平方米，出土兵马俑 6000 余件。这些兵马俑组成以步兵为主的长方形军阵。2 号坑呈曲尺形，面积 6000 平方米，出土陶俑 1000 多件，车马和鞍马近 500 多匹，是一个以战车、骑兵为主、弩兵等诸兵种联合编组的军阵。三号坑呈凹字形，面积为 520 平方米，是统帅 1、2 号坑军阵的指挥部，有 68 名陶俑，它们手持仪卫武器，环卫着似为统帅人物乘坐的一辆驷马战车。三个坑的总面积为 22780 平方米，陶俑陶马 7000 余件，车 100 余辆。这些组织严密、威武雄壮的兵马俑，与史书中秦始皇生前驻扎在京城外的宿卫军的描述极为相似。

所有的陶俑、陶马与真人、真马大小一样，结构比例准确，细部刻画得十分精细，富有质感。武士俑有的身穿战袍，有的身披铠甲，手里拿的青铜兵器都是实物。威武雄壮的军阵，再现了秦始皇当年为完成统一六国而展现出的军功和军威。这批兵马俑在艺术史上具有很高的价值。兵马俑的塑造，是以现实生活为基础而创作的。艺术手法细腻、明快。陶俑装束、神态都不一样。光是发式就有许多种，手势也各不相同，脸部的表情神态各不相同。从它们的装束、表情和手势就可以判断出是官还是兵，是步兵还是骑兵。这里有长了胡子的久经沙场的老兵，也有初上战场的新兵。身高达 1.96 米的将军俑，巍然直立，凝神沉思，表露出一种坚毅、威武的神情。总之，陶俑具有鲜明的个性和强烈的时代特征。这批兵马俑是雕塑艺术的宝库，为中华民族灿烂的古老文化增添了光彩，也给世界艺术史补充了光辉的一页。兵马俑坑内出土的青铜兵器有剑、矛、戟、弯刀以及大量的弩机、箭头等。这些铜锡合金兵器经过铬化处理，虽然埋在泥土里两千多年，依然刃锋锐利，闪闪发光，表明当时已经有了很高的冶金技术。

秦始皇兵马俑是我国规模最大的俑群，为举世罕见的艺术珍品。参观兵马俑的第一个外国国家元首新加坡总理李光耀说："这是世界的奇迹，民族的骄傲。"法国前总统希拉克说："世界上有七大奇迹，现在要加上秦俑。不看金字塔，不算真正到过埃及；不看秦俑坑，不算真正到过中国。"我国政府对这批文物非常重视，建立了面积为 1.6 万平方米的"秦始皇兵马俑博物馆"，并将其列为中国十大名胜之一，该馆不仅是我国最大的遗址博物馆，也是世界上最大的遗址博物馆。此后，秦始皇兵马俑也被联合国教科文组织宣布为世界文化遗产。

②击鼓说唱俑

汉代陶俑题材广泛，工匠们自由发挥塑造技能，创作出许多精美的艺术作品。1969 年山东济南北郊的西汉墓中出土了一组彩绘乐舞、杂技、宴饮陶俑，形态生动活泼，以观赏者的静态来衬托演出者的动态，取得了强烈的艺术效果。汉代的陶俑大多以日常生活为表现的对象，各类劳作者、奏乐者、说唱者在陶艺人的手下无不生趣盎然。其中成都天回山出土的"击鼓说唱俑"是一件绝妙的作品，它极其形象地表现出一位说唱俑的神情形态。他说到妙处，禁不住翘足举臂、眉飞色舞，诙谐活泼的生机溢于手足。

精美之作：秦汉铜雕

随着时代的变迁，曾经盛行于商周时的青铜工艺从礼器的神秘中解放出来，至秦汉时已出现了对现实生活进行真实塑造的作品。1980 年在秦陵出土了两组大型的铜质车马和铜俑，制作工艺极为精湛。

①长信宫灯

"长信宫灯"是一件通体鎏金的铜灯，上面刻有"长信尚浴"等铭文共

长信宫灯

65字，所以被命名为“长信宫灯”。它的设计十分精巧，整体形象是跪坐着的一名宫女，她左手托住灯底部，右手则与灯罩连为一体。整个灯分为头部、身躯、右臂、灯座、灯盘和灯罩六部分，是分别铸造后合在一起的；灯盘可以转动，灯罩则能自由开合以调整灯光的方向及亮度。宫女的右臂和宫灯身躯相通，烟气可以通过右臂进入体内，并留下烟灰，以减少室内油烟的污染。值得注意的是持灯宫女的形象：她身穿广袖长衫，动作自然而优美，面目端庄清秀，头略向前倾斜，目光专注，神情疲惫而小心翼翼，表现出一个下层年轻宫女所特有的心理特征。

这件作品作为日用灯具，设计精巧，结构合理，新颖别致，是一件实用和美观高度统一的工艺美术品。

②雷台铜奔马

1969年出土于甘肃武威雷台的铜奔马长45厘米，宽10厘米，高34.5厘米。它是东汉时期雕塑艺术的精品，是汉代艺术家高度智慧、丰富想象、浪漫主义精神和高超艺术技巧的结晶，是我国古代雕塑艺术的稀世之宝，代表了当时最高的艺术成就，现收藏于甘肃省博物馆。

骏马在中国古代是作战、运输和通讯中最为迅速有效的工具，强大的骑兵也曾经是汉朝反击匈奴入侵，保持北部地区安定必不可少的战具，所以汉人对马的喜爱超过了以往的任何一个朝代。他们把骏马看作是民族尊严、国力强盛和英雄业绩的象征。因此，大量骏马的形象出现于汉朝雕塑和工艺作品中，其中最令人赞叹的就是这件举世闻名的铜奔马。

铜马矫健俊美，别具风姿。马昂首嘶鸣，躯干壮实而四肢修长，马蹄轻捷，三足腾空，奔驰向前。艺术家巧妙地将将一只凌云飞驰、骁勇矫健的天马闪电般的刹那表现得淋漓尽致，体现出汉代奋发向上、豪迈进取的时代精神。该作品不仅构思巧妙，而且工艺十分精湛；不仅重在传神，而且造型写实。

骏马体型的每一部分都非常完美而匀称，姿态动感强烈，同时保持着精确的平衡，雕塑的重心显然经过了极其周密的计算。按古代相马经中所述的良马的标准尺度来衡量铜奔马，无一处不合尺度，故有人认为它不仅是杰出的艺术品，而且是相马的法式。作为具有三维空间的圆雕作品能取得如此非凡的艺术效果，足见作者想象力之卓越、构思之新颖以及铜铸工艺运用之巧妙。铜奔马是汉代艺术家浪漫主义精神和高超艺术技巧的结晶，是我国古代雕刻艺术的稀世之宝。

③滇族铜雕

在汉代铜制艺术史上，滇族铜雕是非凡的创造。他们在青铜器的盖上，焊铸着成组成群的各种人物和动物形象。主要以当时的民俗和祭祀为题材，比如纺织作坊、战争、纳贡和杀人祭祀等。装饰在斧、戈等兵器上的动物雕塑形象和装饰上铜饰物上的雕塑形象，大多取材于狩猎、动物之间的搏斗或弱肉强食的情景。少数民族地区的这些雕塑艺术不同于中原地方的样式与风格，体现出了他们出色的艺术表现力。

石窟造像

佛教在东汉末传入中国，到魏晋南北朝时佛教传播蔚然成风。佛教石窟造像在三国两晋时随佛教的广泛传播而开始盛行，隋唐时与日俱增，一直到 13 世纪，实为中国造像的黄金时代。石窟造像可谓遍布华夏。在这数十处石窟中，就其风格而言可分三个时期：早期是魏晋南北朝时代，中期为隋唐，晚期是晚唐至两宋。

北魏云冈和龙门石窟为中国石窟造像的早期代表。

①云冈石窟

云冈石窟位于山西省大同市西郊，是我国古代雕刻艺术的瑰宝，也是世界著名的大型石窟群之一。艺术家把它比喻成东方的罗马石雕。云冈石雕融合了中西的艺术，因而具有特殊的魅力。

云冈石窟始建于北魏建都平城（今大同）的时代，由佛教高僧昙曜奉旨开凿，大多数石窟完成于北魏迁都洛阳前，加上其余小窟，先后用了近 50 年时间。参加开凿人数多达 4 万余人。当时狮子国（今斯里兰卡）的佛教徒也参与了这一举世闻名的伟大艺术创作。石窟至今仍留着中外文化交流的斧痕。云冈石窟至今已有 1500 多年的历史。北魏著名地理学家郦道元在《水经注》中，记录了当年开凿云冈石窟的壮阔场景：“凿石开山，因岩结构，真容巨壮，世法所希。山堂水殿，烟寺相望，林渊锦镜，缀目所眺。”整个石窟依山开凿，东西绵延 1 千米，现存主要洞窟 53 个，大小造像 51000 多个，石窟雕刻的题材，基本上是佛像和佛教故事。

“昙曜五窟”（由昙曜负责开凿的 5 个石窟）是云冈石窟中开凿最早的窟，它们的形制基本相同，平面呈马蹄形或椭圆形，穹窿顶，前开拱门，门上方开明窗，高达 15 米以上，但形式却近似僧人修禅所居的草庐。窟内主像形体高大，占据了绝大部分空间，两侧各有一佛侍立或倚座，合为“三世佛”，但主从相差悬殊。主像背后雕饰华丽的舟形背直达窟顶中央，壁间遍刻千佛，有的还刻有贴壁的菩萨、罗汉等形象。尽管这 5 个石窟在设计和布局上和谐统一，但它们的造型并不雷同，而是各有特点。譬如，第 20 窟的佛像以英伟端庄著称；第 19 窟的佛像以俊秀雅闲取胜；第 18 窟的佛像则庄重而又不失活泼。这一时期的雕像也拥有共同的特征：面相丰满，目大眉长，鼻梁高隆，口唇较薄，嘴角微微上翘，肩宽胸挺，躯肢浑厚健壮，具有大丈夫的气概。即便是佛像身后作少女形的飞天，也英姿飒爽。无论是面貌神态还是体态服饰，这些窟龛造像的艺术水平和风格特色都与凉州（今河西走廊地区）的佛教艺术有着密切的联系，反映出佛教由西向东传播的历程。

云冈石窟大部分是魏孝文帝迁都洛阳以前的作品。佛像的形状一般是厚唇、高鼻、长目、宽肩，体貌表现出少数民族的特征。大佛像高大雄伟，显示举世独尊、无可对比的气概。其他佛像，按品级一个低于一个，全体服从大佛像。再配上飞天和侏儒，为大佛服役。飞天手执乐器，飞舞于天空，展示了在大佛庇荫下服役的愉快。侏儒身形矮小，躯干健壮，雕刻在龛基、座础、梁下、柱顶等处。

云冈石窟气魄宏大、外观庄严、雕工细腻、主题突出。整个石窟雕塑的各种宗教人物形象神态各异。雕造技法继承和发扬了我国秦汉时期艺术的优良传统，又吸收了犍陀罗艺术的有益成份，创建出云冈独特的艺术风格，是研究雕刻、建筑、音乐及宗教极为珍贵的资料。鲁迅先生曾将“云冈的丈八大佛”与“万里长城”相提并论，把它们看作是“耸立于风沙中的大建筑”，“坚固而伟大”的艺术。

②龙门石窟

龙门石窟位于河南省洛阳市南郊 12.5 千米处，龙门峡谷东西两崖的峭

龙门石窟

壁间。因为这里东、西两山对峙，伊水从中流过，看上去宛若门阙，所以又被称为“伊阙”，唐代以后，多称其为“龙门”。这里地处交通要冲，山清水秀，气候宜人，是文人墨客的观游胜地。龙门石窟所在的岩体石质优良，宜于雕刻。石窟始凿于北魏孝文帝时期（471 ~ 477 年），大规模营建于北魏、唐代，后经历代修建，迄今已有 1500 年的历史。龙门石窟南北长约 1 千米，现存石窟 1300 多个，窟龛 2345 个，题记和碑刻 3600 余品，佛塔 50 余座，佛像 97000 余尊。

龙门石窟是佛教文化的艺术表现，它还折射出了当时的政治、经济和社会文化。石窟中至今仍然保留着大量的宗教、美术、建筑、书法、音乐、服饰、医药等方面的实物资料，因此它堪称一座大型石刻艺术博物馆。龙门石窟是佛教的石刻艺术，然而古代的艺术匠师们却突破了宗教“仪轨”的束缚，以现实生活为源泉，创制了形态各异、大小不同、栩栩如生的艺术形象，为研究中国的雕刻艺术提供了珍贵的实物资料。龙门石窟最有代表性的洞龛是奉先寺、古阳洞、宾阳洞等。其中最显赫最精美的是奉先寺群像和卢舍那石佛，它们充分显示了唐代工匠巧夺天工的技艺，为后人留下了丰富的文化遗产。

古阳洞位于洛阳市龙门山南部，建于北魏孝文帝迁都洛阳（493 年）前后。它是龙门石窟中开凿最早、内容最丰富的一个洞窟。洞内两壁镌刻有三列佛龛，其拱额和佛像背光精巧富丽，刻品琳琅满目，图案文饰丰富多彩。其供养人像姿态虔诚持重，生动逼真，有动感。洞穴内的造像题记书法质朴古拙，所谓“龙门二十品”有十九品在此洞穴内，是研究书法史的珍品。清代学者康有为盛赞这里的书法之美为：魄力雄强、气象浑穆、笔法跳越、点划峻厚、意态奇逸、精神飞动、骨法洞达、结构天成、血肉丰美。

龙门地区的石窟和佛龛展现了中国北魏晚期至唐代期间，最具规模和最为优秀的造型艺术。这些翔实描述佛教题材的艺术作品，代表了中国石刻艺术的最高峰。

三、盛世风度——唐代的雕塑

隋唐时期的佛教造像已融合印度、中亚等地的技法，再加上传统的审美作风，出现了新的式样。成于唐高宗时期的奉先寺，是唐石刻雕塑的典型。主体雕塑为卢舍那佛坐像，两旁依次为迦叶（已毁）和阿难，以及金刚和神王，再次为供养人。卢舍那佛坐高 13 米，面容安详典雅，脸型丰满圆润，整体面貌已倾向中国式。阿难外形端庄，含蓄安然，神王壮硕有力，金刚威严刚猛。各立像有意识采取上大下小的形式，以达到视觉上的真实感。

山西天龙山的石窟造像，独有一番风采：细嫩丰盈的面容，波状有旋涡纹的螺发，轻薄如纱的衣服，曲线玲珑的身躯，优美逼真的姿势等，生动自然，成为唐代造像的精品，可惜这些精品大多已残缺不全了。

敦煌彩塑

甘肃敦煌是古代中国与西域交通的关隘，敦煌由此较早接触到西域的造像艺术。敦煌莫高窟始凿于 66 年，此后至清代的 1600 余年间造像不断。现在莫高窟的数百石窟中，共有造像 2400 余尊，大的高达 16 米以上，小的仅有几厘米。敦煌石窟的造像多系以黏土为原料的彩塑。

菩萨像 唐 敦煌石窟

莫高窟现存彩塑 2400 余身，丰富多彩，姿态各异。古代艺术家凭借娴熟的技巧、真实的情感、丰富的想象塑造出千姿百态的彩塑。这些塑像与西壁、顶部的壁画、地面上的莲花砖，构成了一个充满宗教氛围的佛国天堂。

这些施以彩绘的塑像，有三十多米高的巨像，也有十几厘米的小像，计 3000 余身。

由于沙漠干旱少雨，虽经历了一千多年的岁月，但保存得十分完好。敦煌彩塑的主要形象是各种佛像，如释迦牟尼、弥勒、三世佛及七世佛等；其次为菩萨像，如观音、大势至及供养菩萨；还有弟子、天王、力士和飞天等。因石窟开凿在砾岩上，不能雕刻，便采用泥塑的传统方法塑像，其主要形式有：圆塑——指不附着在任何背景上，可以四面欣赏的，完全立体的塑像。主要用于表现佛、菩萨、天王等。浮塑——是在平面上塑出凸起的形象。如塑像的衣服、飘带及人字披的背、檐等。影塑——多为“模制”而成，然后贴到墙上，再涂上色彩，主要有千佛、飞天等。

敦煌彩塑最突出的艺术特点是整窟塑像和壁画互相结合，互为一体，互相陪衬，互相补充。佛龛、佛坛上的彩塑与四壁的绘画辉映呼应，相得益彰，既达到了整窟艺术的统一和谐，又衬托出塑像在窟中的主体地位。另一特点是丰富多彩，姿态各异。所塑神像在洞中重复出现，容易千人一面。但古代雕塑家凭着丰富的想象力将同一神像塑造出形神风貌、性格特征各不相同的千姿百态的彩像，富有强烈的艺术感染力和欣赏价值。

隋唐时代的敦煌彩塑代表着中国彩塑造像的最高成就。隋代以来，佛像的塑造手法向写实化的方向发展，宗教的庄严、脱俗的气氛有所淡化。唐代的彩塑菩萨被表现为美丽动人的女子形象，雕塑绘饰极为细腻，丰腴的肌肤和轻软柔薄的衣料质感都表现得十分真切，造型富丽而又典雅，体现了唐代的时代精神。

此外，天王、力士的造像同样富有表现力，这样的造像以九尊或七尊的群体形式设置于有木质建筑图案的大型石窟内，既富有理想精神，又富有现实气息。

昭陵六骏

唐代的殿堂及陵墓的仪饰雕塑与宗教雕塑同样发达。唐陵雕塑主要是在献陵、昭陵、乾陵和顺陵。

较早的唐代陵墓石雕在唐高祖李渊献陵的神道上，有石虎 8 件、石犀牛 2 件，颇有汉魏石雕遗风。唐太宗李世民昭陵墓前的石雕“昭陵六骏”和十余件“番王”像最具代表意义。

昭陵六骏是唐太宗李世民开创大唐帝业时所乘过的 6 匹骏马，它们都曾伴随李世民削平群雄，在战场上献出了自己的生命。白居易诗云：“太宗旨在振王业，王业艰辛告子孙。”为了告诫子孙创业的艰辛，同时也对与他相依为命的 6 匹骏马寄予怀念，李世民命著名宫廷画家阎立本绘图，挑选当时的名工巧匠把它们雕刻成比真马略小的浮雕，浮雕的右上方有着名书法家欧阳询书写的李世民的赞词。李世民死后，这六块浮雕作为陪侍列于昭陵北门的东西两庑。

六骏采用高浮雕手法，以简洁的线条、准确的造型，生动传神地表现出战马的体态、性格和在战阵中身冒箭矢、驰骋疆场的情景。每幅画都告诉人们一段惊心动魄的历史故事。曾有诗说：“秦王铁骑取天下，六骏功高画亦优。”据说六骏都是“马之良材”。六骏的形象、名称及其来历，都有事实作根据。

“昭陵六骏”雕刻在长 3 米，宽 2.5 米的石板上，分两组东西排列。东面的第一骏名叫“特勒（勤）骠”，此马毛色黄里透白，白喙微黑，故称“骠”，“特勤”是突厥族的官职名称，可能是突厥族某特勤所赠。李世民在 619 年乘此马与宋金刚作战。特勒骠在这一战役中载着李世民勇猛冲入敌阵，一昼夜接战数十回合，连打了 8 个硬仗，建立了功绩。唐太宗为它的题赞是：“应策腾空，承声半汉；天险摧敌，乘危济难。”

东面第二骏名叫“青骓”，苍白杂色，为李世民平定窦建德时所乘。当时，唐军扼守虎牢关，占据有利地形。李世民趁敌方列阵已久，饥饿疲倦之时，下令全面反攻，亲率劲骑，突入敌阵，一举擒获窦建德。石刻中的青骓作奔驰状，均在冲锋时被迎面射中，但多射在马身后部，由此可见骏马飞奔的速度之快。唐太宗给它的题赞是：“足轻电影，神发天机，策兹飞炼，定我戎衣。”

东面第三骏名叫“什伐赤”，纯赤色，前中 4 箭，背中 1 箭。“什伐”也是李世民在洛阳、虎牢关与王世充、窦建德作战时的坐骑。石刻上的骏马凌空飞奔。在这一重大战役中，李世民出生入死，伤亡 3 匹战马，基本完成统一大业。唐太宗的题赞是：“瀍涧未静，斧钺申威，朱汗骋足，青旌凯归。”

西面的第一骏名叫“飒露紫”，色紫，前胸中一箭。牵着战马正在拔箭的人叫丘行恭。这匹马是李世民平定东都、击败王世充时所乘。六骏中唯这件作品附刻人物，还有其事迹。据记载，李世民的侍臣猛将丘行恭，骁勇善骑射，在取洛阳的邙山一战中，李世民有一次乘着飒露紫，亲自试探对方的虚实，偕同数十骑冲出阵地与敌交锋，随从的诸骑均失散，只有丘行恭跟从。突然间，王世充追至，流矢射中了李世民的马，此时，丘行恭便回身张弓四射，箭不虚发，敌人不敢前进。然后丘行恭立刻跳下马来，给御骑飒露紫拔箭，并且把自己的坐骑让给李世民，然后又执刀徒步冲杀，斩数人，突阵而归。为了纪念这一事件，唐太宗特意下令把丘行恭这匹战马刻在一起。丘行恭卷须，相貌英俊威武，身穿战袍，头戴兜巴鍪，腰佩刀及箭囊，做出俯首为马拔箭的姿势，再现了当时的情景。李世民给飒露紫的题赞是："紫燕超跃，骨腾神骏，气慑三川，威凌八阵。"

西面第二骏名叫"拳毛骆"，是一匹毛为旋转状的黑嘴黄马，前中 6 箭，背中 3 箭，为李世民平定刘黑闼时所乘。石刻上的拳毛骆身中 9 箭，说明这场战斗之激烈。唐太宗为之题赞："月精按辔，天马横空，弧矢载戢，气埃廓清。"

西面第三骏名叫"白蹄马"，是有 4 只白蹄的纯黑色战马，李世民与薛仁杲作战时的坐骑。石刻白蹄马昂首怒目，四蹄腾空，鬃鬣迎风，俨然当年在黄土高原上逐风奔驰之状。唐太宗给它的题赞为："倚天长剑，追风骏足；耸辔平陇，回鞍定蜀。"

昭陵六骏的造像，充分发挥出浮雕所特有的艺术特色，形象浮度并不是很高，而且马的臀胯等部位仍然保留着原石的大片平面，但是从整体上看去，却有着圆雕那样强大的体积效果。作者在处理轮廓以及各个部位关系的变化中，巧妙而不失纯熟地运用了流畅强韧的弧线和犀利挺劲的直线，使得曲直得当，刚柔相济。雕刻精致洗练，比例适度，在那一片片转折起伏中，形象地表现出了骏马劲健的形质和充沛的活力。昭陵六骏采用了写实的雕刻手法，将战马壮实匀称的身姿和雄强刚毅的气质刻画得栩栩如生，是初唐时期石雕艺术的代表作。如"飒露紫"，选取战马中箭，随将丘行恭为之拔剑的顷刻。雕刻家将战马因疼痛和紧张而后退的神态刻画得真实而生动。昭陵六骏是中国古代雕刻艺术的珍品，也是中华文物的稀世珍宝，被鲁迅先生赞誉为"它是前无古人"的。遗憾的是，昭陵六骏遭到外国文物走私分子的盗窃。六骏中神态最为生动的"飒露紫"、"拳毛骆"已被盗至国外，现存美国费城宾夕法尼亚博物馆。剩下的四骏在盗运途中被群众截获，现存陕西省博物馆。为了便于盗运，盗窃分子有意将六骏打碎为数块，使六骏的形象遭到很大的破坏，造成了无法弥补的损失。

昭陵的“番王”像的原型是归附唐帝国的外国首领，现石像已残缺不全。

四、古风依旧——元明清时期的雕塑

在经历了汉唐时期从发展到辉煌的过程后，中国的雕塑已基本定型，元明清时期的雕塑风格基本承袭前代。在这数百年中，中国雕塑同样留下了许多富有民族特色的作品。

元代的佛教雕塑

①弥勒佛像

在宋元时代，佛教石窟造像进入了尾声，江浙一带的石窟造像规模较小，杭州造像多利用天然的岩洞和岩龛，雕刻出颇有世态的罗汉群像，以及观音和弥勒像。宋元之际，人们对弥勒佛的信仰十分流行，在杭州飞来峰的雕刻多表现这一题材。此时的弥勒佛形象与唐宋时大不一样，完全没有佛像的特征。这尊弥勒佛肩上搭着一个布袋，大腹欢颜，泰然坐于岩石之上，两旁错落有致地分布着神态各异的十八罗汉。这一弥勒造像，不断为后世寺院造像模仿，乃至成为一个特定的形象定型下来。

②过街塔——居庸关云台雕

在元代雕塑中，过街塔是一个精美的遗存。过街塔建造在居庸关，是元顺帝至正二年（1342 年）建造的。今仅存塔基，即居庸关云台。台座用青色汉白玉石砌成，高 9.5 米，东西长 26.84 米，南北长 17.57 米。台顶四周安设石栏和排水龙头，台下正中开一南北向的券门，可通车马。券门内外遍雕密宗图像。券顶雕曼陀罗，两侧拱面雕千佛，券洞内两壁雕刻护法天王。关门洞呈单六边形，面上雕有大鹏、鲸鱼、童男、兽和象等。图像以“减地平钑”和“剔地起凸”等手法刻成，其中以天王像最生动。此外还雕有梵、藏、汉、八思巴、畏兀儿、西夏六种文字的经文咒语和除梵文外的五种文字的造塔功能及建塔有关人名。

元皇室兴建过街塔除了为益国安民外，还有过街塔铭所记“下通行人，皈依佛乘，普受法施”之意，因而建造了这座城关。

走向贫乏的明清雕塑艺术

①平遥双林寺：佛教的艺术殿堂

明代大力提倡恢复汉民族文化传统，寺庙造像有较大的发展，现存有代表性的造像寺庙主要集中在北京、山西、陕西、甘肃、四川等地。其中最优秀的是山西平遥双林寺的彩塑。

双林寺建寺比华严寺早，后毁于战火，明代又经重修。全寺10座殿堂，共有大小塑像2000多尊，是中国古代塑像最多的寺院之一。寺庙内的十八罗汉塑像，塑绘技艺较高。罗汉造型坚实，有金石感。另外还有大型的泥塑，塑造的人物形象达上千躯，展现了佛国仙境和弃官求佛的现实生活场面，在艺术处理上生动活泼，富有创造性。这些造像堪称明代造像的优秀代表，是又一个佛教艺术宝库。

②明代陵雕

明代恢复汉民族的统治地位后，力图恢复大唐制度，帝王陵也多效仿唐代。陵墓设置大型仪卫性石雕以示国力和权威。因此，明代陵墓多以成双成对的石雕装饰，石雕被称为“石像生”。

明十三陵在北京昌平，明太祖的孝陵位于南京。在孝陵的神道上，设立有狮子、獬豸、骆驼、大象、翼马和麒麟各两对，姿态为一对跪卧一对站立，此外还有两对文臣、两对武臣的石雕。这时的石雕体现了明初恢复盛世的昂扬精神。明十三陵在山麓之中，以长陵为中心共用一个神道，造型与样式皆仿效孝陵，神道两旁的石雕刻画细致，但徒有形体，缺乏气势。到了清代的帝王陵，更失去了前代的雄浑之美，虽形体巨大、坚实厚重，但精心雕刻的作品如同玩偶和模型。

③清五百罗汉雕塑

寺庙造像到了清代，罗汉塑像的阵容进一步扩大，塑有五百罗汉的罗汉堂在寺庙中非常普遍。清代寺庙造像在中国许多地方都可见到，因距今时间较近，造像保存较好。昆明筇竹寺罗汉堂的五百罗汉是比较有特色的清代塑像。这些雕塑形象接近俗世人物，造像的制作手法更加写实，不仅塑艺和彩绘更加细致，而且许多罗汉的胡须均由真人的毛发制成，已失去了雕塑的艺术趣味。

④雍和宫木雕弥勒像

北京雍和宫是清皇室供奉的喇嘛庙宇，建于康熙年间，内有一木雕弥勒佛像，高 18 米，由一完整的白松树干雕成，是中国为数不多的巨型木雕，较有价值。

雍和宫三佛殿中的三世佛和天王殿中的天王造像，是清代较优秀的作品。

建　筑

一、建筑——文明的符号

从穴居到筑土构木

中华民族的早期“先民”是利用天然的洞穴作为自己的住所的，中国迄今已知最早的穴居岩洞是北京猿人的住所。在中国华北地区至今仍有“穴居”式建筑——窑洞。

在另外一些地区，生存的环境是恶劣的。《韩非子·五蠹》上讲，上古之时，人少而禽兽众，人不胜禽兽虫蛇，所以先民选空处营建洞窟或“构木为巢，以避群害”。

“巢居”与“穴居”之后，中华民族的先民们开始逐渐掌握了营建地面房屋的技术，创造了原始的木架建筑。目前在我国很多地区都能见到先民们留下的大量的地面建筑遗址。由于各地的气候、地理、材料等条件的不同，居室的营建方式、样式结构也多种多样。其中，有一种最普遍的建筑形式被史家称为“棚居”，这种棚居以干栏式建筑和木骨泥墙房屋最具代表性。

干栏式建筑下层用柱子架空，上层作居住用。这种样式与原始巢居有一定关系。从河姆渡和石器时代遗址中发现的建筑遗迹来看，其木质构件已加工成柱、桩、梁、板等，并采用了榫卯结构。

木骨泥墙房屋一般以木料为房屋的骨架，以泥土为墙，这种式样出现在黄河流域。

到了尧舜时，先民对房屋才有了装饰上的要求。利用天然的白土涂壁，这是粉刷墙壁的开始。夏禹以后，乃改用蜃灰，即贝壳烧成的灰。

先秦的礼教与祭祀建筑

先秦的建筑，大多已不复存在，但历史文献为后人留下了宝贵的资料。据史料记载，当时最有代表性的是高台建筑和神祀建筑，例如燧人氏有传教台，桀有瑶台，纣有鹿台，周有灵台，楚有章华台，秦有瑯琊台，汉有通天台等。这些叠石累土而造成的台是观天文、观四时、观鸟兽的场所，但后来却演化为专供皇帝登高娱乐的行宫，但从中可以看出古人的审美观。

古代人崇尚自然神教，崇拜祖先，于是有了许多神殿建筑。比如，黄帝时的合宫，尧时的衡室，舜时的总章，夏时的时室，殷时的阳馆，周时的明堂。这些神殿的建筑样式我们无从稽考，只有周代的明堂，后人稍有记录。

宫殿建筑之滥觞

古代帝王的宫殿最初很简陋。在尧时，据《墨子》记载，"尧堂高三尺，土阶三算，茅茨不剪，采椽不刊"，可见当时氏族首领居所的规模。到了禹时，人们开始追求美观的装饰，但禹告诫子孙说，"峻宇雕墙"是要亡国的，因此不许子孙造太大的屋宇和装饰美观的墙壁。所以自禹以后约六百年间，夏王朝没有重要的建筑活动。到夏朝末代的桀，为他的娇妻妹喜氏建造了一所讲究的房屋，从而一举打破了先王遗训，在建筑史上开创了高等建筑的先河。他先后建造了寝宫、瑶台、琼室、象廊等宏伟壮观、极其华丽的建筑。

自从桀打破了礼教上的制度后，商朝末代的纣又大兴土木，从此建筑观念得到改变。到了周朝，不论是宗庙朝堂还是市井建筑都规模宏大，而且在样式上有了相应的定制。

周代的建筑更进了一步，在宫殿设置上逐渐完备，有五门三朝、六寝、六宫、九室的制度，同时在建筑艺术上也具有很高的水平。《诗经·小雅·斯干》是一首赞美周宣王宫殿落成的颂歌："如跂斯翼，如矢斯棘，如鸟斯革，如翚斯飞，君子攸跻。"这"如翚斯飞"之辞，就是一个绝妙的写照："翚"是雉鸡身上的花纹，是很美丽的，它飞翔时头颈向前伸出，一根尾巴向后翘起，两只翅膀向左右分张，令人想起四角出跳的宫殿建筑之美。瓦的发明是西周在建筑史上的突出成就，从而使西周建筑脱离了"茅茨土阶"的简陋状态，而进入了比较高级的阶段。在陕西凤雏村的建筑遗址，主体建筑为夯筑的土墙，墙面和屋内外抹“三合土”。由此可以推证，到了周代，中国传统民族形式的木构建筑已成为主流。

总之，周代典章制度的规范，亦为中国后来历代王室的建筑树立了典范，后来的宫殿建筑基本上沿用了周代的建筑范式。

1960 年在河南偃师二里头遗址中部的第三文化层中，挖出面积约 1 万平方米的夯土台基。通过挖掘证明是商初成汤都城的宫殿遗址。台基的中部是一座进深三间、面阔八间、四面出檐的殿堂。堂前是平坦的庭院。南面有宽敞的大门，四周有彼此相连的廊围绕中心殿堂，从而组成一座十分壮观的建筑。据考证，这是王室奠礼所在地。

湖北盘龙城遗址是迄今发现的第二座商代古城。殿堂建筑尤其完整，是迄今所知最早的“前堂后室”布局的实例。这与《考工记·匠人》记述的“殷人重屋，堂修七寻，堂崇三尺，四阿重屋”相符合。据考证，这座建筑原建筑在高台上，中为四室，外有四廊，四周有大寝殿。在这座寝殿前面还有一座建筑遗址，据考证是一座两侧开门的厅堂式建筑。这两座建筑与文献中记载的“前朝后寝”的建筑布局极为相似，它们应当是用来作为朝会、宴享和寝居的场所。安阳殷墟是商代晚期的遗址，从中挖掘出铜质并带有雕刻纹饰的柱础，在规模和营造方面显然已经达到了相当的水平。

二、皇宫与仙阙——秦汉魏晋南北朝时期的建筑

帝王的辉煌

秦始皇时期的建筑风格进入了宏伟壮观的时代。

①阿房宫

阿房宫乃是秦代建筑之代表。

阿房宫为一组规模宏大的庞大宫殿群，西至咸阳，东至临潼，宫室之间利用有廊的通道相通，滔滔渭水从中穿流而过，如同天上银河。还利用天下被收缴的兵器铸成十二个巨大的镀金铜人，并将其放置在阿房宫前，以加强宫殿气派。

秦始皇命 70 万刑犯造阿房宫，但这个伟大的工程在他的生前未能完成，而且不幸的是，项羽攻占咸阳后，把阿房宫付之一炬，大火连烧了三个月。当时有所谓关中三百、关外四百的宫殿，其宏丽盛大由此可见一斑。

②未央宫

汉都城和宫室都是“览秦制，跨周法”而营建的，所以和秦都秦宫有许多相似之处。第一，秦汉两朝均是在立国初为应登基之急而建造的，所以没有完整的建设规划构想，对《周礼·考工记》的营国制度也没有严格遵守。都城中占绝对主导地位的是宫殿，但它们所处的地理位置都不是都城的中心，形成宫、宅、署、市零散交错的状态；宫室设置有“前朝后寝”之别，却没能效仿周期所分的“外朝”、“治朝”、“燕朝”。第二，二者都十分重视管理与防御功能，都是用高墙围护宫殿建筑群，民宅采用坊里制度，有明确的组织机构，城市整体属封闭型，军事色彩浓厚。第三，秦汉对宫室的精神功能认识相差无几。其一是宣威，萧何的阐述最有代表性。帝王也是凡人，而实在的殿堂建筑更能表现其臣民共仰之神性，所以，秦汉宫殿建得极其壮丽雄伟。用巨大的夯土台作殿堂的核心，以木构件围绕建造，形成完整的高台式建筑形象，汉未央宫前殿高达 80 米，现存遗址高 14 米，可见巍峨之状。秦汉宫室的第二个精神功能是求仙。汉代在营建活动中，不但追求天地的对应，而且大量地用象征手法，表达更灵活、含蓄的观念。例如以感情作为命名依据的汉宫苑中，昭阳殿、望仙台、集灵宫等大部分建筑的名称都带仙境意味。建章宫北的太液池模仿瀛洲、蓬莱、方丈建立三座岛，昆明池中通过摆放石鲸来模仿仙境、仙物，以求创造超然世界。而宫中众多的楼观，建造得突兀峻峙，既有靠向天界、脱离尘寰的气势，也有乞求长生不老的目的。

秦汉以来出现的亭台楼阁，已具有鲜明的民族特色。建筑物上的装饰可稽考的有：屋顶上的屋翼、飞檐，屋脊两端的瓦兽，门上的门环是铜制兽头型，天花板上画着鸟兽的图形，这些装饰反映了汉代人崇尚灵动的审美风格。

汉代的建筑日趋典雅华贵。其中尤以未央宫最为壮观。《三辅黄图》上说：“汉未央宫，周围二十八里，前殿东西五十丈，至孝武以木桂为芬橑，文杏为梁柱，金铺玉户，雕楹玉碣，重轩镂槛，青销丹墀，左碱石平，黄金为壁，间以和土珍玉。风至，其声玲珑然也。”

在战乱中寻找永恒：秦汉至魏晋南北朝时期的寺观建筑

①佛教寺院的出现

汉明帝时，佛教传入中国，寺院的建筑开始出现，最早的是汉明帝时

河南登封嵩岳寺塔

嵩岳寺塔是中国现存最古老的密檐式砖塔，塔身为十五层叠涩密檐，最上为塔刹，整塔以青砖素浆砌造，平面为十二边形，是现存这种构形的孤例，在中国建筑史上占有极为重要的地位。

修建的白马寺。寺院在建筑样式上仍然是沿用中国本土的布局。

自三国后，北魏少数民族政权入主中原，在接受汉文化的同时，尊奉佛教为国教。当时的社会处在战乱之中，人们为求安身立命，便在信仰上寻求寄托，于是形成一种崇佛的风气，佛寺的建筑一时勃兴。据《洛阳伽蓝记》所记载，自汉末到晋代永嘉时期，共建佛寺四十二所，到北魏时在京城内外就有一千多所。由此可知，建筑是人们对文化和信仰的最具体的表达方式。

北魏时的佛寺建筑，最具代表性的是胡太后建的永宁寺。

永宁寺是典型的中心塔形佛寺。此寺建于北魏灵太后熙平元年（516 年），据记载，寺院为四面开门，周围以墙围之的格式。北面的佛殿内供佛像，高为一丈八尺。南边设三道三层的楼门，东西面置三道两层的楼门，都是二十丈高。北门为“乌头门”类似于后来的牌楼，四周有许多佛堂和僧舍。这是一座与皇家庭院布局结构相似的中轴对称式的佛寺建筑群，只是在佛寺的正中多造了一座高四十丈的方形九层木塔。据《洛阳伽蓝记》所记载：寺中九层佛塔，架木为之，高九十丈，有刹复高十丈，去地有一千尺。刹上有金宝瓶，可容二十五石，宝瓶下有承露金盘三十众；盘之周匝，塔之每角，皆垂有金铎，合上下共有一百二十铎，铿锵之声，闻数十里。佛塔的北面有佛殿一所，形如太极殿，中有丈八金像一躯、中长金像十躯、绣珠像两躯、织成像五躯，做工奇巧冠于当世，又有僧房一千余间，雕梁粉壁，青缫绮疏难得尽言。如此壮美的寺院，竟然毁于火灾。

②中国最早的塔

塔，梵语称“浮图”，是寺中的主要建筑。塔的最初概念和形式是源于印度的“窣堵坡”，即为藏置佛的舍利和遗物而建造的由台基、覆钵、宝匣和相轮构成的实心建筑物。塔为佛教徒信仰和膜拜的对象。据《魏书·释老志》记载，汉明帝时佛教传入洛阳，并于西门外建白马寺。明帝死后，葬于西北的显节陵，内建一印度式塔。这是典籍中记载的我国最早的佛塔。

塔传入中国初期，具有明显的印度式或受印度影响的东南亚佛塔造型风格，但很快就与中国的建筑结合起来，特别是与中国早有的木构的楼、台或石阙等高层建筑结合起来，充分体现出了民族趣味。中国式佛塔形式多样，造型丰富，有密檐式、楼阁式等。河南登封的嵩岳寺塔为国内现存最早的密檐式砖塔。塔建于北魏正光元年（520 年），塔高 39.5 米，底层直径约 10.6 米，共 15 层。塔平面为 12 边形，是我国所有的塔建筑中唯一的一例。塔心室是八角形直井式，用木楼板分为 10 层。塔刹也是用砖砌成的，台座比较简单，上置覆钵、仰莲及束腰，上叠 1 枚宝珠与 7 重相轮。轮廓的收分呈一凸形曲线，使塔在外形上显得更加高耸挺拔，收分的弧度变化柔和。密檐间距随着塔身变细亦逐层缩小。整个塔形在纵横两个方面上变化配合非常自然，使得庞大的塔身显得稳重，总体结构非常协调。八角形倚柱用于底层转角处，圆拱券砌的佛龛和门楣，密檐用叠桨挑出，没有斗沚，显示了中国砖石砌塔的高超技术。小窗间密檐的结构形式，既打破没有斗栱和平座塔身的单调，又与水平的层层叠砌产生对比，统一在整个砖塔的形式中，显得非常和谐。

三、盛世风范——隋唐时期的建筑艺术

隋代结束了南北分裂的局面，虽然其统治时间不长，但开凿了贯通南北的大运河，兴建了大兴城和东都洛阳，建造了大批奢华的宫殿和园囿，并兴建了举世闻名的安济桥。到了唐代，中国的建筑进入了一个鼎盛时期，城市建筑、宫殿建筑和寺观建筑都有很高的成就。

城池与宫苑建筑

①规划严整的唐长安城

唐代以长安为西京，洛阳为东京，长安城是在大兴城的基础上建造的，是当时世界上最大的规划最严密的城市。

大兴城由著名的建筑家宇文恺负责规划设计，仅用一年就建成了，唐

建国后以此为都并更名为长安。

长安廓城十分方正，每面三门，周长 36.7 千米。唐太宗在兴建大明宫后，全城面积达 87 平方千米。城中北部为宫城，另建有皇城，皇城内左有太庙，右有太社，并设中央衙署及其附属机构。皇城的建制自此才得以完善，后代多沿袭此制。

长安城宫城由三区宫殿组成，中间为太极宫，最大，为朝会正宫。东西对称的是太子所居的东宫和后妃宫人所居的掖庭宫，三宫正南都有门通向皇城内的街道。皇城内没有居民，在城内东南、西南二角设置太庙和太社。皇城的纵横大街和郭城的街道相通，皇城内是寺、监、省、署、局、府等中央级的衙署。

从郭城到皇城到宫城，长安犹如一幅组织有序的巨大画面：城墙由低到高，建筑由简小到高大，色彩由淡素到浓重，布置由疏到密，节奏由缓慢到繁促，气氛由简放到庄严，层层加紧，最后归结到太极宫这着墨最浓的一点。

城市的道路如井字状，南北干道 11 条，东西 14 条。通向城市的街道非常宽阔，穿过中轴线的朱雀大街宽达 150 米。廓城内划分为 110 里坊，里坊有 4 种规模。士农工商乃至高官，均在坊内居住。佛寺、道观也遍布市区各坊。市坊内有井字街，分市为几个区。店肆临街而设，依行业而集中。

另外，长安规划很注意利用地形，将城东高地“六坡”布置为官署、王府和寺院，以利于控制全城，拱卫宫城，并把曲江池划入城市，这也是一项开创性的规划设计。

②宫殿建筑

隋代的建筑在追求享乐的隋炀帝时代又达到了一个高潮。为了达到享乐的目的，隋炀帝不惜奴役万千黔首，造宫殿，掘运河，其中最著名的建筑就是“迷楼”。韩栱所著《迷楼记》中说：“近侍高昌秦曰：臣有友项升，浙人也，自言能构宫室。翌日召而问之，升曰：臣乞先进图本。后数日进图，帝览大悦。即日诏有司，供其材木，凡役夫数万，经岁而成。楼阁高下，轩窗掩映，幽居曲室，玉栏朱楯，互通联属。四环四合，曲屋自通，千门万户，上下金碧；金虬伏于栋下，玉兽蹲于户旁；壁砌生光，琐通射日，工巧之极，自古无也……人深入者，终日不能出。召以五品官赐升……”可惜

唐大明宫遗址

遗址位于陕西西安大明宫遗址北城青霄门内东侧，高出当时地面14米，南北长73.25米，东西宽47.65米。

这座为享乐而构筑的楼阁宫室，遭到与阿房宫同样的命运。唐太宗进驻长安，见迷楼后，说这都是以民脂民膏建造起来的，于是下令将它焚烧了。

大明宫建于太宗贞观八年（634年），位于长安城处东北的龙首原上，龙朔三年（663年）唐高宗和武则天迁大明宫听政，自此大明宫就成了主要朝会之所。

大明宫南宽北窄，西墙长2256米，北墙1135米，南墙是长安郭城北墙东段的一部分，长1674米，东墙由东北角东南方向斜行1260米后再东折300米，然后南折1050米与南墙相接，加厚处为角台，城门处有城台。城台、角台包砖，城墙为夯土。

正门丹凤门三道，在此也常举行肆赦等活动。因为大明宫前面无皇城，丹凤门前临里坊，实际上相当于皇城正门，门内的含元殿才是真正的大朝位置。故《唐书》云："含元……大朝会之所御也。"

含元殿地当龙首原南缘，高出平地十五六米，南距丹凤门达600余米，有充分的前视空间。殿身面阔11间，达67.33米，进深4间，29.2米，面积1966平方米，与明清北京紫禁城正殿太和殿相埒。殿覆重檐庑殿顶，东西外接廊道，廊道两端再向南折转并斜上，和建于高台基上的翔鸾、栖凤二阁相连。二阁实为二阙。整组建筑围成凹字，正是隋唐以后宫阙的通例。二阙东西相距150米，尺度很大。

含元殿下至地面有三条平行阶道，长达70余米，谓之"龙尾道"，更衬托出大殿及二阙的雄壮。人们登临此道，"仰瞻玉座，如在霄汉"。《含元殿赋》又说："如日之升，则曰大明。"与明清午门相比，含元殿虽也不乏威壮和庄严的气质，但含元殿性格辉煌而欢乐，确有如日之升的豪壮，是大明宫的点题建筑，也是盛唐时代精神的充分展现。它没有更多的森严和压抑，而是显得更为开阔明朗。这也是充满自信心的大唐盛世时代精神的体现。

麟德殿在蓬莱池西邻接大明宫西垣的高地上，由四座殿堂前后紧密串联而成：前殿单层，中殿和后殿都是两层；最后是一座称为“障日阁”的建筑，实际不是楼阁，也是单层。前、中、后三殿面阔都是 11 间，58 米，但左右各一间都被厚墙占去，实际空间为 9 间。前殿进深 4 间，殿前有进深一间的附檐，殿后另加一条深一间的空间通中殿。中殿进深 5 间，四面围墙，殿内有南北向隔墙将殿分为左、中、右三部分，都是通向后殿的过厅。中厅较大，有左右楼梯达中殿上层。后殿和障日阁进深都是 3 间，后殿下层与障日阁之间在空间上可能没有墙壁阻隔。障日阁面阔 9 间，左、右、后三面都开敞无墙。四殿总进深共 17 间，达 85 米，底层面积合计约达 5000 平方米，是中国最大的殿堂。中、后二殿的上层，面阔 11 间，进深共 8 间，加上上层，全部麟德殿的面积可达 7000 多平方米。

麟德殿是皇帝举行大型宴会的地方，常在此赐宴群臣和各国使节。

③唐代的建筑制度

唐以来的宫殿佛寺建筑，基本上是承袭旧有的式样，但在建筑造式上却打上了权力地位的烙印，更加明确了住宅的造式因官阶而定的制度。稽古定制上记载了唐代的建筑制度，凡是在王公以下，屋舍不得施重拱藻井；三品以下，室舍不得过五间九架，厦的两面的头门屋，不得过三间五架；五品以下，堂舍不得过五间七架，厦的两面的头门屋不得过三间两架；六品七品以下，堂舍不得过三间五架，门屋不得过一间两架；王公以下及庶人宅邸，不得造楼阁；庶人所造房舍不得过三间四架，不得辄施装饰。

唐代对建筑进行了等级制度的规定，于是建筑成为统治王权的象征。

唐代的陵墓建筑

唐代包括武则天在内的 21 位皇帝，均葬于关中渭北盆地北缘与高原交界处，故有“关中十八陵”之称。十八陵由西向东绵延数百千米，形成以长安为中心的扇形。十八陵中，大多利用山势穿石成坟，利用自然孤山形成，气势磅礴，且比秦汉一般只高约 40 米的“方上”要壮伟得多。整个陵区范围十分宏大，昭陵和宣宗贞陵周长为 60 千米，超过长安郭城。乾陵次之，周长为 40 千米，相当于长安。其构图宏伟，有内城并设门楼，南门朱雀门之间有长达三、四千米的御道，即“神道”。

唐代帝陵在五代时就大都被盗，仅从文献和试掘结果可知乾陵墓道全长 65 米，宽 3.87 米，填满石条，“其石缝铸铁，以固其中”。现唐代诸陵均未经正式考古发掘，墓下形制仍不明。贵戚王侯的墓则有封土，大致有两种形式：一为覆斗形，一为圆冢。这些仅次于皇帝身份的墓为两层覆斗，自南而北一般是华表1对、石人2对、石狮1对，四周有方形围墙，四角有角墩，正南开门，门两侧连接围墙建土阙，阙外神道左右立石刻。一般太子、公主墓只有单层覆斗，围墙范围较小，石刻中有石羊。而圆冢者相对而言品位较低，墓主是低一级的宗室王公贵戚和大臣，一般没有围墙和石刻。它们均是在露天开挖的斜墓道之北有一连串过洞和“天井”，再以甬道连前后墓室，后墓室偏西，与后甬道的关系呈刀状，在“刀”面部分置刻成房屋状的石阙。在墓道、过洞、“天井”、墓室等壁画和顶面绘有建筑、人物、龙、天体和各种图案的壁画，在石椁上有精美的线刻人物和图案。

唐太宗昭陵工程，是唐朝初期著名的建筑家、画家阎立德设计并且亲自主持的，画家阎立本也参加这次工程的设计。此陵墓建造在海拔1180米的九椤山主峰上，方圆达60千米，占地面积大概共有3万亩。原来地面建筑，山前有献殿、朱雀门、戟门；右前方有下宫；东西有白虎门和青龙门；后面有北阙、寝殿及玄武门。玄宫里面的建筑样式，据五代时盗掘者温韬所见到的，他说，“宫室制度宏丽，不异人间”。在昭陵陵区的周围还有现今已被发现的诸王、公主、宰相、功臣、妃嫔及其他各种大小官吏的陪葬墓167座。陵园修建的面积之大，陪葬墓之多，在历史上是独一无二的。

昭陵最具有艺术价值和具有重要的政治历史意义的雕刻作品便是在北阙左右的14躯诸蕃君长雕像和“六骏”浮雕。

展现精神之美：隋唐时期的寺观建筑

道教的建筑在唐代最多，当时天下道观有1600多所，道观建筑大体遵循中国的宫殿、坛庙的传统，一般是中轴线对称的布局和样式，由山门、供奉神灵的殿堂、斋醮祈禳坛台、讲诵经之室、居住室等几部分构成。规模比佛寺小，可惜至今已无完整的遗迹。在中国唐代的寺观建筑中，佛教建筑尤其壮观。现存最大的唐代佛教建筑是五台山的佛光寺。

佛光寺大殿为中型殿堂，以低平台为基，面阔7间，长34米，深4间，17.66米。“金柱”在殿内围成一圈，即外檐柱以内围了一圈内柱，大致分为以内部空间为中心的“内槽”及周围一圈的“外槽”两部分。金柱之间和左右二列金柱靠后二柱之间有“扇面墙”，所围的面积为佛坛。三十多尊晚唐造像立于上面，屋顶为单檐庑殿式。

佛光寺大殿内槽空间较高，三面围合的扇面墙在平面中心突出了其中心地位。以方格状的“平暗”和竣脚椽倾斜着组成覆斗形仿佛帐顶的天花，明峻梁架坦率地暴露在架下，既作为结构的必需构件，又体现了空间的划分及结构美。梁上十字交叉简单，斗泭承平棋枋和平棋，空档位于平棋之间，空间得以“流通”，显得通透空灵。雄壮的梁架和天花的密集方格突出粗细、重量间的对比。外槽空间侠窄，衬托出内槽，形象间也形成对比，外槽的梁架和天花的处理手法及内槽形成一致，整体感和秩序感很强。这个实例表明，唐代匠师空间美能力已经高度自觉，空间处理技巧相当精湛。

大殿重视建筑与雕塑的和谐，例如内槽富有韵律感的 4 片梁架把内槽空间分成五个小区域，其中各置一组塑像。梁下连续四跳偷心华栱，无横栱，腾出空间搁置塑像。塑像的高度和体积设计精密，使其结合空间设置，考虑了瞻礼者的视线。如人在殿门时，金柱上的阑额恰好能看到佛像背光，左右二金柱也不遮挡此间塑像的完整组群；当人位于金柱一线时，佛顶与人眼的连线属于垂直视野之内，而不需过分抬头。

佛光寺大殿是中国现存最早的木结构殿堂之一，造型精美，格调雄健昂扬，雍容大度，为中国建筑中的精品，同时体现了佛教的博大精深，更是时代风貌的绝妙象征。

唐代典型的塔桥建筑

①唐代独创的楼阁式塔

源于印度的栱堵波塔经汉末至南北朝的融合，已发展成中国形式，并分为两大类型，即楼阁式和密檐式。唐代的砖石造密檐塔是北魏嵩岳寺塔的继承和更趋民族化的产物，此类塔遗存仍多。初唐时还有一种以木结构亭子为借鉴的亭式塔，继承了北朝的塔形，都为单层。现存的也都是石塔，作高僧墓塔用，但实际也应有木结构的。而唐代楼阁式塔实物大都是砖砌仿木结构，是唐代的新创造。

西安的唐慈恩寺大雁塔为楼阁式砖塔的代表。大雁塔始建于 652 年，即高宗永徽三年，原为 5 层，武后长安年中倒塌，又重建为 10 层，后经战争破坏，仅剩现存的 7 层。最外所包砖，是明万历年修缮加砌的，但仍保留了唐代的构图。塔呈正方形，高约 64 米。内部是平面正方的大空间。砖塔表面每层以砖砌出仿木结构的方形壁柱、额枋和柱头上的栌斗。各层有木楼板。柱子分每层塔身为数间，各层四面正中辟圆券门洞，屋檐都是砖叠涩挑出，整体形象简洁、稳定而敦实。

灵光塔位于吉林省长白县梨树沟村，为唐渤海国（689 ~ 926 年）所建的砖塔，方形楼阁式塔，今存 5 层，通高 13 米，由地宫、塔身和塔刹三部分组成。塔身逐层向上内收，各层均有叠涩的塔檐，檐部以平行叠涩与菱角牙子交互砌筑，檐角微翘，凌空舒展。第一层高约 2.8 米，南面设有一个券门，四面镶砌青灰色花纹砖，东西为阴刻莲瓣纹，南北阴刻卷云纹。花纹砖轮廓犹如文字，可以连读为“王立国土”四字。第二至五层砌有方形直棂窗。灵光塔是渤海国的仿唐建筑，是东北地区现存古塔年代最早者，也是渤海国建筑的实例，具有很高的历史价值。

唐代高宗开耀元年（681 年）建造的香积寺塔，在今西安市南郊长安县，是为纪念高僧善道而建的，但并不是善道墓塔。原塔呈方形，共 13 层，现残存 10 层，底层每面宽 9.5 米，较高，二层以上较为低矮。现残存总高 33 米。此塔从底层较高、层檐较密、层数较多来看，都是密檐塔的特点。此塔可以说是介于楼阁式和密檐式之间的形制，透露了密檐式曾从楼阁式获得过某种启发的发展过程，具有重要的史料价值。

②唐代典型的密檐式塔

唐代砖构密檐式塔的代表作品主要有三处：陕西省西安市荐福寺小雁塔、河南省登封县法王寺塔、云南大理崇圣寺千寻塔。

小雁塔位于陕西省西安市南关荐福寺内，原处唐长安城安仁坊，是一座典型的唐代密檐式砖塔。塔建于唐中宗景龙元年（707 年）。平面为空筒方形，度层每面长 11.38 米。原塔层叠十五层密檐，现塔顶残毁，剩十三层檐，残高 43.3 米。塔身五层以下收分极微，六层以上争剧收杀，塔体形成圆和流畅的抛物线轮廓。

崇圣寺千寻塔位于云南省大理市旧城西北苍山应乐峰麓，始建于南诏保和十三年（836 年），高 69.13 米，为 16 层密檐式，平面呈方形。外观优美高雅，每层正面的中部设有佛龛，内置一白色大理石佛像。明人吴鹏《重修崇圣寺记》云：“南中梵刹之胜，在苍山洱水。苍洱之胜，在崇圣一寺。雪峦万仞，镂银洒翠，峙于其后；碧波千顷，蓄黛窣膏，潴于其前。”

这三座塔中，造型比例最好的就是河南省登封县法王寺塔。它高约 40 米，细高的比例约为 1 ∶ 5.7，小于荐福寺塔和崇圣寺塔，再加上其底层较高，基台极低，更增加了挺拔的气势，但又显得不是很细高，它比起千寻塔来要大一些，看起来不像后者那样的过于尖瘦。

③寄居众僧灵魂的禅师塔

唐代的亭式塔大多数都是单层的，一般都是高僧的墓塔，称禅师塔。现存隋唐亭式塔全是由砖石构筑的，其中较为典型的如山东长清灵岩寺惠崇塔、山东省济南市神通寺九顶塔、甘肃永靖炳灵寺石窟第 3 号窟中心塔、河南登封会善寺净藏禅师塔、山西运城泛舟禅师塔、北京房山云居寺小石塔、山西省平顺县海慧院明惠大师塔等。

山东济南市神通寺四门塔周围的九顶塔，造型奇特，它与一般亭式塔的最大区别在于在亭顶建 9 座小塔。全塔八角，现存的塔无塔座，每面弦长 2 米，檐高 6.8 米；塔身上下平分为二段，之间仅以方线划分。下段平而无物，雕砌粗糙，似乎下段外部曾被包砌过；上段磨砖对缝，建筑精细。上段南面开券门能通塔心室，内有一石佛，塔檐挑出。塔顶砌平如台，台上耸立 9 座小塔，中间一座大于周围 8 座，各塔皆为方形三层密檐式，下有莲座。从塔心室石佛像的造型及 9 座小塔的风格来看，大概完成于中晚唐。九顶塔的总体造型与宋、辽、金较为多见的所谓“华塔”比较，亦可认为它是一座早期华塔。此塔造型最有价值之处是其繁简对比和凹弧处理。上部九塔寓意明确，丰富多彩；下部则尽量简化，主要用来映衬上部，对比鲜明。檐下和屋面皆为双曲面，在阳光照射下，光影颇为动人。其“缔构之精巧，他寺不可及”。

山东长清灵岩寺塔

灵岩寺位于济南市长清县的方山之阳，相传高僧朗公曾来此立舍说法，“猛兽归伏，乱石点头”，故称灵岩寺。灵岩寺兴建于北魏，盛于南宋。它与天台国清寺、江陵玉泉寺、南京栖霞寺并称天下寺院“四绝”。灵岩寺塔造型别致，构造精巧，对日本佛塔建筑有很大的影响。

泛舟禅师塔位于山西省运城市报国寺北曲村，塔上刻有“长庆二年”（822 年）

铭文“安邑县报国寺故开法大德泛舟禅师塔铭”。泛舟禅师为唐朝章怀太子李贤的曾孙，贞元九年（793 年）没于报国寺，塔的建立年代有两种说法，一说为贞元九年，一说为长庆二年。此塔为砖积，单层，由塔座、塔身、塔顶三部分组成，塔身与塔顶依次递减。塔身雕有须弥座，壶门内是六角形平面空室，上有藻井，两面有虚窗，并拟有斗拱。塔刹为山形蕉叶，分两层，为覆钵式倒置宝珠形。整个建筑风格雄浑大气中见细密精微处，是唐代单层塔中的重要遗构。

④世界上最古老的石拱桥——安济桥

河北省赵县安济桥建于隋大业年间，即 605 ~ 617 年，为“隋匠李春之迹也”，是当今存留最古老的石拱桥。

安济桥横跨滹水，桥下不通航，故无船只穿行，因此桥孔跨度大但不高。桥南北走向，桥上交通以车马为主，桥面平缓，没有台阶。桥拱券的弧跨达 37.47 米，矢高不到弧跨的 1/5，桥面中部宽 8.51 米。此桥大胆地采用了大跨弓形拱券式，桥下可谓“豁然无楹”，乃世界首创。全桥共由 28 道并列拱券组成，各拱券之间以“铁腰”加以嵌连，券背上又设 5 条横向铁拉杆，两端固定，砌横向伏石层。

桥面呈缓和的凸图弧形，桥头处此弧线又反向微凹曲，极为优美舒展。桥面的圆弧半径大于大券，一张一弛，张者在下，弛者在上，构成有力的承托对比关系。桥面弧线的根据是四个小拱和大拱的拱背标高由中向外逐渐下移的轨迹。大、小拱之间的对比显现了大拱的真实尺度。各拱为强调统一而做法一致，小拱的通透更显出整座桥的空灵。

四、宋辽金时期的建筑

影响深远的城市建筑：宋都东京

北宋东京（开封）是在原北朝故都基础上改建的，是当时世界上最繁华的商业城市。因为它受制于老城的格局，所以城市建设与平地而建的都城是截然不同的。开封城格局有两点对后世影响深远。其中之一是三重城墙的模式。城中央是正方形的皇城，又称大内，城中建有宫殿，四面有宣德门、东华门、西华门、拱宸门。宣德门为正门，也是城市中轴线的起点。皇城的外边是里城，周长 13.5 千米，共有 10 个城门，城内设有衙署、府第、寺观、民居、作坊等。三重城最外边是周长20多千米的罗城，共有水、旱门20个。每重城墙外面都有护城河，用于军事防御。

城市的主要干道以皇城为中心，与各城门相对，形成井字形交通网，共有四条，又称为御路。城中央宣德门外的御路最宽，有的地方足有300米宽，御路旁还有皇帝专用的御道及人行道、绿化带和水沟等。

城内有四条河道，即汴河、蔡河、五丈河、金水河，它们通过护城河相互接通，水路交通十分便利。其中汴河横穿东西，与大运河南北相通，是商业经济与居民生活的主要通道。由于河多，城内外的主要桥梁就有30多座。

北宋的东京不但是全国政治经济中心，也是文化中心，设有太学、国子学、武学、律学、算学、医学等学校，太学是当时全国的最高学府。此外，还有佛寺、道观、祠、庵、院等宗教建筑60余处。

宋朝祠祀建筑的典范：晋祠

晋祠，位于山西省太原市，原来是为纪念周武王次子叔虞而建的祠堂，北宋太平兴国四年（979年）经大修后更名为晋祠，天圣年间又多次修建，并将纪念叔虞的兴安王庙改为纪念叔虞母亲的圣母庙。

迥异于一般规整的纲状布局，山西太原晋祠是一组含园林气息的祠庙建筑。它以圣母殿为祠内建筑主体，按纵轴线依次为大门、水镜台、会仙桥、铁狮子、金人台、对越枋、钟鼓楼、献殿、鱼沼飞梁和圣母殿。建于宋代的有圣母殿、鱼沼飞梁，金代重建的是献殿。沿主轴线横向又有历代翻修或新建的祠庙群，进而形成了庞大的建筑组群。不同于其他一般寺庙，晋祠主轴线上的一组建筑并非由院落围合而成，而是靠建筑本身的位置、间距、体量、形式及附属建筑的交相呼应组合而成：造型古朴的圣母殿作为构图重心，加上姿态秀丽的飞檐，平添了几分神韵。

山西太原晋祠圣母殿内景 北宋

圣母殿是晋祠中最古老、最重要的建筑。殿高 19 米，面宽 7 间，进深 6 间，重檐歇山顶，琉璃瓦剪边，殿前八根廊柱上各雕有一条蟠龙。殿内采用减柱法，使空间更开阔。斗拱用材较大，但和唐朝相比又显得柔和秀丽，这也是宋代建筑的重要特征。圣母殿内现存彩塑 43 尊，特别是侍女雕塑神态逼真，是宋朝雕塑中的精品。

晋祠如今只剩下了圣母殿、塑像、飞梁、献殿等。

晋祠院内还建有祠、庙等多组建筑，形成了历史氛围浓厚的礼制建筑文化。

佛教建筑的变化

①保国寺大殿

保国寺位于今浙江宁波市西，寺内大殿是现存最早的主要建筑，也是江南地区罕见的木构建筑遗存。始建于宋大中祥符六年，面阔 3 间，计 11.91 米；进深 3 间，计 11.35 米。大殿内柱高矮不等，是以拼成的“包镶作”和以大小相同的四块木板榫卯而成的“四段合”的方法建成的。整座寺院继承了唐朝时期的部分风格，这对研究宋代木结构建筑的发展和演变提供了难得的实物资料。

②仅存的楼阁式木塔——佛宫寺释迦塔

佛宫寺在山西省应县城内，原叫宝宫寺。释迦塔建于辽清宁二年（1056 年），是中国现存唯一的楼阁式木塔，也是世界上现存最高的木结构建筑。

释迦塔在佛宫寺的前部中心，前面为山门，后面原建有佛殿，是典型的中心塔式佛寺布局。释迦塔是一座平面正八边形、立面 5 层 6 檐的木结构楼阁式塔，底层直径为 30 米，塔身底层直径为 23.36 米，每上一层收小 1 米，到第五层时直径还有 19.22 米。第五层尖顶屋面上有砖砌的 1.86 米高刹座，座上立铸铁塔刹，高 9.91 米，全塔总高为 67.31 米，显得庄严雄伟。

释迦塔殿堂的结构为“金箱斗底横”形式，这是中国古代特有的结构形式，这种结构的特点是坚实稳固，能非常有效地抗震和防风暴。这也是释迦塔落成 900 多年依然屹立不倒的原因。

释迦塔同山西五台佛光寺大殿、河北蓟县独乐寺观音阁是中国现存古代建筑中三颗璀灿的明珠。

③宋塔的流行

宋朝是我国佛塔建造的盛期。这时期的佛塔已由砖石结构替代了木结构，外观和形式更加多样化，以楼阁式塔形为主的佛塔遍布全国各地，最多也最具代表性的佛塔大多分布在中原黄河流域和南方。

报恩寺塔坐落在苏州城北，又叫北寺塔，建于南宋绍兴年间。塔身9层，总高71.85米，平面呈八角形，现只有砖砌塔身是宋代建造，其他部分都是清末重建的。由外廓、内廓和塔心方室组成。第一层由下到上逐层减小，形成优美的轮廓曲线，塔顶上是金盘式塔刹，重檐复宇，气势宏大，号称“江南第一名塔”。

六和塔位于杭州钱塘江畔的月轮山上，宋开宝元年（968年）始建，后绍兴二十六年（1156年）重建，完工于隆兴元年（1163年）。塔身共7层，总高59.89米，平面呈八角形，现存只有塔心部分为宋代原构，13层木构外檐则为清末重建。各层外观高矮相间，混杂无章，又有臃肿俗丑的体态。1935年，在梁思成先生主持下对六和塔进行复原研究工作，论证严谨，根据充分，所得复原图应属可信。复原后的六和塔第一层的屋顶和副阶屋顶相连合一，是上部诸层的稳定底座。各檐端连线为曲线微膨，饱满劲韧，塔刹高耸。全塔高峻巍峨，亦雅致清丽，此类塔的原有风貌被体现出来。六和塔是杭州城的标志之一。

双塔位于开元寺大殿前东西两侧，东塔称镇国塔，西塔称仁寿塔，两塔分别高48米和44米，平面都是八角形，有5层，塔下基座上刻有莲瓣、力士和佛教故事。塔心石柱与塔壁间设有巨型石柱楼梯，这些大石头每块重约1吨。明朝詹仰庇《咏双塔》云“石塔双飞缥缈间，凌虚顶上结金团”，赞美开元寺双塔的高奇雄伟，壮观华丽，双塔也是泉州城的标志之一。

开元寺塔为11层八角形楼阁式砖塔，总高84米多，是中国现存最高的砖塔，宋至和二年（1055年）建成。底层砌平坐、腰檐，上面各层用砖简单地迭出腰檐。塔壁与塔心之间砌回廊，第四层以上阶梯在塔心作十字交叉。塔身各层开有4门，第二、十、十一层四面开窗，其余各层均为假窗，这样设计都是为了加强砖塔的刚性。

泼祐国寺塔是中国现存最早的琉璃砖塔，因呈铁锈色俗称“铁塔”。塔上构件如柱额、斗拱等都是用各种型砖拼砌而成，装饰性的琉璃砖上雕有飞天、麒麟、降龙等。

宋代砖塔先进的技术，多样的形式结构，大大丰富了中国佛教建筑艺术，标志着中国佛教建筑的逐步成熟。

中国式桥梁的全盛时代

宋代是中国古代桥梁发展的全盛时期。这一时期建造的桥梁长度是前朝没有的，桥梁种类繁多，技术逐渐成熟。

宋代最常见的是石磁梁桥，有些桥至今还在使用，如北宋嘉祐四年峻工的福建泉州市的洛阳桥、南宋宝祐丙辰年造的浙江绍兴的八字桥等。福建省晋江县的安平桥，全长 2070 米，是当时最长的石磁梁桥。

洛阳桥位于福建省泉州市东的洛阳江上，原名叫万安桥。于北宋皇祐五年（1059 年）始建，历经 6 年，到嘉祐四年方竣工，由泉州太守蔡襄倡建。这是中国古代著名的一座梁式石桥，原长约 1000 米、宽约 5 米，有桥墩 46 座，栏杆 500 个，石狮 28 个，石亭 7 座，石塔 9 座，非常宏伟。现桥长 761 米，宽 4.5 米。桥中亭附近有 26 通历代碑刻和“万古安澜”等宋代摩崖石刻。

桥梁结构形式独特的还有江苏苏州市东南的平江宝带桥，这些都是当时运用先进的技术而留下的杰作，使中国桥梁在世界桥梁史上占据了非常重要的地位。

宋代园林建筑

宋代中国传统园林建筑沿着唐代特色持续发展并逐渐成熟，尽管没有了唐朝博大的气魄，但能更广泛地同生活结合起来，这标志着造园艺术的进一步发展。

北宋的首都汴梁和西京洛阳，园林最为兴盛。汴梁城的帝苑就多达 9 处，其中最著名的是宋徽宗时所建的艮岳，艮岳的兴建足足花了 6 年的时间。

大臣贵族的私园遍布汴京内外，总数不下两百处。

南宋建立后，私人园林更是在苏州、杭州、湖州、扬州一带兴盛起来，园主根据自己的想象随心所欲地设计，大大促进了园林建筑的创新。如欧阳修曾仿江船格局，在官署内作“画廊斋”。这些园林建筑充分体现出了四大特色：本于自然又高于自然；建筑与自然美的结合；如诗如画的情趣；清幽蕴藉的意境。总之，两宋时的风景园林已广泛渗入到了城市各阶层的生活，成为当时社会文化生活的重要组成部分。

五、元明时期的建筑

元明时期的城市建筑

①元大都城——城市建设史上的里程碑

元代的大都城，是唐代以来中国规模最大的一座新建城市，明清北京城就是在此基础上改建而成的。

元大都始建于 1267 年，至元二十二年（1285 年）才告完工。它是我国封建社会最接近周礼之制的一座都城。

大都总体布局呈方形，东、西、南三面各 3 门、北面 2 门，为三重城垣。宫城在全城的中轴线上，分前朝和后宫两部分，社稷坛位于皇城以西，太庙在皇城东部，钟鼓楼一带为商业活动区。

元大都城垣遗址

此为“蓟门烟树”，人称燕京八景之一。元大都是我国封建社会最后一座按照预先整体规划平地兴建的都城，也是 13 世纪到 14 世纪世界上最宏伟壮丽的城市之一。其严整的规划布局、建筑的技术、艺术水平都是当时世界上罕见的。

大都城布局严谨，有明确的中轴线，以宫城为中心，南起丽正门，经过广场和灵星门进入皇城、宫城，直达皇城以北位于都城几何中心的中心阁。

元大都的道路系统为方格网状，南北向道路贯穿全城，东西向道路因受中间皇城的阻隔而形成若干丁字街。

元大都城中的水系工程是由元代水利专家郭守敬规划的，主要水系有两条：一条由金水河引水入城与通惠河相通；一条由高梁河引水经通惠河流往城东通州。城市的排水通过城墙下预先构筑的涵洞将废水排出城外。

元大都以其严谨的规划布局，高超的建筑技术使它成为 13 ～ 14 世纪世界上最雄伟壮观的城市之一，也是中国城市建设史上一个重要的里程碑。

②明都城南京城

明太祖朱元璋定都南京后开始营建这座古老的城市。1366 ～ 1386 年在原城基础上建起了外城、府城和皇城。

南京城平面南北长，东西窄，城周长约为 67 千米，城垣高度约 14 米～ 21 米，有城门 13 个，最宏伟壮观的是聚宝门。外城周长 120 千米，都城城墙至今还保留着。皇城位于城东，平面方形，内有宫城即紫禁城。皇城以中轴线为主干，自洪武门至承天门间有大街。宫城内依中轴线建有奉天、华盖、谨身三殿和乾清、坤宁二宫。城中心建有钟楼、鼓楼。鼓楼东南有当时全国最高学府国子监。

南京城的水陆交通十分便利，商业和手工业相当发达。

南京城内各种宗教建筑非常多，如报恩寺、灵谷寺、天宁寺、朝天宫、净觉寺等。

明太祖定都南京后，很快就使南京成为全国政治、经济、文化中心，直到明成祖迁都北京后，南京城还一直保持着其特殊的地位。

③蓬莱水城

蓬莱水城又称备倭城，于明洪武九年建成。它背山临海，地势险要，是明代典型的海防要塞。

蓬莱水城由两大部分组成，一是以小海为中心，建有水门、防波堤、平浪台和灯楼等建筑；二是以水城为主体，建有炮台、敌台和水闸等军事设施。小海位于城的正中，是水城的主体部分，面积有 7 万平方米，是停泊船舰和水师操练的场所。小海北端建有防波堤和平浪台，布局非常科学，水门外即使波涛汹涌，小海内却是风平浪静，小海内深度可以始终保持 3 米以上，船舰能任意出入，不受潮汐影响。

蓬莱水城从选址、规划、设施建设等方面都表现出明代工匠的高超技术，在我国海港建设史上具有重要的地位。

东方最大的宫殿：故宫

明故宫是在元大都宫殿基础上依明朝南京宫殿的格局建造的。从永乐五年（1407 年）至永乐十八年（1420 年）共历时 14 年，征用了二三十万民工和军工，才建成了这规模宏大的宫殿群。

明故宫南北长 960 米，东西宽 750 米，四周砌 10 余米高的城墙，墙外是宽 52 米的护城河。故宫占地 72 万平方米，共有房屋 9000 多间。

故宫有四门，正南为午门，正北为玄武门，正东为东华门，正西为西华门。午门为紫禁城正门，有崇楼5座，以游廊相连，两翼前伸，形如雁翅，俗称五凤楼。午门外为一条石板御道，称天街，与承天门、端门相通。进入午门是一宽敞庭院，庭院正北是皇极门，是明朝皇帝听政之处。故宫的全部建筑可分为外朝和内庭两部分，由午门到皇极门是外朝建筑的开始。

太和、中和、保和三大殿均建于明永乐十八年，清代经过重建和重修。太和殿是举行最隆重庆典的场所，皇帝登基、大婚、册立皇后、命将出征和元旦、冬至、万寿三大节，都在这里行礼庆贺。中和殿是庆典前皇帝休憩处。保和殿在明代是庆典前的皇帝更衣处，清代改为皇帝的赐宴厅和殿试考场。三大殿共同坐落在一个大尺度的工字形三层大台基上，联结成有机的整体。

内庭以乾清宫、交泰殿、坤宁宫为主体，称为后宫，还有养心殿、后花园，是皇帝处理日常政务和居住休息的地方。乾清宫位于谨身殿后，是内庭正殿。正门乾清门，精巧别致，没有外殿的高大宏伟。交泰殿在乾清宫与坤宁宫之间，方形，琉璃瓦盖，四角攒尖顶。宫后苑又称御花园，在坤宁宫北面，占地11700平方米，整个园林建筑格局左右对称，布局紧凑，环境清幽，是皇帝和后妃们嬉戏、游玩的场所。

故宫整个建筑群按中轴线对称分布，层次分明，主体突出，是目前世界上最大的木构建筑群。

元明时期的寺观建筑

①元代佛教建筑的典型——广胜寺

元代实行的宗教信仰平等政策，使各种宗教建筑得到空前的发展。许多规模宏大的寺院平地而起，据统计，当时国内各地共建造寺院达24318所，其中著名的有大天寿万宁寺、大圣寿万安寺、庆寿寺和崇国寺等。

山西省洪洞县的广胜寺是元代佛教建筑的重要代表。

广胜寺包括上寺、下寺两部分。中轴线因受地形限制不是一条直线。上寺的山门、前殿、飞虹塔及毗卢殿都是沿轴线布置的。上寺各殿的支柱布置和木构设计都非常巧妙，前殿中、前、后只有4根金柱，并向左右推移，省掉了8根金柱，使空间更为开阔。下寺由前后两个院落组成，歇山式屋顶，正殿面阔7间，进深4间。大殿也采用了减柱移柱法，省了6根金柱。上部梁架置于横向大内额上，梁架是以斜梁的方法制作的，这也是广胜寺最突出的特色之一。

广胜寺曾于元大德七年（1303 年）重建，明清时多次修复，但始终保留着元代的布局。

②元代道教建筑的典型——永乐宫

道教在元代十分受尊奉，因此当时道观祠庙建筑也很多，如元大都的东岳庙、河北曲阳北岳庙德宁殿和山西洪洞水神庙都是元代著名的道教建筑。其中的典型代表是山西省永济县的永乐宫。

永乐宫的建造于定宗二年（1247 年）开始，直到至正十八年（1358 年）完成，前后共用了 110 年的时间。

永乐宫建筑规模十分宏大，是元代全真教的三大宫观之一。永乐宫沿中轴线建有宫门殿、龙虎殿、三清殿、纯阳殿、重阳殿 5 大殿。其中三清殿最为雄伟壮观，殿中祀奉有三清神像，殿长 28.44 米，宽 15.28 米，全殿仅后部立有 8 根金柱，使空间宽敞开阔。龙虎殿又称无极门，造型非常罕见。纯阳殿又称混成殿，内置吕洞宾像。最后是重阳殿，也叫七真殿，是为纪念全真祖师爷王重阳和他的弟子而建的。宫门是清代后改建的，已没有了元代的建筑风格。

永乐宫各殿中共绘有 960 平方米的巨幅壁画。题材丰富，场面恢弘，是中国古代壁画中的精品佳作。

元明时期的陵墓建筑

①明孝陵

明孝陵为明朝开国皇帝朱元璋的陵墓，位于南京紫金山南麓独龙阜玩珠峰下，洪武十四年（1381 年）开始营建，朱元璋亲自参与了整个陵区的规划和建设。历时三年，于洪武十六年（1383 年）落成。

明孝陵分为前后两部分，前为神道部分，后为陵园主体部分。孝陵神道长 800 米，两旁石像分列，颇为壮观。前半段两侧立石兽 6 种 12 对，依次是：狮、獬、骆驼、象、麒麟、马，每种 4 只，两立两卧。石兽尽端立石望柱（也称华表）一对，雕有云龙花纹。从这里，神道开始折向北方，两侧立着两对武将、两对文臣。孝陵石人、石兽均为整块石料雕凿而成，体量高大，生动粗犷，是明代皇陵石刻中的经典之作。

陵园主体部分成纵轴对称，前后共分为 3 个院落。前院院内两侧是祭祀时使用的神厨和神库。它后部的明间台阶呈纳陛形退入到了台基内中院。后部有隆恩殿，殿前两侧有廊庑，是举行祭祀活动的地方。后院是方城明楼和宝顶，是休息的场所。

明孝陵的神道、祭享区和内宫区三殿式布置方式成为后来北京明十三陵的样板，只不过是明十三陵的神道合而为一，由十三座皇帝陵共用。明孝陵还改变了秦、汉、宋帝陵的“方上”形式，采用“方城宝顶”的形式，开创了明代帝陵布局的新规制，明成祖的长陵及历代的明陵，均以孝陵格局为基本规式，清代帝陵也采用“方城宝顶”形式。可以说，孝陵开创了明清帝王陵寝建筑形制的先河，孝陵成为中国陵寝建筑制度发展史上的一个转折点，有很高的陵墓建筑文化价值。

②中国古代陵墓群的突出代表——明十三陵

明十三陵即明朝 13 个皇帝陵墓的总称，位于北京城北 45 千米的昌平县天寿山下。

十三陵始建于永乐七年，直至清初才最后竣工。明朝共历经 14 个皇帝，除景帝朱祁钰葬在金山外，其余 13 帝均葬在此地。包括长陵（成祖朱棣）、献陵（仁宗朱高炽）、景陵（宣宗朱瞻基）、裕陵（英宗朱祁镇）、茂陵（宪宗朱见深）、泰陵（孝宗朱祐樘）、康陵（武宗朱厚照）、永陵（世宗朱厚熜）、昭陵（穆宗朱载垕）、定陵（神宗朱翊钧）、庆陵（光宗朱常洛）、德陵（熹宗朱由校）、思陵（思宗朱由检）13 位帝王、23 个皇后及众多的妃嫔、太子、公主、从葬宫女的陵墓，占地总面积达 40 平方千米。

中国其他各代的帝陵没有一个形成统一陵区的，只有明十三陵是这样，它也是中国古代整体性最强、最善于利用地形的陵墓群。

元明时期的礼制与祠祀建筑

①“天人合一”思想的杰作——天坛

北京天坛位于正阳门外东侧，沿北京城中轴线与先农坛东西相对。建于明成祖永乐十八年（1420 年），整个建筑群占地 280 公顷，由内外两重围墙环绕，正门朝西，内外墙的南面为方角，北面为圆角，象征“天圆地方”。

整个天坛建筑群分为 4 组：祭天的圜丘及附属建筑，祈年殿及附属建筑，斋宿处斋宫，祭祀牲畜的牺牲所和乐舞人员居住的神乐署。圜丘是一个用汉白玉砌成的 3 层圆形石台，坛中心铺圆石一块，外圈用石块圈成 9 环，每一环的石块数为 9 的倍数。祈年殿为一圆形平面大殿，位于天坛中轴线北，高 38 米，大殿内外用木柱支起，内部用 4 根木柱，鎏金顶，屋面为三重蓝色琉璃瓦，装饰华贵绚丽。

天坛的总体格局生动地体现出崇高、神圣和“天人合一”的思想，再现了古代工匠高超的建筑技术和科学的艺术构想。

②太庙

太庙是祭祀祖先的地方，也是城市规划建设中必不可少的组成部分。

明代北京太庙是模仿南京太庙而建，建于明永乐十八年，占地约 16.5 万平方米。太庙围墙共有 3 重，层层环绕，均为黄琉璃瓦墙顶，红墙身。南部正中建一戟门，门外列有 120 杆戟为仪仗，进入戟门即为正殿，是太庙的主建筑，共 9 间，是皇帝祭祖行礼的地方。正殿的柱、枋均为沉香木，连内壁上也以沉香木粉涂饰。大殿建在 3 层汉白石台基上，雄伟壮观。寝殿在正殿之后，面阔 9 间，供奉皇帝祖先灵牌。最后是祧庙，与寝殿一墙之隔，供奉着皇帝远祖。

明代园林建筑的杰出代表：苏州园林

明代私家园林的建造有了大规模的发展，特别是明朝中期以后，私家园林大肆兴建，形成中国私家园林建造的全盛时期。其中尤以苏州建园最为兴盛，为全国之最。

苏州园林大都以山、水、泉、石为骨架，再以花、草、树、木为衬托，以亭、台、楼、榭为点缀，形成各自不同的风格和特色。

这些园林佳作使苏州园林在中国园林建筑史上具有很强的代表性，占据了非常重要的地位。

苏州的私家园林中，著名的有拙政园、留园、狮子林和沧浪亭，并称为苏州四大名园。

①拙政园

拙政园始建于明朝中叶，位于苏州市东北侧，以水景为主，山明水秀，亭榭精美，整个园分东区、中区和西区三部分。中部为园的主景，园以水为中心，所有建筑几乎全部临水，景物层次多样而又深远，屋宇辽阔疏朗。此外，还有远香堂、南轩、澄观楼、浮翠阁、宜两亭、见山楼、枇杷园、玲珑馆等楼阁轩榭环池而筑，其间连以漏窗、回廊，园内的山石、古木、绿竹、花卉组成了一幅幽远宁静的画面，这代表了明代园林的建筑风格。

②留园

留园位于苏州市阊门外，俗称刘园，占地约30亩。此园经过多次修整，现大致分中区、东区、西区、北区四部分。园内的空间被建筑物划分成各部，各建筑物上设有多种可沟通各部景色的门窗，使人在室内观看室外景物时，能看到以山水花木构成的各种画面，扩大了视觉空间。中部为池塘，并有明瑟楼、凉台、小蓬莱等山石楼阁环水而建。而著名的佳晴喜雨快雪之亭、林泉耆硕之馆、还我读书处等十数处斋、轩则位于园之东部。西部漫山枫林绕以清溪。

六、清代的建筑

盛极一时的北京四合院

清朝民居建筑丰富多彩，形成了特有的民居文化。这些民居按布局分成庭院式、窑洞式、干栏式民居等七类。庭院式民居中以合院为主，而合院式民居中又以北京的四合院最为典型。

北京四合院由三进院组成，每一进院落里又有东西厢房，正厅房两侧有耳房。院落周围有穿山游廊和抄手游廊，东南角开大门。四合院各房的使用一般按长幼、内外、贵贱等级来安排，每间房都有固定的作用。

清朝满族人入关后很快接受了这种民居形式，使四合院在清朝盛极一时。甚至还传到了满族的发源地——吉林。现在吉林很多地方的民居都还是四合院。

北京四合院在清朝达到极盛，对当时以及以后的民居建筑都产生了极大的影响，成为汉族民居建筑。

中国园林建筑艺术的顶峰

①清代“万园之园”——圆明园

清代是中国园林建筑艺术的最后顶盛时期，这时期的园林形式不一，内容丰富，具有极强的艺术创造性。其中乾隆九年（1744年）建成的圆明园更是被世人誉为“万园之园”。圆明园位于北京西北郊，是圆明园、长春园和绮春园的合称。

圆明园是三园当中规模最大的一个，清康熙四十八年（1709年）赐给皇四子胤禛。雍正登基后将它扩建为离宫御苑。乾隆时再次扩建，以北方园林传统艺术为基础，融入了江南园林的艺术精华，把圆明园建成了一座具有极高艺术水平的大型皇家园林。圆明园以宫殿区为中心，有近百座建筑散落在河湖周围。

圆明园大水法遗址

长春园位于圆明园东侧，建于乾隆十四年（1749 年），园内湖堤交错，周围建有倩园、茹园等 30 处景点。长春园还有一个非常有特色的景点，那就是北墙内东西地带上建有 6 座欧洲巴洛克风格的古建筑，这一景点也被称为西洋楼。

绮春园是由长春园南部的几个小园合并而成的，又叫万春园。嘉庆十四年（1809 年）建成绮春园大宫门。园内有著名的绮春 30 景。

圆明园全部是由人工建造的，其最大的特色就是水多，约占园面积的 1/2 以上。河道成了联系全园的纽带，河中的假山、岛屿等构成了多变的山水景观。遗憾的是，咸丰十年（1860 年）英法联军攻占北京，圆明园惨遭抢掠破坏，全部建筑毁于一旦，这也是我们人类文化遗产的一个重大损失。

②享誉中外的颐和园

享誉中外的北京颐和园又叫清漪园，清代光绪二十一年（1895 年）落成。它位于北京西北郊，是中国皇家园林的代表之一，也是保留至今最完整的一座皇家园林。

颐和园占地 4000 多亩，是慈禧居住和理政的场所。全园由万寿山、昆明湖、苏州街等组成，各式的宫殿园林建筑 3000 余间，可分为勤政、居住、游览三个区域。主要景物如佛香阁、排云殿、德和园大戏楼等均是清末木构建筑的代表作。其园林布局，尤以西山玉泉山群峰为借景，使空间得以扩展，气魄宏伟，手法巧妙，为我国园林艺术中讲求“虽由人作，宛自天开”的典范，集我国造园艺术之大成。园中阁耸廊回，山清水秀。

佛香阁在万寿山前山，为颐和园标志。共有八面三层四重檐，高 41 米，下面的石台基有20米高，气势宏伟，是全园的中心建筑。清乾隆时本想在此筑9层延寿塔，至第八层时“奉旨停修”，改建佛香阁。咸丰十年遭英法联军毁坏，光绪时在原址依样重建，供奉佛像。从佛香阁上可以俯瞰整个昆明湖。昆明湖上有一西堤，湖中有三岛，是模仿杭州西湖建造的。

苏州街俗称“宫市”，这是中国古代“宫市”的唯一孤本，和它山上规模宏大的四部洲寺庙形成“以庙带市”的民间商业模式。

颐和园后山后湖区与前湖景色迥然不同，湖面曲折狭长，给人身处深山峡谷之感。后山后湖边还有一些很有特色的建筑，如谐趣园、霁清轩，其中具有江南园林特色的谐趣园又被誉为是“园中之园”，非常精致。

颐和园作为大型皇家园林，不但为我国留下了宝贵的自然文化遗产，而且也集中体现了中国古代在园林建筑艺术方面的卓越成就。

承德避暑山庄

承德避暑山庄始建于康熙四十二年（1703年），至康熙四十七年（1708年）初步建成。原称热河行宫，康熙五十年（1711年），康熙亲笔题名为避暑山庄，也叫承德离宫。它也是康熙处理政务、举行各种大典、接见臣工的场所，是清朝又一个政治中心。承德避暑山庄由宫殿区和苑景区两大部分组成，总面积为564万平方米。整个山庄的南部为宫殿区，有正宫、松鹤斋、万壑松风、东宫四组建筑，是皇帝处理朝政和居住的地方。苑景区又可分为湖区、平原区和山区三部分。

避暑山庄全貌图

避暑山庄是我国现存最大的皇家园林，它始建于康熙四十二年（1703年），经康、乾两朝前后89年的经营和增建，形成今日的巨大规模，它堪称皇家园林的颠峰之作。避暑山庄的建筑汲取了北方和南方建筑的精华，既体现了皇家的豪华气派，又将依山临水与自然契合的思想完全地表现了出来。

清代皇帝在山庄南部的宫区处理日常政务和居住，这一景点由正宫、松鹤斋、万壑松风和东宫四组建筑组成。宫殿青砖素瓦，参天古松环绕在其四周，与北京故宫的庄严豪华形成鲜明对照，“澹泊敬诚”、“四知书屋”、“烟波致爽”、“云山胜地”等宫殿是其主要建筑。

湖区在宫区以北，此处湖光变幻，亭榭掩映，洲岛错落，花木葱茏，完全是一派江南景色。月色江声、青莲岛、如意洲、金山、清舒山馆、戒得堂、文园狮子林等10来个大小不同、形状各异的洲岛分布在湖面上，以桥、堤将这些小岛连接起来。

平原区位于湖区以北，当年此处碧草无边，野兽奔走，大有边塞牧区景色。著名的万树园，曾经是当年的赛马场。

避暑山庄建成后，康熙皇帝每年都会在此住上半年。因为满族是我国的北方民族，秋冬畏寒、春夏避暑是北方民族一贯的生活习惯，康熙皇帝两地移居也是满族生活习俗的体现。

篆　刻

一、篆刻

印章的产生和发展

在殷墟出土的文物中曾发现三枚颇似印章的东西，虽然不能确定它们的实际用途，但它们所显示的书法与镌刻的良好技巧却是一目了然的。《周礼》中提到“货贿用玺节”，从经济生活的角度说明了玺印的取信作用。所以，我们可以说，印章至迟产生于春秋战国时期。

①周秦的古鉨印

古鉨是发现最晚而历史最古老的印章。经考证，它大抵出现于战国时期。古鉨之中占绝大多数的是私鉨，即非官用的，仅作为私人交往而使用的信物。古鉨的书体采用的是战国时期流行于各国的大篆，或称“籀书”，与当时的钟鼎彝器上的铭文相近。制印的材料，多为铜、银、玉、石。制印的方法，或铸或凿。当时尚无“印”和“章”等后世所使用的名称，无论官、私、尊、卑，一概称“鉨”。当时的印章较后代为小，多不出方寸。官印雄健挺拔，布局自然合理，绝无做作之态；小鉨印文清丽，整齐舒适。朱、白文皆有，朱文宽边细文，白文则多有边框，中间加横画竖界作田、日、ⅢⅢ等格式。印形变化繁杂，或方或圆，或作联珠形式——一印多体，各呈方、圆、三角等形状。

到了秦代，秦始皇对混乱的六国文字进行了统一，制定了秦篆，也称“小篆”。秦印所采用的文字就是小篆。同时规定，只有皇帝的印章才可称为玺，臣民的则一律称“印”，“印”字出现于印章之中，也首见于秦朝。战国古鉨多出自铸造，而秦代以凿印居多，且多为白文。格式多作方形，以田字格将印文平均分布在印面内，在章法上则显示出虚实、疏密之间的合理安排。还有一种称为“半通印”的低级官吏的印章，为正方形官印的一半，成长方形，多采用日形边框，将印文一分为二，或平均布局，或以字画多少来分配占地的多少，自然有致。

②汉魏六朝的印章

汉代是中国印章艺术空前发达的时期。汉印书体以秦篆为基础，但对篆法作了明显的改变，结体方中寓圆，庄重秀美，布局平正稳重，朴厚明朗。汉印以铜质铸造为多，也有银等印质。印文亦以白文为主，朱文则到魏晋以后才开始多见，且多不采用前代印章所常见的边框。汉印种类比前代更为丰富，出现了多面印、套印、子母印、穿带印、带钩印、回文印、朱白相间印等不同的格式，表字印、臣妾印、书简印、吉语印、图案姓名印、尚形印、总印、巨印等新的种类。

魏晋时期的印章，论精致虽逊于汉印，但却别具风格，印文多瘦挺，章法自然随意，错落有致。有些印章则采用一种称作“悬针篆”的字体，竖笔都引长下垂，末端尖细，形若悬针，故名“悬针篆”，在六面印中最常见。

印章进入艺术殿堂

①丰富多彩的唐代印章

同以前相比，唐代印章出现了几个明显的变化。一是印章开始加大；二是书体的变化，虽仍沿用篆体，但多作迂曲折叠之状，这种情况到宋、金、元、明时愈演愈烈，被称为“九叠文”，官印使用这种书体的最多；三是印文的书体开始扩大，间或有隶书、楷书入印的；四是印章的种类有了增加，出现了斋馆印、词句印或别号印；五是

宋花押

印章出现了艺术化倾向，词句印、斋馆收藏印已减弱或不再具备取信的功能，而突出了艺术鉴赏价值。也正是从这时起，印章开始逐步走入纯艺术的领域。

从唐代开始，印章从作为权力的象征和取信的凭证而逐渐进入文人、士大夫阶层的文化生活之中，开始用于书画的收藏和作为赏玩的艺术品。此外，它还直接促使篆刻成为一门独立的艺术，并极大地繁荣起来。

②花押印

宋代还出现了一种新式印章，叫“花押印”。此类印章或是刻花押姓名，或是上刻楷书姓氏、下刻花押，其目的在于使人难以摹仿。花押印到了元代益发盛行，且蒙古人多不通汉篆，故有人完全采用蒙文代替花押入印，也算是别具一格。

至于印章的名称，唐代天子印玺也称“宝”，宋、元至清，也沿其制而玺、宝两名并用，在唐代和宋代的官、私印章中，也有称“记”或“朱记”的。在明代的长方形铜印上，常见“官防”字样，清代印中也可见此名称。此外，在南宋及金所发行的纸币上，都采用一种称为“合同”的印章。

印章流派

①“皖派”

自明代中叶以来，私印的篆刻逐渐成为一门独立的艺术，揭开了中华篆刻艺术史上最为绚丽多彩的一页。

相传，元末画家王冕首创用青田花乳石刻印，这种印质地柔腻，易于镌刻，并能理想地表现书法的艺术效果和镌刻技巧，这就化解了以往用金属、玉、石或牙、角等印质刻治艰难的问题。同时，随着碑版、钟器等文物的出土和日渐丰富以及玺印的搜集和传播，促成了文人中间“金石癖”的滋长和金石学的盛行，从而激发了文人阶层鉴赏和篆刻印章的极大热情和兴趣。

明代的文彭号称流派印章史的开山鼻祖，其弟子何震则创立了第一个印章流派——“皖派”。文、何二人，皆以涩刀仿汉印，主张师法秦、汉，力纠唐宋以来呆滞做作的积弊，开辟了印章艺术的正确道路，在理论和实践上都给后人留下了积极的影响。文彭的作品具苍劲古朴之气，何震的风格则自然生动、痛快淋漓。“皖派”代表人物还有苏宣、程邃、巴慰祖、胡唐、汪肇龙、董洵、王声等。他们都善于从秦、汉印章中汲取营养，并富有创新精神；风格或端庄凝重、朴茂淳厚，或工整秀丽、自然巧妙。

②“浙派”

继皖派之后而异军突起、另创门户的是清代浙江杭州人丁敬，他注重对秦、汉以后历代印章长处的兼收并蓄，而形成清刚朴茂、苍劲生拙的艺术风格，开创了新的艺术派别——“浙派”。其后继者有黄易、奚冈、蒋仁、陈豫钟、陈鸿寿、钱松、赵之琛及胡唐等，他们远追秦汉，近师丁敬，而能自成一体，俱臻佳境。若论所长，黄易遒劲、奚冈清隽、蒋仁古秀、陈豫钟工整有致、陈鸿寿雄健恣肆、钱松苍莽浑厚、赵之琛精致媚巧、胡唐则苍劲润泽。

邓石如是继丁敬之后的又一位篆刻大师。他将石鼓文、汉碑篆额及六朝碑版的体势笔意熔于一炉，在篆刻中力求提高印章的书法艺术效果，并创造出多姿多彩、富于变化的艺术风格。后人将他和他的后继者称为“邓派”。邓派的另一位大家是吴熙载，他先法汉印，后师邓石如，一生刻印万余方，功力深湛，风格稳健凝炼、舒展自如，与邓石如各擅胜场，并称“邓吴”。

此外还有一个小流派，称为“闽派”，相传为清代莆田人宋珏所创，继之者有练元素、薛铨、蓝涟等。

③近现代印章大家

流派印章艺术发展到19世纪中叶，又涌现出赵之谦、吴昌硕和黄士陵等几位大家。赵之谦治印取材广泛，风格多样，这得益于他的金石学的深厚功底，其风格貌拙气盛，浑厚天真，颇有超出古人之处。黄士陵擅长汉瓦当文字与三代铜器铭文，师法邓石如、吴熙载和赵之谦，章法奇特，形散神凝，平中寓奇，拙中含巧，艺术个性很强。

在篆刻上，赵之谦30岁前学浙派，之后学皖派并直接研究汉玺印，广开取资，涉猎权量诏版、泉布镜铭、瓦当石碣、汉传封泥等，凡能为其篆刻服务的无不吸收，为己所用。他开创了以北魏书体刻朱文款识、以汉画像入款的新风，实现了他“为六百年来摹印家立一门户”的抱负。他的创新实践，影响和启迪了近代的吴昌硕、齐白石等大师。吴昌硕对他的篆刻深表敬佩，评论道：“悲庵先生书不读秦汉以下，且深通古籀，而瓦甓文字烂熟胸中，故其凿印奇肆跌宕，浙派为之一变可宝也。”他的印谱有《赵㧑叔印谱》、《悲盦印谱》等。赵之谦在篆刻史上的创新精神极为难能可贵。

吴昌硕的篆刻较之书法、绘画更为著名，是“吴派”的创始人。他的篆刻自然苍劲浑厚，富于古拙之趣。他被人称为篆刻艺术的一代宗师。自吴昌硕之后只有齐白石有所突破。有人作诗称赞吴昌硕的篆刻说：“灿如繁星点秋汉，媚如新月藏松梦；健比悬崖猿附木，矫同大海龙腾梭。使刀为笔征曲屈，方圆邪直无差讹；怪哉拳口方寸地，能令万象皆森罗！”而且吴昌硕作为西泠印社的第一任社长，在 20 世纪前期的中国印坛有着盟主的地位，故学习或受其印风影响的篆刻家很多。其中赵石、邓散木、赵云壑、钱瘦铁、陈师曾、陈半丁、齐白石、来楚生、沙孟海均为一代俊彦。近代篆刻大师齐白石，广学博取，富有大胆创新的精神。他运刀如笔，一挥而就，不假装饰。笔势痛快淋漓，纵横排列，风格独特。

二、文房四宝

文房四宝也叫“文房四士”，为笔、墨、纸、砚的统称。笔：秦代蒙恬为造笔之祖，现以浙江善琏乡出产的湖笔为代表。墨：以徽墨最为著名。分松烟、油烟、漆烟三类，松烟墨无光泽，油烟墨、漆烟墨有光泽；作画多用油烟墨。纸：宣纸以安徽泾县所造较为著名，生宣适宜书法和作水墨画，熟宣适宜作工笔画。砚：以石质细腻，易发墨、不损笔毛为佳，歙砚、端砚为上品。

在距今五六千年的新时器时代的彩陶器上，已有毛笔画的花纹。其后，殷代甲骨、春秋绢本上都有笔写的文字。战国毛笔更有实物出土，而且制笔方法不断出新，由用墨的实心笔发展到无心的散毫笔，含墨多了，更好用，可写更多的字。常用的笔有软硬两种，古代以“兔毫”、“狼毫”为正宗，自清嘉庆、道光年以来，羊毫软笔大行。笔的质量关键在笔毫，笔毫具备“尖、齐、圆、健”四个条件的才算好笔。墨的起源不晚于殷商时代。古人磨木炭当墨，其后用石墨，又渐加入胶质。到唐代，墨色皆极黝黑，制品也很出色。好墨的标准，一般为“烟细、胶轻、色黑”。纸的制造，传说始于东汉蔡伦。其实，早在西汉初年，已有幡纸代替竹简、缣帛在使用。只是到了东汉，造纸技术进一步改进，纸的质量更高。其后，精益求精，品种繁多，但分类不外乎熟纸、生纸、半熟纸三种，写字作画各有所宜，就一般

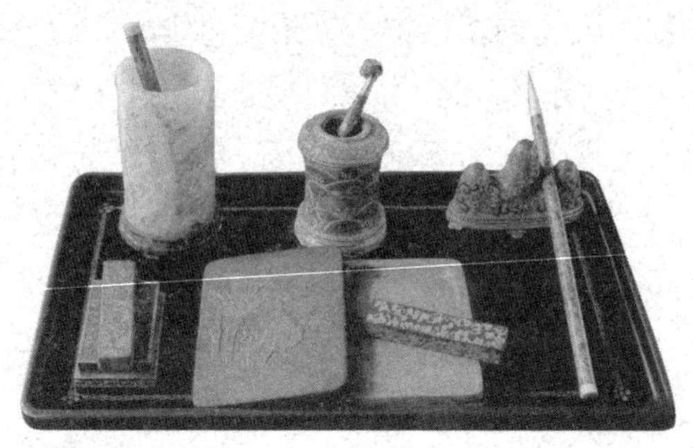
文房四宝 清

而论，熟纸、半熟纸总比生纸好用。砚是何时由何人发明的，已经无法考证了。今天能见到的最古老的实物，是仰韶文化时期姜寨遗址中发现的一块石砚。它有砚盖，有磨扦，砚心微凹，与汉代石砚极为相似。砚弯有陶质的水盂，还有 5 块黑色颜料。在遗址中，人们也发现了水和墨。毫无疑问，砚诞生于 5000 年前的新石器时代。汉代以后，砚的花样便有很多翻新。从材料方面看，不仅有石砚、瓦砚，而且也出现了玉砚、陶砚、漆砚和青铜砚等。它们的形状或方形或圆形，或山形或龟形，有的还带有三足。

歙砚历来是文人墨客推崇的砚台之一，出现于唐代，别名龙尾砚，因取石于古代歙州龙尾山（今属江西省婺源县）而得名。歙砚质地致密细腻，孔隙少，不会损坏毛笔，而且砚石中含有颗粒均匀分布的云母，使砚石具有“细中有锋，柔中有刚”的特点。歙石石质优良，莹润细密，有“坚、润、柔、健、细、腻、洁、美”八德。它嫩而坚，润而不滑，扣之有声，抚之若肤，磨之如锋，比较适于发墨。并且歙砚的纹理灿烂，色如碧天，长久使用，砚上的残墨陈垢入水一洗，就变得莹洁光润，焕然一新。

端砚出自广东，都有很多名目。

其实，好砚不只出于江西、广东这两地，还有许多地方出产。所以，选砚不必拘泥于名牌，以方形稍大、质料坚细、凹深藏墨、有盖防尘者为好。

第四章

科　技

科　技

一、先秦时期的科技

算筹的使用

算筹，是中国古代的一种计算工具。它是一种特殊的小棍，横截面呈圆形、方形或三角形，用木、骨、竹等材料制成。

早在春秋战国时期，算筹在中国已经普遍使用。春秋时的《孙子算经》，最早记录了算筹记数的规则。要表示数目，算筹有纵、横两种方式，从而十分明确地体现了十进位制记数法，充分显示了中国古代数学的辉煌成就。从《九章算术》的记载中可以看出，中国早在公元前 6 世纪就有了九九乘法表和分数。

到了秦汉时期，算筹有了进一步发展，对它的长短、粗细都有明确的规定。

哈雷彗星的首次记载

中国古代的天文学非常发达，对彗星的出没有着长期、精确的记录。早在春秋时期的鲁文公十四年（公元前 613 年），中国就留下了世界上关于哈雷彗星的最早记录。根据《春秋》一书的记载，这一年秋七月，哈雷彗星进入了北斗。西方则迟至 1 世纪才留下了有关哈雷彗星的记录。此后，从秦王嬴政七年（公元前 240 年）到清朝宣统二年（1910 年），哈雷彗星 29 次回归，中国都有完整的记录（也有一说，共记录了 31 次）。这些记录为我们今天研究哈雷彗星提供了宝贵的资料。

扁鹊

扁鹊姓秦，名越人，战国时期齐国的名医。他年轻时跟随当时的名医长桑君学习医术。学成后不辞辛苦，周游列国行医，治好了许多疑难杂症。后来当他在秦国行医时，被秦国的医官李醯派人杀害。扁鹊大胆地挑战当时社会上流行的巫术可以治病的观念，不断地用高超的医术来揭穿巫术把戏，为使医学摆脱巫术迷信、走上科学的发展道路做出了卓越的贡献。他首创了中医望、闻、问、切的四大诊法，形成了一个比较完整的科学诊断体系。把中药制成丸、散、膏、丹、汤剂等品类也是他的创造。他是我国中医发展史上一位承前启后的重要医学家，为我国传统中医学的发展奠定了基础，人们把他比作传说中黄帝时代的神医扁鹊，后来的中医都尊他为祖师。扁鹊的医学理论，被后人整理成一部医书，名叫《难经》，是中医学的宝贵文献。

发明家鲁班

鲁班，本名公输般或公输班，生活在春秋战国之际。因为他是鲁国人，所以人们又称他为鲁班。《战国策》、《墨子》和《礼记》对他的事迹都有记载。

鲁班出身于一个工匠世家，从年轻时起就跟随家人参加土建劳动，积累了丰富的土木工程的经验。在长期的实践中，他留下了许多种发明创造。在兵器方面，他发明了攻城的“云梯”和水战用的“钩拒”，在建筑方面发明了立体石质九州地图，在机械器具方面发明了机动的木马车、只有用钥匙才能打开的锁等。他最为人们称道的是在木工方面的成就。他发明的曲尺、墨斗、刨子、锯子、凿子、铲子等木工工具，将当时的工匠从原始繁重的劳动中解放出来，大大地提高了工作效率，同时也将木匠工艺提升到了一个很高的水平。在此后的两千多年里，他一直被奉为木工始祖。

《甘石星经》

甘德，战国时齐国人，先秦时期我国杰出的天文学家。他对恒星作了长期细致的观测，编制了世界上最古老的星表，从而对全天恒星的分布位置等予以定性的描述。甘德还建立了行星会合周期的概念，并且测得了木星、金星和水星的比较准确的会合周期值。虽然由于时代条件的限制，他的这些认识还相对比较粗疏，但这些开拓却为后世传统的行星位置计算法奠定了坚实的基础。甘德对木星的观测尤为精细，在还没有望远镜的公元前 4

世纪中叶，甘德仅凭肉眼就发现了木星的卫星木卫二，比伽利略早了近两千年，这是天文学史上的一个奇迹。他著有关于木星的专著《岁星经》。

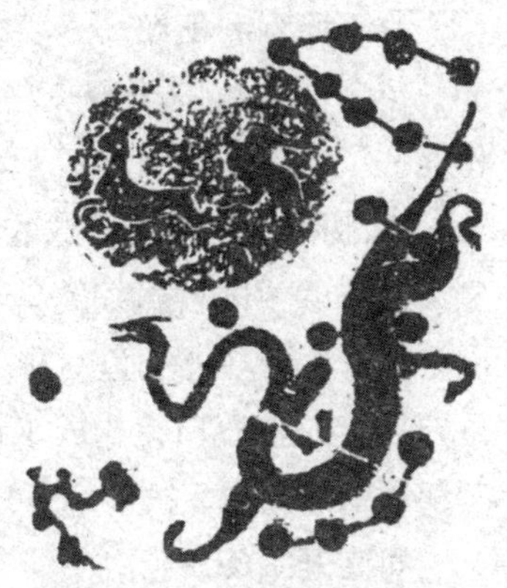
北斗与二十八宿苍龙星座

石申，战国中期大梁人，是先秦时期与甘德齐名的天文学家。他与甘德和商朝的巫咸，是中国最早编制星表的天文学家，也是世界方位天文学的始祖。和甘德一样，他也对恒星进行了系统的观测，比欧洲的阿里斯拉鲁斯与铁木查理斯早了60多年。他原著有《天文》八卷，其中测定的恒星有138座，共800颗。后人把这部著作和甘德的《岁星经》编在一起，称为《甘石星经》。由于石申对天文学的研究所做出的杰出贡献，他在世界天文史上占有特殊而重要的地位，在月球背面的环形山中，就有一座以他的名字命名。

《甘石星经》由甘德和石申共同完成。他们二人在书中精密地记录了黄道附近120颗恒星的位置及其与北极的距离，这是世界上最古老的恒星表，比欧洲第一个恒星表——希腊伊巴谷的恒星表早约200年。书中二十八宿用“距离”（即赤经差）和“去极度”（赤纬的余弧）刻画，其余星用“入宿度”和“去极度”刻画，这也就是赤道座标系。这一类星表把分为365又1/4，与四分历相合。

《甘石星经》对行星速度也有精密的测量计算，其后星系体系更为全面，影响深远。

郑国渠的建成

郑国渠是秦代建造的一项水利灌溉工程。它是秦王政元年（公元前246年）开始建造的。建造郑国渠的原因是秦国受韩国的游说，其目的是为了使秦国的国力被消耗掉。当时秦国接受了韩国的建议，让郑国负责这项工程的建设。

全长300多里的郑国渠，起自瓠口，引泾水到大荔东南，然后注入洛水，充分利用了地形环境，从而达到灌溉的效果。它的建成，可使4万余顷田地得益，并且大大地改善了盐碱地的土质。为此，关中土地更加肥沃。

都江堰水利枢纽

位于四川境内横跨长江两岸的都江堰，是中国古代伟大的水利建筑工程之一。它建于秦昭王五十六年，工程主事者是当时的蜀郡郡守李冰。

李冰经过认真而细致的实地勘查，把都江堰选址于灌县。由于水流湍急，他采取了以竹篾编笼装石沉底的方式，从而保证了堰基的牢固与坚实。以分水为主要功能的鱼嘴和以溢流排沙为主要功能的飞沙堰，以及以引水为主要功能的宝瓶口，构成了都江堰完整而高效的工程体系。时隔两千多年，都江堰依然造福人民。

司南开始使用

《管子·地数》认为，地上有磁石的地方，地下有铜金矿藏。这是世界上关于磁石的最早记录之一。到战国末年，人们已知磁铁吸铁的磁性作用。《吕氏春秋·精通》已记磁石对铁有吸引力的现象。利用其指极性，人们发明了确定方位和南北的仪器——司南。司南形如汤匙，用磁石做成，底圆而滑，置于刻有方位之铜盘上，使用时，转动勺把，待其静止时，勺把指向南方。司南是世界上最早的指南仪器，后来发展成为指南针。

司南模型

《黄帝内经》

《黄帝内经》简称《内经》，是我国最早全面阐述中医学的名著，约出现于战国末期。

《黄帝内经》这一名称常常分别冠于《素问》、《灵枢》、《太素》、《明堂》四本书标题前。自北宋以后它常作为前两部分的总称，在这种用法上，它常缩写为《内经》。《黄帝内经》由黄帝与同样具有传说色彩的六大臣之间的对话组成。尽管最著名的部分是黄帝提问，由岐伯作答，但在其他部分这些大臣也参加谈话。全书中他们对宇宙、人们生活的直接的环境与人体、情绪之间的关系、对生活习惯与健康之间的关系、对体内各脏器之间的关系、对生命过程与病理过程之间的关系、对于病症与症状之间的关系以及对如何通过对所有这些的分析而做出诊断与医疗决定都提供了见解。

6世纪全元起首次对《素问》作全面注释，当时第7卷早佚，故只有8卷。762年，王冰补注，称为《黄帝内经·素问》24卷，81篇，其中除72～73篇有目缺文外，经王氏补入了“旧藏”7篇。11世纪，北宋校正医书局对王氏注本再加校勘注释，改名《重广补注黄帝内经素问》，成为宋之后历代刊刻研究之蓝本和依据，刊刻本有数十种之多。

《灵枢》在《汉书·艺文志》名为《九卷》，6世纪前后，其名有《针经》、《九虚》、《九灵》、《灵枢》等不同书名之传本。南北朝、隋唐间，《针经》注本多种曾有流传，并见于隋唐及日、朝之医事法令将其列为医学教材，但未能流传后世。如前所述，宋代刻刊《灵枢》（1135年）后，即成为《九卷》之唯一刻本流传于世，虽有12卷本与24卷本之不同，但篇目内容次第等并无差异。

《黄帝内经》内容十分丰富。《素问》偏重人体生理、病理、疾病治疗原则原理，以及人与自然的关系等基本理论；《灵枢》则偏重于人体解剖、脏腑经络、腧穴针灸等。二者之共同点均系有关问题的理论论述，并不涉及或基本上不涉及疾病治疗的具体方药与技术。

《内经》认为，认识人类疾病必须首先认识人类自身。《内经》的作者们很可能直接参与了对人体的解剖研究，并实地进行了人体体表与内脏的解剖。

《内经》中涉及到许多高明的医疗技术。例如该书不但记述了水浴疗法、灌肠技术，而且比较正确地论述了血栓闭塞性脉管炎——脱疽的外科手术截趾术等。《内经》已设计使用了筒针（中空的针）进行穿刺放腹水的医疗技术，这是一次改善腹水治疗和减轻患者痛苦比较成功的尝试。筒针穿刺放腹水虽然未能创造出根治腹水的方法，但作为一种医疗技术在后世继续得到发展和应用。

《内经》提倡疾病预防，强调早期治疗。中国医学自古就十分重视促进人体健康以预防疾病的思想，追其源则始于《内经》。

二、秦汉魏晋南北朝时期的科技

秦筑驰道

秦始皇二十七年（前220年），秦始皇完成统一中国的大业后，为了控制广阔的国土，特别是六国旧境，便于政令、军情的传送和商旅车货的往来，下令在全国各地修筑驰道。筑道工程以秦都咸阳为中心向各地辐射，东至燕齐，南达吴楚，北抵九原，西通陇西，形成较为完整的交通网络。驰道宽 50 步，路基均用铁锤夯实，较为坚固；道中央宽 3 丈，为车马专用道路。驰道两旁辅以小径，为百姓行走之途。驰道的修成，极大地方便了整个国家的陆路交通，促进了全国的联系。

蔡伦发明造纸术

蔡伦，字敬仲，桂阳（今湖南耒阳）人，我国古代伟大的发明家。他于明帝永平十八年（75 年）入宫为宦，东汉章和元年（87 年）任尚方令，掌管宫廷御用手工作坊。他总结西汉以前用麻质纤维造纸的经验，于元兴元年（105 年）改进了造纸术。他使用树皮、麻头、破布、旧渔网等原料，经过挫、捣、抄、烘等工艺造纸，既解决了过去造纸原料不足的问题，又降低了造纸成本，而且在工艺上也比以往的造纸术有很大的进步。蔡伦对造纸术的改革使造纸从此成为独立的行业，纸的生产得到迅速发展，从而为推进中国，乃至世界文化的传播、发展，做出了巨大的贡献。造纸术也因此成为影响世界文明进程的中国古代四大发明之一。

马钧发明翻车

马钧，字德衡，扶风（今陕西兴平）人，是我国古代科技史上最负盛名的机械发明家之一。马钧年幼时家境贫寒，因有口吃而不善言谈，但却精于巧思。后来他在魏国担任给事中的官职。马钧研制了用于农业灌溉的工具龙骨水车（翻车），轻便灵巧，儿童也能操作，可连续提水灌溉，功效较过去提高百倍。这种水车在我国沿用了一千多年，是水泵发明之前世界上最先进的提水器械。马钧被当时人称为“天下之名巧”。他的一系列发明为当时科技的进步做出了贡献。

祖冲之和圆周率

南朝宋孝武帝大明六年（462 年），著名数学家、天文历算学家祖冲之在总结前人经验的基础上，经过自己的实际测量和精确运算，编制了一部历法——大明历，其最大创造性表现在将东晋虞喜发现的岁差现象引入了历法计算之中。大明历以 365.2428 日为回归年长，此后的 700 年间，这一年长值一直是最好的。祖冲之还在前人研究成果的基础上，推算出圆周率在

3.1415926 到 3.1415927 之间。他第一次将圆周率值精确地推算到小数点后第七位，比欧洲早一千多年。

他还对球的体积计算做出了重要贡献，得出了“等高处截面积相等，则二立体体积相等”的结论。这一结论比西方也早了一千多年。在天文学方面，他创制的《大明历》第一次证实了岁差的存在，并采用了 391 年加 144 个闰月的新闰法。这些在历法史上都具有重大的意义。

贾思勰著成《齐民要术》

贾思勰，青州齐郡益都（今山东寿平）人，是我国南北朝时期杰出的农业科学家。生平不详。贾思勰出生在一个世代务农的书香门第，历代都很喜欢读书，尤其重视对农业生产技术知识的学习和研究。贾思勰的家境虽然不很富裕，但拥有大量藏书，使得年幼的贾思勰就有机会博览群书。成年以后，贾思勰走上了仕途，到过山东、河南、河北等地，做过高阳郡（今山东淄博）太守等官职。他走到哪儿，都非常重视农业生产，认真考察和研究当地的农业生产技术，认真向具有丰富经验的老农请教。中年以后，回到自己的家乡，开始经营农牧业，亲自参加农业生产劳动和放牧活动，对农业生产有亲身体验。约在 6 世纪 30 年代至 40 年代间写成农业科学技术巨著《齐民要术》，将自己积累的许多古书上的农业技术资料，询问老农获得的丰富经验，以及他自己的亲身实践加以分析、整理和总结。

贾思勰生活于北魏末期，青少年时，孝文帝实行“文治”，进行汉化运动，提倡农业，朝廷议政都以农事为首。太和九年（485 年）又实行均田制，解决人民温饱问题。黄河流域是我国农业发源地之一，旱地农业生产一直居于领先地位，农业生产工具的改进和生产技术的提高，一直都在进行中。比如耕作工具，魏晋时出现了“铁齿”（人字耙）和耱（无齿耙）。到北魏时又积累了一整套耕作经验，形成了完整的耕作体系。生产技术的提高和生产经验的积累为其写作《齐民要术》提供了丰富的内容和资料。

《齐民要术》系统地记述了黄河流域中下游地区，即今山西东南部、河北中南部、河南东北部和山东中北部的农业生产，包括了农、林、牧、渔、副等部门的生产技术知识，堪称我国古代的一部农业百科全书。《齐民要术》分为 10 卷，共 92 篇，约 11 万字，其中正文约 7 万字，注释约 4 万字。书前还有“自序”和“杂说”各一篇。“序”中反复强调“食为政首”的重农思想，通过援引圣君贤相、有识之士重视农业的事例，来强调“治国之本，在于安民；安民之本，在于足用”，把农业生产提到治国安民的高度。

全书的结构体例相当严密，每篇由篇题、正文和经传文献组成。根据不同的作物，所述详略不一。篇题下有注文，相当于“释名”、“集解”，包括异名、别名、品种、地方名产、引种来源及其性状特征；正文则为实际调查和亲身体验，这是各篇的主体；篇末则援引文献以补充论证正文，包括重农思想、经营管理、生产技术、农业季节、农业地理、农业品贮存与加工。

《齐民要术》的内容极为丰富。卷一，耕作、收种、种谷各1篇；卷二，谷类、豆、麦、麻、稻、瓜、瓢、芋等粮食作物栽培论13篇；卷三，种葵、蔓菁等各论12篇；卷四，园篇、栽树各1篇，枣、桃、李等果树栽培12篇；卷五，栽桑养蚕1篇，榆、白杨、竹以及染料作物10篇，伐木1篇；卷六，畜、禽及养鱼6篇；卷七，货殖、涂瓮各1篇，酿酒4篇；卷八、卷九，酿造酱、醋、乳酪、食品烹调和储存22篇，煮胶、制墨各1篇；卷十，“五谷果蔬菜茹非中国物产者”1篇，记温带、亚热带植物100余种，野生可食植物60余种。总括了农艺、园艺、造林、蚕桑、畜牧、兽医、选种育种、酿造、烹饪、农产品加工储存，以及备荒、救荒等，基本上属于广义的农业范畴，反映了当时农、林、牧、渔、副多种经营方式亦具备了较为完整的规模。

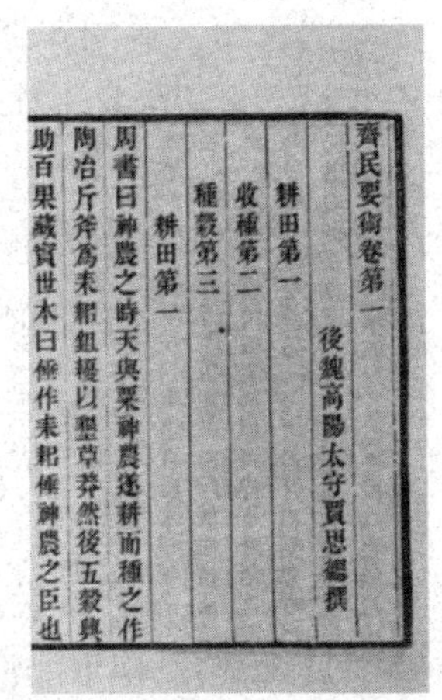
齊民要術卷第一
後魏高陽太守賈思勰撰
耕田第一
收種第二
種穀第三
耕田第一
周書曰神農之時天雨粟神農遂耕而種之作
陶冶斤斧為耒耜鉏耨以墾草莽然後五穀興
助百果藏實世本曰倕作耒耜倕神農之臣也

《齐民要术》书影

《齐民要术》全面、系统地总结了以耕—耙—耱为主体，以防旱保墒为中心的旱地耕作技术体系，以增进地力为中心的轮作倒茬、种植绿肥等耕作制度，以及良种选育等项措施；并且首次系统地总结了园、林经验，林木的压条、嫁接等繁育技术，畜禽的饲养管理、外形鉴定和良种选育，农副产品加工和微生物利用以及救荒备荒的措施。

三、隋唐五代时期的科技

僧一行编制《大衍历》和首次实测子午线长度

僧一行，本名张遂，魏州昌乐人。唐代著名天文学家、佛学家，在编制《大衍历》和主持天文大地测量方面贡献卓著。

唐开元年间，僧一行编撰了一部优秀的历法——《大衍历》。该历法有很好的实测基础，一部分测量资料来自黄道游仪的观测，另一部分来自全国多个观测点的极高、日影和距离的丈量。《大衍历》不但有历术 7 篇（步中朔术、发敛术、步日躔术、步月离术、步轨漏术、步交会术、步五星术），在历法的结构和内容上形成系统，而且还力图探讨历法原理，寻找历法本质，从哲学角度解释历法。它反映出唐代天文学家容历算家与星占家为一身的特点，对传统的天文学体系作了进一步发展。

唐代开元十二年（724 年），僧一行进行了世界上子午线（经线）1 度弧长的第一次实测工作。经过实测，一行得出地面上南北相差 351.27 里，北极高度相差 1 度。我国古制 1 里等于 300 步，1 步等于 5 尺，一尺等于 24.525 厘米，1 周天等于（365 又 1/4）度，据此可换算出北极高度变化 1 度，南北之间距离为 129.22 千米。僧一行这次测量比国外的实测早 90 年。

水运浑天仪

唐开元十三年（725 年）十月，僧一行和梁令瓒及诸术士合作，制成了水运浑天仪。浑天仪以铜铸造为球形，球形浑象内列满星宿，注水冲轮，使球形浑象旋转，自转一周为 1 日 1 夜。球形浑象外又安置 2 个圆环，环上缀日月。日标每昼夜回转一周，又沿黄道（太阳在天球中的视运动轨道）东行一度，365 日沿黄道移动一周；月标每昼夜回转一周，27 日半沿白道（月球在天球中的视运动轨道）移动一周，为 1 月。浑天仪全称为“水运浑天仪俯视图”，是后世天文钟的前身。

孙思邈与《千金方》

孙思邈生于 541 年，被人称为“药王”。他的功绩主要表现在中医理论与养生学说的结合上，《千金方》对中药的选材和制作等方面都有较为详细而系统的记载。《千金方》全书有 82 卷，其中目录 2 卷，《千金要方》、《千金翼方》各 30 卷，《千金髓方》20 卷。

《千金方》主要对于临床各科的诊治方法、食物疗法及预防、卫生等方面的内容都详细论述。卷首以显著地位论述了《大医精诚》与《大医习业》，突出地强调了作为一位优秀医生必须具备高尚的医疗道德修养和精辟的医学理论、医疗技术。为此，该书一一做出了医德与医术的严格要求，成为历代临床医生修养的准绳。

孙思邈十分重视妇女和儿童的疾病，用很大的篇幅专论妇人病、婴幼儿病及体质发展的特点。他认为妇女有经、带、胎、产等方面的特殊生理条件和疾病范围，儿童的身体结构与成人大不相同，皆应单分出科，独立讨论。他也是最早提出将妇科单列一科的医家。孙氏在比较正确地论述了妇女妊娠及胎儿在母体逐月发展之形态等以后，还强调了初生儿的护理、喂养、乳母、保育员的选择条件等，应该说这是很符合科学要求的。

在内科病的防治方面，按脏腑病症逐一论述，这是孙思邈对内科学的一大贡献。将神经和脑血管病分为偏枯、风痱、风懿、风痹进行诊治。记载了精神病人在认识、情感、思维、语言和行为等方面的障碍，在治疗上按病症分类用药，如惊痫药品、失魂魄药品及其他疗法。指出消渴病（糖尿病）患者要节制饮酒、房事、咸食及含糖较高的食品。在治疗上不要使用针灸，以防外伤成疮久不痊愈；除用药物治疗外，还要用饮食疗法，如牛乳、瘦肉等食物。记述了数十种内科急症，如癫痫、惊厥、眩晕、卒心痛、咯血、吐血、腹痛、瘟疫、尸厥等诊治抢救。广泛地使用黄连、苦参、白头翁治痢；用常山、蜀漆治疟。认为霍乱等传染病并非鬼神所致，皆因饮食不节不洁所生。对于慢性消耗性疾病的防治和老年病，孙思邈主张用药物、饮食、运动等调养方法。用含碘丰富的动物甲状腺（靥）及海藻、昆布来治疗甲状腺肿（瘿），用富含维生素 A 的动物肝脏来治疗夜盲症。用地肤子、决明子、茺蔚子、青葙子、车前子、枸杞子来防治维生素 A 缺乏症。用谷白皮、麻黄、防风、防己、羌活、吴茱萸、桔皮、桑白皮、茯苓、薏苡仁、赤小豆来防治维生素 B_1 缺乏症。

在外科方面，他首创的葱管导尿术和灸法治痈疽等多种效验颇佳的方法被后人大量地采用。

在针灸治疗方面，他独创了“阿是穴”疗法，就是找到病人感觉最痛苦的部位施针的方法。他认为，关于针灸疗法，必须首先掌握经络、穴位的理论和技术。他在前人绘图的基础上，经过考订、修改并创造性地以青、黄、赤、白、黑五色彩绘以区别其十二经各经络之走行方向和空穴之部位，并以绿色绘制奇经八脉。该图分正、侧、背面三幅，大小取常人之一半为之。在针灸临床上，他指出选穴要少而精，提倡针灸辨症，主张综合治疗。

在药物学方面，他十分注重采药的时间和制作方法以及药品的产地，在药材学方面亲自做了大量的实践和调查，对于不同时间采摘、不同方法炮制、不同产地药物的各种细微差别进行了多方面的比较，在组方配药时，就对此有了严格的区分和不同的要求。孙思邈还创立了根据药物的治疗功效对药物进行分类的方法。

在疾病诊疗技术上，孙氏创造了“验透隔法”，就是确诊胸背部化脓性感染是否穿透胸膜引致脓胸的科学方法。其方法是在胸、背肋部脓疮疮面贴一薄纸或竹内膜，于光亮处观察竹膜是否随着病人呼吸同步起伏，呼气则竹内膜内陷，吸气则竹内膜凸出，如是则可诊断：脓肿已穿透胸膜而成脓胸；否则尚未穿透胸膜。在医疗技术上，孙氏实际上已创造出有血清疗法性质的技术。

孙思邈还发展了卫生保健说。在此上有三个显著的特点：一是将老庄“吐故纳新”思想指导下的“静功”与华佗等倡导的“流水不腐，户枢不蠹”思想指导下的“动功”结合起来；二是把一般人的养生保健理论技术与中老年常见病的防范结合起来；三是严厉批判了服五石企图长生的思想，同时强调了服食植物类营养防病方剂的必要性。

在《千金方》中，孙思邈对医德也进行了系统的论述，他认为大医学家应该“先发大慈恻隐之心，誓愿普救众生之苦”，这一观点符合佛教精神，所以后人亦将孙思邈尊为“药王菩萨”。

沈括著《梦溪笔谈》

沈括，北宋著名科学家，被誉为中国古代科技史上的坐标。他以博学著称于世，在晚年，他写成了《梦溪笔谈》一书，全书共30卷，其中有关科学技术的条目占三分之一以上，涉及数学、天文历法、地理、地质、气象、物理、化学、冶金、兵器、水利、建筑、医药、动植物等广阔领域，荟萃了当时中国科学技术方面的最高成就，在世界科学技术发展史上享有重要地位。

《梦溪笔谈》中涉及物理学方面的内容主要有声学、光学和磁学等各方面，特别是在磁学方面的研究成就卓著。

在磁学上，书中谈及指南针的偏向问题，这是世界上有关地磁偏角的最早记录，他指出指南针是由人工磁化而成，并讨论了指南针的四种装置法；在光学上，沈括透过观察实验，对小孔成像，面镜、面镜成像，及镜的放大和缩小规律做出了具体的说明，他对西汉透光镜的原理，也作过一番科学研究，沈括在《梦溪笔谈》中留下了历史上对指南针的最早记载。他在书卷二十四《杂志一》中记载："方家以磁石磨针锋，则能指南，然常偏东，不全南也。"这是世界上关于地磁偏角的最早记载。

在声学上，沈括在《梦溪笔谈》中精心设计了一个声学共振实验。他剪了一个纸人，把它固定在一根弦上，弹动和该弦频率成简单整数比的弦时，它就振动使纸人跳跃，而弹其他弦时，纸人则不动。沈括把这种现象叫作"应声"。用这种方法显示共振是沈括的创见。

在化学方面，他研究鄜延境内的石油矿藏和用途，注意到石油资源丰富，而"石油"一词更是他首先使用的。

在光学方面，《梦溪笔谈》中记载的知识也极为丰富。关于光的直线传播，沈括在前人的基础上，有更加深刻的理解。为说明光是沿直线传播的这一性质，他在纸窗上开了一个小孔，使窗外的飞鸟和楼塔的影子成像于室内的纸屏上面进行实验。根据实验结果，他生动地指出了物、孔、像三者之间的直线关系。此外，沈括还运用光的直线传播原理形象的说明了月相的变化规律和日月蚀的成因。在《梦溪笔谈》中，沈括还对凹面镜成像、凹凸镜的放大和缩小作用作了通俗生动的论述。

在天文方面，记述有作者改进浑仪、浮漏、圭表河，开宋元时代天文仪器改革之先河。在历法方面，记述了作者主持编订《奉元历》的始末，民间天文学家卫朴的成就和在改历中的贡献。又论及历代历法的疏密，以及历法推步的方法。

沈括像

在数学方面，记述有作者首创之隙积术和会圆术。隙积术是一种求解垛积问题的方法，会圆术是一种已知弓形圆径和矢高求弧长的方法。

在地质、地理、地图方面，记述有浙江雁荡山"峭拔险怪，上耸千尺，穹崖巨谷"，西部黄土地区"立土动及百尺，迥然耸立"等地貌特征，指出此乃流水之侵蚀作用所造成。

在化学和矿冶方面，记载有利用铜铁离子置换反应而发明的湿法冶铜“胆铜法”，以及古代最先进的炼钢方法灌钢法，还记述了井盐、池盐，以及羌族的冷锻铁甲法。

在农学、生物学方面，记述有不少作物和动、植物的地理分布、生态特征和分类，并对一些古生物进行了考证。在水利方面，记述有作者在汴河分段筑堰，逐段进行测量的过程。在印刷技术方面，记述有庆历年间布衣毕昇发明泥活字印刷术，以及活字印刷的工艺过程。

在建筑学方面，记述有著名匠师喻皓加固杭州梵天寺木塔的事迹，以及其所著建筑学专著《木经》的片断。

在医学方面，记述有人体解剖生理学，并阐述了食物、药物、空气进入人体后的运转过程，以及人体新陈代谢的原理。

除了记述科学技术之外，还有极其丰富的内容。如叙典章制度，有官制、礼制、兵制、舆服、仪卫、文牍、掌故。叙外交，有作者熙宁八年受命使辽，与辽方谈判边界争议的记述；叙财政，有茶法、盐法、均输法，以及北宋历朝铸造铜钱之情况；叙军事，有阵法、兵器、筑城、屯边、战守、粮运、谋略。关于史学，除全书所记述大多为可靠史实外，还有很多记述，为其他史籍所无，或较其他史籍记载翔实；关于考古，对各种出土文物之时代、形状、花纹、文字等，均有细致的考证；关于文学，除文字流畅、洗练，描述条理清晰，层次分明，本身就是一部笔记体文学佳作外，也表现了自己的文艺思想，如于诗、词强调把形式、内涵、情感、技巧融为一体。

四、宋元时期的科技

喷火器用于战争

中国对石油的利用自西汉时就开始了。把石油应用到作战上则是南北朝的事。两种以铁筒喷射火油的“喷火器”在后梁年间被用于战争。到了北宋初年，人们对这种喷火器加以改进，它的主体结构是一个长方体的熟铜制作的油柜，以铜管与下端装有“火楼”的喷筒相连，使用时先把“火楼”中的引火药点燃，然后推拉筒朝油柜打气，使燃烧的石油高速喷出，其威力巨大，可以轻而易举地烧毁敌方的战舰和器械。同时，一种以小铜葫芦代替油柜的便于携带的喷火器也广泛地用于战场上。

毕昇与印刷术

毕昇生活在北宋庆历年间，尽管他的生平事迹无法考证，但他发明了印刷术。有关他发明印刷术的记载，我们可以从《梦溪笔谈》中看到。毕昇以前的时代，人们采用雕版印刷，花费工时甚多，但效率很低。毕昇则以胶泥为材料，每字刻一印，然后用火把它焙烧坚硬。在排版时，采用两个铁框子，将活字排满框，然后把它放在事先放置松香、蜡和纸灰的铁板上压平，将蜡和松脂加热熔化后，活字就牢固地与铁框结合成一体，便可用于印刷，印刷完毕，拆下铁框后又可以重新排字。这样一来，省去了刻制雕版的过程，大大提高了工作效率。

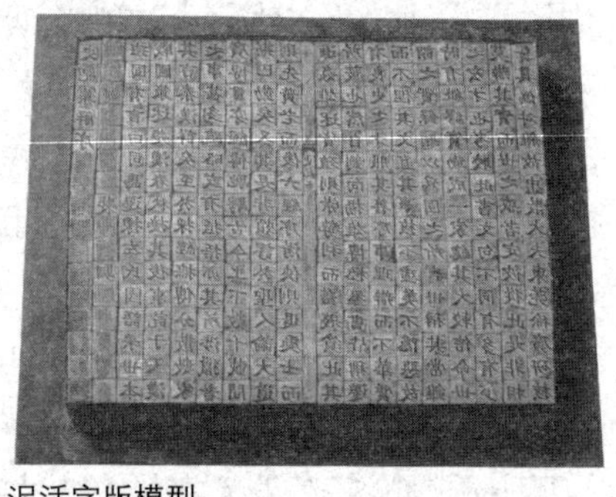

泥活字版模型

活字版的发明是印刷史上的伟大创举，它为人类提供了一种更为快速排印书籍的技术。自北宋毕昇发明泥活字版后，又出现木活字、锡活字、铜活字等。

罗盘应用于航海

罗盘是中国人古代的发明，它被广泛地应用于航海。1098 年 ~ 1100 年，一些外国商船就开始用带有指南针的罗盘导航，中国关于指南针的发明与应用的记载在沈括的《梦溪笔谈》上可以找到。有人认为，中国用指南针导航是 10 世纪的事。在中国，指南针和罗盘还用于“堪舆”。自罗盘应用于航海之后，人们可以根据指南针的变化绘出海图。借助罗盘，达·伽马远航到达印度。

苏颂与水运天象仪

苏颂是水运天象仪的发明者，他生活在宋代，是历史上著名的一位天文学家，水运天象仪是他在元祐七年发明的。水运天象仪以水力作动力，推动浑仪、报时浑象等机件，既能准确又无蹫馗。

苏颂发明的水运天象仪与现代天文台有异曲同工之妙。放浑仪的小屋可以开启或关闭屋顶，浑仪上安放了一根望筒，可以起到望远镜的作用，为观察天象时提供方便。苏颂还设计了一种“假天仪”，其样式像个竹制的笼子，上面糊纸并按星图开孔透露光线。人们可以坐在黑暗的“笼子”里，操纵控制杆使“笼子”转动，能达到观察星体运行的效果。

郭守敬与天文学

郭守敬，元代著名的天文学家、仪器制造家、水利专家和数学家。至元十三年（1276年），元朝令他和王恂率南北日官数人负责新历的测验和推算工作。为了完成这项工作，郭守敬研制了许多新的天文仪器。至元十六年（1279年），他被元朝委任主持大都天文台工作。

至元十六年春，朝廷在大都东城墙建起了当时世界上最完善的大都司天台，司天台拥有当时世界上极为先进的观测仪器。较为著名的是郭守敬发明的简仪，它是世界上第一台用一高一低两个支架支撑起极轴的赤道仪，也是世界上第一台集测赤道坐标和地平坐标于一体的多功能综合测量仪。此外，还有仰仪、玲珑仪等。据《元史》记载，郭守敬为该台设计制作的仪器有13件之多。

《授时历》

郭守敬、许衡和王恂等人于元代至元十七年（1280年）编成的《授时历》在当时的世界历法中是最精确的。次年，忽必烈颁发了诏令，让《授时历》通行全国。

忽必烈诏令编修《授时历》，是他深受汉族文化影响的结果。郭守敬等人综合了自汉代以来的历法成果，并利用高表、简仪等仪器的测量结果来论证，甚至用日晷进行了27个地方的测算，确定了冬至日的准确时间。他推算出365.2425日是一回归年的周期，并确定了黄道和赤道的位置，为《授时历》的编定打下了坚实的基础。《授时历》的编定用了4年时间，它的计算结果具有很高的精密度。

黄道婆革新纺织技术

黄道婆是松江府乌泥泾（今上海旧城西南孔里）人，她曾在崖州（海南岛最南的崖县）学到一些先进的纺织技术和棉花加工方法，返乡后她将技艺传授给家乡人民，这些技术开始在长江流域流行，促进了这一地区棉纺织业的发展。

长江下游地区开始并没有椎弓、踏车之类的纺织工具，全靠用手将棉籽除去，效率非常低。黄道婆在黎族人民棉织技术的基础上，制造了新的“捍弹纺织”的棉织工具，创制了一种搅剥棉籽用的车，从而大大地提高了当地的生产效率。她还研究了“错纱配色”技术和增强棉花弹力、去除杂质的技术，并把黎族人民织提花被的技术传给人们，使得当地的纺织工艺水平有了质的飞跃。从此以后，原本生产落后的松江变成了先进的棉纺织中心。黄道婆对我国纺织工业的发展做出了巨大的贡献。

五、明清时期辉煌的科技

《农政全书》

《农政全书》与后魏贾思勰的《齐民要术》、元官修的《农桑辑要》、王祯的《农书》以及清代官修的《授时通考》，并称为我国的“五大农书”，而它是篇幅最长、内容最丰富的农业书籍。

《农政全书》的作者是明末杰出的科学家、农学家徐光启。他于天启五年（1625年）开始撰写，完成刊行的时间是崇祯十二年（1639年）。直到徐光启逝世时，这部书才完成，是其心血之作。

《农政全书》按内容大致上可分为农政措施和农业技术两部分。前者是全书的纲，后者是实现纲领的技术措施。在书中看到了开垦、水利、荒政这样不同寻常的内容，并且占了全书将近一半的篇幅，这是前代农书所鲜见的。《农政全书》中，“荒政”作为一目，且有18卷之多，为全书12目之冠。目中对历代备荒的议论、政策作了综述，水旱虫灾作了统计，救灾措施及其利弊作了分析，最后附草木野菜可资充饥的植物414种。水利作为一目，亦有9卷，位居全书第二。徐光启认为，水利为农之本，无水则无田。当时的情况是，一方面西北方有着广阔的荒地弃而不耕；另一方面京师和军队需要的大量粮食要从长江下游启运，耗费惊人。为了解决这一矛盾，他提出在北方实行屯垦，屯垦需要水利。他在天津所做的垦殖试验，就是为了探索扭转南粮北调的可行性问题，借以巩固国防，安定人民生活。这正是《农政全书》中专门讨论开垦和水利问题的出

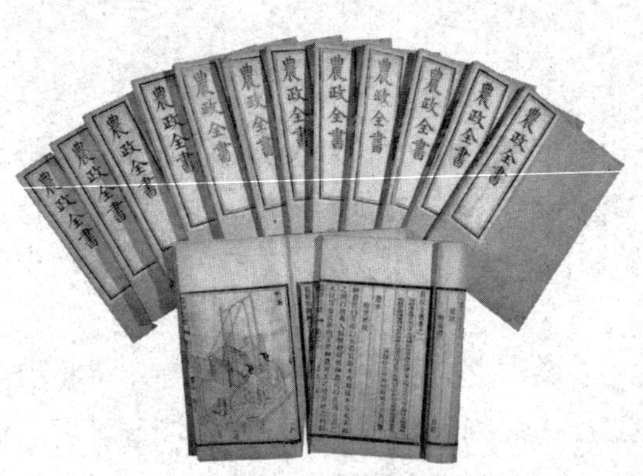

《农政全书》书影

发点，从某种意义上来说，这也就是徐光启写作《农政全书》的宗旨。他还根据自己多年从事农事试验的经验，极大地丰富了古农书中的农业技术内容。例如，对棉花栽培技术的总结。

从农政思想出发，徐光启非常热衷于新作物的试验与推广。例如当他听到闽越一带有甘薯的消息后，便从莆田引来薯种试种，并取得成功。随后便根据自己的经验，写下了详细的生产指导书《甘薯疏》，用以推广甘薯种植。后经过整理，收入《农政全书》。对于其他一切新引入、新驯化栽培的作物也都详尽地搜集了栽种、加工技术知识，这就使得《农政全书》成了一部名副其实的农业百科全书。

《农政全书》基本上囊括了古代农业生产和人民生活的各个方面，而其中又贯穿着一个基本思想，即徐光启的治国治民的“农政”思想。贯彻这一思想正是本书不同于前代大型农书的特色所在。

通观全书不难发现《农政全书》是在对前人的农书和有关农业的文献进行系统摘编译述的基础上，加上自己的研究成果和心得体会撰写而成的。徐光启十分重视农业文献的研究，“大而经纶康济之书，小而农桑琐屑之务，目不停览，手不停笔”。据统计，全书征引的文献就有 225 种之多，真可谓是“杂采众家”。徐光启在大量摘引前人文献的同时，结合自己的实践经验和数理知识，提出独到的见解。例如，在书中徐光启用大量的事实对“唯风土论”进行了尖锐的批判，提出了有风土论，不唯风土论，重在发挥人的主观能动性的正确观点。对引进新作物，推广新品种，产生了重大的影响，起了很大的推动作用。

《天工开物》

《天工开物》是一部记录我国古代科技成就的重要著作，在国际科学著作中具有举足轻重的地位。

《天工开物》的作者是明朝的宋应星。这部书是他在任江西汾宜县教谕时编撰完成的。首次刊行时间为崇祯十年（1637 年），明朝末年第二次刊印。

西方曾把《天工开物》以《中华帝国古今工业》为书名，翻译出版。这是一部有关农业和手工业生产技术的百科全书，总结了各个生产领域的知识。宋应星把天工开物分为三编，全书按照“贵五谷而贱金玉”的原则列为十八个类目，每类一卷，共十八卷。上编记载了谷物的栽种、蚕丝棉苎的纺织染色，以及制盐制糖的工艺；中编记载了砖瓦、陶艺的制作、车船的制造、金属的铸造、矿石的开采和烧炼以及制油造纸的方法等；下编记载了兵器的制造、颜料的生产、酿酒的技术以及珠玉的采集和加工等。而当中更有附图一百余幅，是一部图文并茂的科技文献。

《天工开物》中记载的冷浸田使用骨灰蘸秧根，是我国使用磷肥的最早记录；利用不同品种蚕蛾杂交而生出“嘉种”，是我国利用杂交技术改良蚕种的最早记录；书中记载的精巧复杂的提花机是当时世界上最先进的，记载的锌的冶炼技术在世界上是最早的。

《天工开物》在作物分类学上提出了一些新的方法和标准，且与今人之分类法十分接近。如它把古代农业归纳成了乃粒、乃服、彰施、粹精、甘嗜、膏液、曲蘖七个大类，这在先世或者同时代的其他农书以及本草类书中是不曾见过的；该书还把水稻排到五谷之首，稻下又分出了水稻、旱稻，麦下又分出了大麦、小麦，并指出了荞麦非麦。这些分类方法，给人一种眉目清晰之感。在水稻栽培技术上，较早地阐明了秧龄和早穗的关系；首次记述了再生秧技术，以及冷浆田中以骨灰、石灰包秧根的技术；还最先记述了早稻在干旱条件下变异为旱稻的问题。在麦类栽培管理技术方面，最先指出了以砒霜拌豆麦种子的防虫杀虫之法，最先指出了荞麦的吸肥性。在养蚕技术上，最先记述了利用“早雄配晚雌”的杂交优势来培育新品种的方法，并指出家蚕“软化病”的传染性，提出“需急择而去之，勿使败群”的处理方法。

在金属冶炼、铸造、加工方面，空前绝后地记述了串联式炒炼法；较好地记述了明代灌钢工艺的发展；首次记述了今俗称为“焖钢”的箱式渗碳制钢工艺；最早记述了火法炼锌的操作方法；最早以图文并茂的方式记述了大型器物的铸造工艺；较早图示了活塞式鼓风箱的使用情况；最早明确地记述了响铜的合金成分以及有关响器的成型工艺；最先记述了铁锚锻造工艺、钢铁拉拔工艺以及一种叫作生铁淋口的特殊化学热处理工艺；较早地详述了金属复合材料技术的基本操作。

在煤炭和化工技术方面，较早对煤进行了分类，较早记述了煤井排除瓦斯的方法。最早记述了银朱生产过程中的质量互变关系，可认为这是“化合物”观念和“质量守恒”观念的萌芽。

《天工开物》是古代劳动人民的生产实践经验的记录和总结，并真实反映了当时中国的工艺技术水平。

火箭载人飞行的实验

在以前用弓弩发射火箭的基础上，明代有人发明了以火药为动力的火箭，即利用火箭燃烧向后喷射气体的反作用力进行发射。明代发明的火箭有单级和多级火箭，种类繁多，单级火箭有飞刀箭、飞枪箭等单发箭和百虎齐奔箭、一窝蜂等多发箭。

在火箭被广泛运用的基础上，明人万虎进行了火箭载人飞行实验。他把自己捆在椅子前面，在坐椅后装了40多个当时最大的火箭，两手又分别持一个风筝，希望能加强上升的力量。这次试验以失败告终，但万虎成了世界上第一个试图利用火箭来飞行的人。

《几何原本》中译本的出现

《几何原本》是古希腊数学家欧几里得的著作，书中运用严格的推理组成了一个庞大而严密的数学逻辑演绎体系，是最早用公理法建立数学演绎体系的典范。

徐光启根据利玛窦的口译，用一套既切合科学含义、又易为中国读者接受的名词术语译出了《几何原本》的前六卷。这是第一部被译为中文的西方科学著作，对中国近代数学的发展产生了重大的影响。从此，几何学知识在中国流传开来。

徐寿和蒸汽机轮船

在我国，系统地介绍近代化学的基础知识大约始于19世纪60年代。在这一方面，徐寿做了重要的工作，许多科学史专家都公推徐寿为我国近代化学的启蒙者。

徐寿，江苏无锡人。他精通自然科学及工程技术。1861年，曾国藩在安庆开设了以研制兵器为主要内容的军械所，他以研精器数、博学多通的荐语征聘了徐寿和他的儿子徐建寅，以及包括华蘅芳在内的其他一些学者。徐寿在学习科学知识的同时，很喜欢自己动手制作各种器具。当年他曾在《博物新编》一书中得到一些关于蒸汽机和船用汽机方面的知识，所以徐寿等在安庆军械所接受的第一项任务是试制机动轮船。根据书本提供的知识和对外国轮船的实地观察，徐寿等人经过3年多的努力，终于独立设计制造出以蒸汽为动力的木质轮船。这艘轮船命名为黄鹄号，是我国造船史上第一艘自己设计制造的机动轮船。

该船的主机为单缸蒸汽机，汽缸长2尺，直径1尺，船全长为55尺，重25吨，时速为每小时6海里。“黄鹄”号的研制成功在中国的船舶制造史上具有划时代的意义。

1868年，徐寿在上海江南制造总局翻译馆工作，先后翻译西方科技书籍《汽机发轫》、《营阵提要》、《西艺知新》等共13种。

铁路工程的先驱詹天佑

詹天佑，字眷诚，广东南海人。他是清政府派出的第一批赴美留学的幼童之一。1881年，他于美国耶鲁大学土木工程系毕业，学成归国。

詹天佑曾参与和主持修筑了许多条铁路，主要有京奉铁路、江苏铁路、京张铁路、张绥铁路、津浦铁路、洛潼铁路、川汉铁路等。而京张铁路的修筑成功更是中国铁路史上的一大创举。1905年，詹天佑以总工程师的身份主持修筑京张铁路，詹天佑清楚地知道这一任务的艰巨性，他首先必须顶住来自各方面的冷嘲热讽：有人说他是“自不量力”，“不过花几个钱罢了”，甚至说他是“胆大妄为”。他给他的美国老师诺索朴夫人的信中就这样说：“如果京张工程失败的话，不但是我的不幸，中国工程师的不幸，同时带给中国很大损失。在我接受这一任务前后，许多外国人露骨地宣称中国工程师不能担当京张线的石方和山洞的艰巨工程，但是我坚持我工程”。

詹天佑勘测了三条路线，第二条绕道过远为不可取。第三条就是今天的丰沙线。由于清廷拨款有限，时间紧迫，詹天佑决定采用第一条路线，即从丰台北上西直门、沙河、经南口、居庸关、八达岭、怀来、鸡鸣驿、宣化到张家口，全长360华里。全线的难关在关沟，这一带叠峦重嶂，悬殊峭壁，工程之难在当时为全国所没有，世界所罕见；坡度极大，南口和八达岭的高度相差180丈。詹天佑把全线分为三段：丰台到南口为第一段，南口到康庄为第二段，余为第三段。

他采用复式大功率机车前引后推、大坡度之字线展开等新工程技术使火车越过了险峻的八达岭，不但节约了经费，而且缩短了工期，受到了中外人士的一致好评。京张铁路全长200多千米，修筑历时4年，是中国人自行设计、勘测和施工的第一条铁路。

李鸿章设立中国电报总局

李鸿章，本名章桐，谥文忠，安徽合肥人。中国清朝末期重臣，洋务运动的主要倡导者之一，淮军创始人和统帅。官至直隶总督兼北洋通商大臣，授文华殿大学士，在日本首相伊藤博文的眼中，被视为大清帝国中唯一有能耐可和世界列强一争长短之人。

19 世纪 70 年代出任直隶总督后，综观世界各国的发展，李鸿章痛感中国之积弱不振，原因在于“患贫”，得出“富强相因”，“必先富而后能强”的认识，将洋务运动的重点转向“求富”。

光绪六年（1880 年）八月，洋务运动的代表人物李鸿章获得批准，成立了中国的第一个电报总局——津沪电报总局，地点在天津。次年，正式更名为中国电报总局。

光绪八年（1882 年）三月，中国电报总局改为官督商办，以保障经费。之后为了扩大招股，电报总局移址到上海。光绪二十八年，北洋大臣袁世凯奏准将电报总局由官方收回统一管理，遭商股反对。之后的几年间，邮传部赎买了商股，改上海电报局为电报总局，移至北京。

电报总局的设立，改变了中国几千年来的驿站通讯方式，标志着中国新式通讯业的产生。

第五章

生活习俗与民俗文化

饮食文化

一、茶文化

茶的历史

①茶叶的故乡

中国是茶叶的故乡。在世界上，中国人最先发现了茶树。据考证，世界最古老的野生茶树生长于中国西南。早在五千多年前就有神农氏尝百草日遇七十二毒，得茶而解之的说法。

西周开始了中国最早的茶业。武王伐纣后，巴蜀等西南诸国曾以茶叶为贡品。当时人们还只是把茶当作蔬菜食用。到了春秋战国时，人们开始用茶叶作羹饮。秦惠王攻占巴蜀后，秦人才开始知道茗饮。到战国后期，西南地区的茶树种植技术、茶叶的加工方法以及饮法开始在长江中下游地区和东南各地传播。

从汉代起，当时的文人、士大夫阶层已有了饮茶之习。从这时起，中国的茶事文献逐渐出现。关于饮茶习俗最早的记载是汉代辞赋家王褒的《僮约》赋。

汉时，四川茶叶作为地方特产进贡到长安，成为皇室及权贵的饮品。海上“茶叶之路”的开拓也始于西汉，汉武帝的使者由广东出海到东南亚及南亚各地所携带的礼物中就有茶叶。由中国传入茶叶的国家，对茶叶的称呼的发音均由中国闽南语系“茶”字的发音演变而成。世界茶饮皆源于中国。

有关中国制茶、饮茶最古老的文献是三国时期魏国张揖的《广雅》。书中记载：将茶叶制成饼状，“以米膏出之”，炙成赤色，捣成碎末放入瓷器，浇入煮好的茗汤，再伴以葱、姜等调味。《广雅》中告诉人们，茶有“醒酒、令人不眠”的作用。名医华佗在《食论》中说：“苦茶久饮，益思虑。”可见当时人们饮茶，亦注意茶的药用价值。

晋至南北朝是中国茶叶发展的时期，茶叶产区扩大到湖南、湖北、安徽、江苏、浙江等省。六朝时，茶已成为“比屋皆饮”的普通饮品。

从西晋开始，士大夫、文人崇尚品茗清谈，成为人品清高超脱的象征，而朱门富贵之家则以茶果待客作为其崇尚俭朴、倡导廉洁的象征。南朝《南齐书·武帝本纪》中记载：齐武帝驾崩前下诏：“我灵上慎勿以牲为祭，惟设饼、茶饮、干饭、酒脯而已。天下贵贱，咸同此制”。南朝宋何法盛的《晋中兴书》中有这样一则故事：吴兴太守陆纳生活俭朴，卫将军谢安前来下旨，陆纳的兄弟怕得罪人，便准备了盛馔珍馐来招待客人，而陆纳只许以普通的茶果待客。

东晋时，据《广陵耆老传》记载：“晋元帝时，有老姥每旦独提一器茗，往市鬻之，市人竞买。”南北朝时，城镇出现茶寮，可供人喝茶、住宿。

佛教的传播对中国茶文化的发展起到了推动作用。晋代时，佛教开始盛行。至南北朝，佛教坐禅时已普遍饮茶，以提神醒脑、驱除睡魔、清心修行。南朝梁时的陶弘景在《杂录》中说：“苦茶轻身换骨。”

南北朝齐武帝永明年间开拓了陆上“茶叶之路”。当时的土耳其商人将中国的茶叶、织物、瓷器沿陆路输往土耳其，再传入波斯、阿拉伯等地。

②《茶经》

唐代的饮茶习俗得到极大发展，上至天子，下至庶民，无不热衷品茶。佛教人士对茶的推崇更使茶文化兴盛起来，最为重要的是，唐代产生了一位出身寺院、毕生研究茶叶的大师——陆羽。陆羽是唐代著名的制茶和品茶专家。他撰写出世界上第一部茶叶专著《茶经》。书中分为“源、具、造、器、煮、饮、事、出、略、图”十篇，全面系统地论述了茶叶起源、历史、产区、品种、栽培、采制、煮茶、用水、用具、品饮、茶事、

茶圣陆羽

文献等内容，讲述了水的品第、饮茶风俗，以及有关茶叶的典故和用茶的药方等。陆羽在中国的饮茶史上是一个集大成的人物。《茶经》的问世，对中国乃至世界茶业及茶文化影响极其深远。正因如此，自宋代始，人们称陆羽为“茶圣”。

继《茶经》之后，有影响的论茶著述陆续问世，多达百种以上。

③唐人茶风

唐代人讲究好茶、好茶具，更讲究茶效、茶趣、茶情。

《茶经》说：“茶性寒，精行俭德之人，若热渴、凝闷、脑疼、目涩、四肢烦、百节不舒，聊四五啜，与醍醐甘露抗衡也。”刘贞亮更道出饮茶的文化蕴含，他认为茶有“十德”：能散郁气、驱睡气、养生气、除病气、利礼仁、表敬意、尝滋味、养身体、可行道、可雅志。

唐人有聚饮的风气，甚至仕女贵妇亦不甘落后。现存最早的茶绘画作品，唐《调琴啜茗图》描画的就是曲眉丰颜的贵族妇女们调琴、倾听，悠然自得地等待仆人上茶的情景。唐人聚饮后来逐渐转变成正式的“宴”、“会”，并成为时尚。

隋唐帝国嗜茶，宫中茶宴成风。贡茶逐渐兴起，并出现了专门的制茶厂——贡茶院，贡茶院里有专门的人研究制茶技术。此时的蒸青制茶法已经逐渐完善，其完整的制作工序包括：蒸茶、解块、捣茶、装模、拍压、出模、列茶（即晾干）、穿孔、烘焙、成穿、封茶。各地名茶，如湖州紫笋、常州阳羡、信阳毛尖、龟山云雾、蒙顶茶皆为贡茶。每年早春采制茶叶季节，贡茶产区常举行审评茶叶品质的茶宴，这种品茶方式为后世“斗茶”之始。

唐代的饮茶之风由文成公主传入吐蕃。唐代李肇著《国史补》中记载：吐蕃赞普请唐朝使者观赏顾渚、蕲门、寿洲、昌明等名茶。由此可见，西藏地区的王公贵族也把茶视为珍品了。

④宋茶之风

中国饮茶史上向来有“茶兴于唐，盛于宋”的说法。宋代茶的采摘、制作、品第、烹点，无不考究精巧。宋代的茶业又有新的发展。宋代出现了著名的龙凤团茶，专门供皇室贵族饮用。它不同于一般的茶叶，制作方法比较复杂，同时由于当时以茶邀宠之风盛行，龙凤团茶的制作愈加讲究，成本也越来越高，非一般百姓可以承受。龙凤团茶关键的制作工序是蒸完后小榨去水，大榨去汁，然后加水研细，用龙凤模压饼，最后烘干。龙凤茶团中以福建宁北苑壑源茶为最，一斤十枚，其饰纹龙腾凤翔，栩栩如生。而北苑茶又以瑞云翔龙、雪芽为最胜，均是以白茶原料制成，是白茶名品如白毫银针、白牡丹等的始祖。宋中后期团饼茶不为人喜爱，团茶工艺省略，多以散茶、末茶为主要饮用茶，著名品种有雁荡毛峰茶、花果山云雾茶、峨眉山茶等。

宋代还创造出番茶。北京书法家蔡襄在《茶录》中这样记载："茶有真香，而入贡者微入龙脑（冰片）和膏欲取其当。"此为茶叶加香料的最早记载。至北宋宣和年间，在茶叶中加珍茉香草已很常见了。南宋时苏杭一带已采用茉莉花窨茶了。

宋代的茶业精益求精，饮茶之风更是盛行不衰。宋代名山寺院举办茶宴，坐谈佛经，煎茶敬客已成为佛门规矩，有些寺院也常举行"斗茶"，游人香客均可品尝名贵的经山茶。"斗茶"完全是一种艺术性品茶，它对茶的质量要求很高。"斗茶"者要将饼茶碾碎，用箩过成极细末，然后用瓶煎水，将茶末调成膏状，再在盛水的茶盏中点茶，看汤花的变化，以著盏无水痕者为最佳。"斗茶"是一种聚众饮茶方式，在崇尚道学的宋代，它又讲求一种内省功夫，是清代工夫茶的前身。

宋代茶坊林立，并有着极别致的字号。比如杭州城的"八才子"、"珍珠"、"二与二"等茶坊。大的茶坊颇为讲究，茶坊内有名人字画，四季鲜花，且有梅花鼓乐，兼卖酒水，喧闹者如教馆，聚集梨园子弟、三教九流。宋代最有名的茶坊是清河坊和狮子巷一带的"清乐"、"八仙"等茶坊，常权贵盈门。

⑤雅俗共享

元代的"斗茶"风俗已深入民间，赵孟頫的《斗茶图》画的是市井之徒、货郎等人袒胸露臂地斗茶的情景。

元代在制茶工艺上又有了新的进展。据王祯《农书》上记载，茶鲜叶蒸杀青后增加了摊晾、手揉捻工序，是茶叶条索紧结成形的关键，至此，蒸青绿茶工艺已基本定型。

明清时期，制茶工艺和饮茶习惯已由唐宋的繁杂转为精简，炒青、烘

清代制茶图

青的绿茶诞生。明代的饮茶已不再将茶叶碾碎，而是直接泡饮，以观其色，尝其本味，享其天然情趣。

明代出现了以品茶为内容的茶画，唐寅的《事茗图》画的是人们怡然斟茶品茗的情景。丁云鹏则画出了观火听水的茶呆卢仝，名为《玉川烹茶图》。《惠山茶会图》是文徵明的画作，这幅以青绿为主色的作品真实地描绘了文人雅士在石泉荫亭开佳茗会的情景。

到了清代，与民间饮茶随便的习惯相反，兴起了工夫茶。工夫茶在福建汀州、漳州、泉州和广东的潮州最为流行。这是唐宋茶道的余韵。不过，清代的工夫茶所用茶叶已不是饼茶，而是绿茶和乌龙茶。工夫茶对茶具的选择也极为考究，以宜兴紫砂陶壶为最好。如果是自斟自饮，当水煎到第一沸时，冲入茶壶中，壶中的茶叶量为壶容量的十分之六七。水冲入壶，盖好，再取煎好的水将壶淋浇一遍，即可斟入盏中品饮。待客时的工夫茶道，程序更为复杂。

清代的茶馆、茶肆遍布长城内外、大江南北，尤其在风景名胜之地，品茶已蔚然成风。乾隆年间南宁名馆“鸿福园”、“春和园”均可览一河之胜。光绪、同治年间，广州的著名茶馆有“陶之居”、“莲香楼”、“多如楼”等，也有许多低档次的茶馆，兼营廉价的米粉、松糕、大包等，劳工们工余多有光顾。上海的大茶楼始建于同治初年，历史较久的“一洞天”、“丽水台”，茶楼商阁画舫，窗明瓦净，楼内常有商人交易、艺人卖唱等。

乾隆年间，北方茶馆也开始兴盛。北方人品茗习惯自带茶叶，徐珂的《清稗类钞》中说：“京师茶馆列长案，茶叶与水之资，须分计之，有提壶已往者，可自备茶叶，出钱买水而已。”茶馆里既可品茶，又是娱乐场所，常有各种曲艺表演，以佐茶客之兴。北京大戏院演戏时，也供应茶水，故也叫“茶园”，如“吉祥茶园”、“天乐茶园”等。

清代的宫廷茶极其讲究。茶具品类繁多，令人目不暇接。宫中有珐琅彩瓷具，东北、华北有大瓷壶、瓷盅，浙江有紫砂壶、盖瓷杯，四川有盖碗杯，广州有织金彩瓷具，福州有脱胎漆器茶具等。茶具以景瓷、宜陶为贵。景瓷又以胎极白、薄如蛋壳的新品珐琅彩瓷为最，仅供宫中享用，民间绝少流传。宜陶以清初的“陈鸣远壶”和嘉庆年间的“杨彭年壶”、“陈曼生壶”为世代珍藏品。

清代还是世界上最大的茶叶出口国。清代商路四通八达，欧洲各国均从中国各港口贩茶，福州是最大的茶港。1886 年中国茶叶出口占世界茶叶贸易总量的 90% 以上，是历史上的全盛期。

饮茶的风俗

①制茶

茶叶的制作方法也不同，一般分为五大类：绿茶、红茶、乌龙茶、砖茶、花茶，前三种工艺较考究，砖茶又分伏砖茶、青砖茶、沱茶数种。

绿茶的制作方法

绿茶典型的制作工序：杀青、揉捻和干燥。杀青是第一道工序，也是最为关键的一道工序。因为杀青能使茶叶内部水分蒸发，具有青草味道的芳香物质也随之挥发掉。水分减少后，叶子变软，就可以进行下一道工序，即揉捻造型，而芳香物质的挥发，则可以改善茶叶的香气。重要的是，杀青可以破坏鲜叶中酶的特性，制止多酚类物质氧化，防止茶叶红变，保证了茶叶的颜色。因此，杀青对绿茶的品质至关重要。杀青时的茶叶量、温度、时间、方式等，都会影响杀青的质量。目前，随着制茶的逐步机械化，出现了专门的杀青机，除了少数的特种茶，杀青过程均在杀青机中进行。

第二道工序揉捻的作用主要是通过外力将叶片揉破，使茶叶由片状变成条状，缩小体积，以便于包装、贮藏、运输和冲泡。另一个作用则是挤出一部分茶汁，使其溢附在茶叶表面，以提高冲泡时茶汤的浓度。如果茶叶比较老，应该趁杀青后茶叶尚未变凉就进行揉捻，因为此时茶叶温度较高，比较软，容易揉捻变形；如果茶叶比较嫩，则要等杀青后摊开晾凉后才进行揉捻，不然会揉捻过度，导致末叶过多。现在，除一些名茶仍用手工操作外，大部分绿茶的揉捻都在揉捻机中进行。

最后一道工序是干燥，干燥方法有烘干、炒干和晒干三种。制作绿茶时，一般是先烘干，然后再炒干。因为如果直接炒干，由于茶叶揉捻后，依然含有较多的水分，会在炒干机内结成团块，同时茶汁也容易黏在锅壁上，影响茶叶的质量，所以茶叶要先烘干才能放进炒干机里。经过干燥这一工序，茶叶可以蒸发大部分水分，从而达到适合贮藏的干燥程度。

乌龙茶制作方法

乌龙茶典型的制造工序：萎凋、做青、炒青、揉捻、干燥。其中后两道工序揉捻和干燥与绿茶的制作原理相同，这里不再详述。乌龙茶的萎凋和绿茶的杀青很相似，都是将茶叶内部水分蒸发。

乌龙茶的萎凋方法有四种，分别是晾青、晒青、烘青、人控条件萎凋，其中晾青是指室内自然萎凋，晒青是指日光萎凋，烘青是指加温萎凋。通过萎凋这一工序，可使茶叶部分水分蒸发掉，提高叶子韧性，便于进行接下来的工序。另一方面，可增强茶叶中酶的活性，去掉部分青草气，从而提高茶香的质量。

做青是形成乌龙茶特有品质特征的关键工序，是奠定乌龙茶香气和滋味的基础，乌龙茶的特殊香气和绿叶红镶边就是在这一工序中形成的。茶叶经萎凋后，放入摇青机中，随着摇青机的摇动，茶叶互相碰撞，擦伤叶缘细胞，使其发生轻度氧化，从而使叶片边缘呈现红色，中央部分则由暗绿转变为黄绿，即所谓的“绿叶红镶边”。做青阶段，乌龙茶的品质基本形成。炒青的作用也相当于绿茶的杀青，主要作用是抑制酶的活性，减缓氧化进程，防止叶子继续变红，是属于承上启下的工序，可以将做青阶段形成的茶叶品质固定下来。另一方面，可以使部分水分蒸发掉，茶叶变软，便于接下来的揉捻；同时，低沸点的青草气物质也随之挥发掉，使茶香变得馥郁而纯正。

红茶的制作方法

红茶包括工夫红茶、红碎茶和小种红茶，其制法大同小异，都有四个工序，即萎凋、揉捻、发酵、干燥。萎凋是指鲜叶经过一段时间失水，由硬脆状态变成萎蔫凋谢状态的过程。萎凋可使茶叶蒸发部分水分而变柔软，韧性增强，便于造型。同时，萎凋还可去除青草味，使茶叶初现清香，是形成红茶香气的重要加工阶段。萎凋方法有自然萎凋和萎凋槽萎凋两种。自然萎凋是指将茶叶薄摊在室内或室外阳光不太强的地方，让水分自然蒸发。萎凋槽萎凋是指将鲜叶放在通气槽中，用热空气加速萎凋过程。这种萎凋方法目前被广泛使用。

红茶揉捻的作用与绿茶基本相同，除进行茶叶定形外，还可增进色香味浓度。同时揉捻可破坏茶叶细胞，使之在酶的作用下进行必要的氧化，有利于发酵的顺利进行。发酵是红茶制作的独特阶段。发酵后，茶叶由绿变红，形成红茶“红叶红汤”的品质特点。目前，这一工序普遍使用发酵机来控制温度和时间。如果发酵程度适宜，嫩叶色泽红匀，老叶则红里泛青，熟果香将取代青草气。发酵好的茶坯还需经过干燥才能制出成茶。干燥是指利用高温烘焙迅速蒸发水分以达到保质干度的过程。这样做有三个目的：迅速钝化酶的活性，停止发酵；蒸发水分，缩小体积，固定外形，保持干度以防霉变；挥发掉低沸点的青草气味，保留高沸点的芳香物质。

②品茶

品饮绿茶

品饮绿茶前，可先观察一下干茶的色泽和造型。把一定量的干茶，在白纸上摊开，就可仔细观察。绿茶因品种不同，色泽有碧绿色、深绿色、黄绿色等，有时还布满白毫。形状则各具特色，有条形的、扁形的、螺形的，还有针形的。高档细嫩的绿茶，一般选用玻璃杯或白瓷杯冲泡，因为透明的玻璃杯便于人们赏茶观姿，而白瓷杯则能衬托出茶汤的色泽。绿茶的冲泡一般不用盖子，因为盖上盖子，会把嫩茶闷黄，使茶失去鲜嫩色泽和清鲜滋味。

绿茶的冲泡方法有“上投法”和“中投法”两种。“上投法”先倒开水，再投茶叶，适用于龙井、碧螺春等外形紧结重实的名茶。如果用透明的玻璃杯冲泡，可以清楚地看到茶叶自上而下地飘舞，“芽似枪剑叶如旗”。如果对着阳光，还可看到游动的茸毫闪闪发光。“中投法”先放茶叶再注入开水，而且开水要分两次注入，适用于黄山毛峰等茶条松展的名茶。将干茶投入杯后，先倒入 1/3 杯的开水，大约 2 分钟，干茶吸水舒展，此时再把杯子倒满。饮茶前，先端起来闻茶香，在沁人心脾的茶香中小口品啜，将茶汤含在嘴里，使之与舌头味蕾充分接触，才能真正领略到绿茶的清爽怡人。

品饮红茶

红茶的饮用方式多种多样，按花色品种分，有工夫饮法和快速饮法；按调味方式分，有清饮法和调饮法；按茶汤浸出方式分，有冲泡法和煮饮法。一般说来，无论采用何种饮法，都要先置具洁器，即准备并清洗干净茶壶、茶杯等。高档红茶较为讲究，一般用白瓷杯冲泡，因为白色的背景更能衬托出茶汤的色泽和茶叶的美姿。茶叶用量以每杯 3 克 ~ 5 克为宜，如果是袋泡茶，则每杯放 1 ~ 2 包。茶叶放入杯中后，注入沸水至八分满。大约三分钟后，便可闻到阵阵沁人心脾的清香，待茶汤凉至适口时，即可举杯品味。条形红茶一般可冲泡 2 ~ 3 次，而红碎茶一般只可冲泡 1 次。高档红茶更要在"品"字上下工夫，除闻香观色外，还要缓缓啜饮，方能品出红茶的醇味，领会饮红茶的真趣，获得精神的升华。

品饮乌龙茶

中国广东、福建、台湾等地，特别是闽南和广东潮汕地区，尤其喜欢品啜乌龙茶。因其冲泡过程颇费工夫，故称"工夫茶"。"工夫茶"是中国茶艺表演中的一枝奇葩，茶具、茶叶和冲法均极为讲究。地道的潮汕工夫茶，煮茶的燃料必须是橄榄核，水需是山坑石缝水，而乌龙茶则选用上等名茶，如福建安溪铁观音、武夷岩茶等。

"工夫茶"品饮前，先要准备好茶具，将茶壶、茶盘、茶杯等清洗干净后，还要用沸水淋洗一遍，并且在泡饮过程中还要不断淋洗，以使茶具保持一定的热度。这是"工夫茶"的独特之处。然后把乌龙茶倒入白纸中，轻轻抖动，分出粗茶和细末，并用竹匙将其分别堆开。将细末茶填入壶底，再把粗茶盖在上面。这样做，是为了避免茶叶冲泡后，碎末填塞茶壶内口，阻碍茶汤的顺畅流出。冲茶时，技术要求比较高，盛水壶需在较高的位置，沿着茶壶边缘，缓缓地冲入茶壶，以免冲破"茶胆"，同时使壶中茶叶打滚，形成圈子，促使茶叶散香，这种注水法俗称"高冲"。当水漫过茶叶时，停止注水，用壶盖轻轻刮去浮在茶汤表面的浮沫，以洗去茶叶表面的尘污，保存茶的真味。也可以把第一次冲茶的水倒掉，俗称"茶洗"。第二次冲水，至九成满时，盖上壶盖，用沸水淋遍整个壶身，"内外夹攻"，加快茶叶有效成份的浸出。2 ~ 3 分钟后，乌龙茶的真味就冲泡出来了。

用沸水再次冲洗茶杯，将乌龙茶斟入杯中，便可饮用。关于乌龙茶的斟茶方法，历来有"关公巡城"和"韩信点兵"的趣闻。斟茶时，用食指轻压壶顶盖珠，中指和拇指则紧夹壶后把手，茶壶不要离杯子太高，以免失香散味。先往每个杯子倒入半杯茶汤，循环往复，逐渐加至八成满，以使每杯茶汤香气均匀，这就是"关公巡城"。斟茶到最后，把罐底的浓汤点点滴滴地斟入各杯，以使每杯茶汤浓度均一，这就是“韩信点兵”。第二次斟茶，仍需先用开水烫杯。烫杯的手法也颇费功夫，用中指顶住杯底，大拇指按于杯沿，将杯倒立于盛满开水的杯碗中，然后用沸水浇淋。

茶水一经冲入杯内，就应趁热啜饮，稍凉则色味大逊，此谓“喝烧茶”。品茶时，一般用右手食指和拇指夹住茶杯杯沿，中指抵住杯底，先观汤色，再闻其香，尔后啜饮。闻香时应来回移动杯子，由远到近，又由近到远，再由远到近，这样来回三四次，以从不同的距离感觉茶香，可谓别具一格。最后，才慢慢移到嘴边，小口啜饮。如此品茶，方能真正领会到乌龙茶的妙处。可以边喝边聊边冲泡，好的乌龙茶“七泡有余香”，不过如果是一般的乌龙茶，则只能冲泡 3 ~ 4 次。

③茶礼

茶在漫长的历史长河中，逐渐深入人们的生活观念，乃至形成了茶俗。不同地区、不同民族、不同地位和身份的人，对茶叶和茶俗有着不同的文化承习。这种现象在茶进入社会礼仪中时尤其明显。

在中国，有关茶的礼仪是很多的。如明代的许次纾在《茶流考本》中说：“茶不移本，植必子生，古人结婚以茶为礼，取其不移志。”古代婚姻中以茶为礼表其志不移。古代婚中讲究“三茶六礼”。“三茶”指订婚时的下茶、结婚时的定茶和入洞房时的合茶；“六礼”指纳彩、问名、纳吉、纳征、请期、亲迎。这些礼仪包括了从择偶到完婚的全过程。

茶礼在一些地方的丧葬习俗中也有应用。在江西、广东一带扫祭祖宗时，要斟三杯茶置于坟前。有的地区人死后，在死者手中握一包茶叶，以帮助死者解“迷魂汤”。

茶文化的远播

自西汉以来，中国茶叶不断传往世界各地，逐渐发展为世界性的饮料，茶文化也逐渐成为各国人民的传统饮食文化的一部分。日本是受中国茶文化影响最早的国家。早在 1191 年，日本荣西禅师自中国学习归国后，就根据中国寺院茶法制定了禅宗饮茶礼仪。1264 年，日本的圣一、大应禅师从中国的径山寺带回了“茶道具”和茶宴方法，从此，中国的茶宴逐渐演变为日本茶道，日本的茶道成为世界上最隆重、最程序化的茶礼。

英国是欧洲的主要饮茶国，他们尤其推崇中国的祁红、武夷岩茶、贡熙等。英国王室历来以中国的祁红作为礼茶来招待贵客。另外，美洲、非洲、大洋洲先后盛行饮茶之风，这是中国对世界饮食文明的贡献。

二、酒文化

酒的历史

①中国人的发明

《吕氏春秋》里有“仪狄作酒”的说法，民间又有杜康造酒的传说，其实仪狄和杜康都不是第一个酿酒的人，他们只是中国历史上的酿酒大师，仪狄善酿“旨酒”，杜康创造了“秫酒”。酿酒的起源很早，人类最先注意到了自然界酒的存在。到了新石器时代，随着陶器的出现，人类逐渐酿造出果酒。谷物酿酒是人类进入农业时代以后才出现的，晋朝江统在《酒论》中说：“有饭不尽，委于空桑，积郁成味，久蓄气芳。”即吃剩的饭丢在树洞里，自然就可发酵成酒。

谷物酿酒比果实酿酒在技术上更为复杂。中国远古先民在谷物酿酒上有一项杰出的发明，就是用曲作酿酒的发酵剂。酒曲中有天然的活性极高的微生物使淀粉糖化发酵，可直接用来酿酒。

世界上最早发明用酒曲酿酒的是中国，这已为世界公认。这一发明是对世界文化的一大贡献。几千年来，制曲和用曲酿酒一直是中国具有的独特的谷物酿酒技术，直到今天，中国的许多种酒仍是用这种方法酿造的。

青铜爵

②第一部禁酒文告

进入商代，谷物酿酒非常普遍，在殷墟发现规模很大的酿酒作坊遗址。当时的酒已有不同的种类，有用黍造的酒、稻谷酿的醴，还有为祭祀祖先用的特制酒，即用黑黍加香草制成的香酒——鬯。在殷墟墓葬出土了大量酒具，盛酒器有尊、觥、卣、壶、卮等，温酒器有爵、甬等，饮酒器有觚、觯等。由此可见，当时对饮酒已十分考究了。

商代贵族嗜酒成癖，特别是末代商纣王竟“以酒为池、悬肉为林，使男女裸相逐其间，为夜之饮”，最后商被周所灭。

商纣王因酒废政，为周初的统治者提供了前车之鉴。于是周王颁布了中国历史上第一部专门禁止饮酒的文告——《酒诰》。诰词上规定，不许经常饮酒，即使诸侯国君，也只能在祭祀时才能饮酒。随着社会生产的发展和社会生活的安定，周代禁酒令也逐渐废弛了。

③“五齐六法”

到了周代，中国的酿酒工艺进一步完善。在长期的制曲酿酒生产中，终于总结出了一套完整的酿酒工艺，这就是著名的“五齐六法”。

《礼记·月令》中记载了酿酒时的六个要素，即：“（仲冬之月）乃命大酋，秫稻必齐，曲蘖必时，湛炽必洁，水泉必香，陶器必良，火齐必得。兼用六和，大酋监之，毋有差贷。”就是说酿酒一定要掌握好原料、酒曲、水质、浸渍、发酵器具、酿酒时间和温度等。这时，发酵过程也分为五个阶段，《周礼·天官》记载：“要辨五齐之名，一曰泛齐，二曰醴齐，三曰盎齐，四曰醍齐，五曰沉齐。”可以解释为：发酵初始，物料发动为泛齐；物料冒泡为醴齐；冒泡出声为盎齐；发酵后期，酒精增多，发酵液由黄转红为醍齐；最后，料液分层为沉齐。上述实践经验的总结，说明古代已对酿酒有了深入认识，同时也是中国最早的酿酒工艺规程的总结。

④制曲工艺的进步

进入汉代之后，中国的经济文化呈发展之势，酿酒业也十分发达。制曲由汉以前的散状已做成饼状，饼曲中的糖化发酵微生物更集中，发酵活力更强，也更有利于酿酒。这种饼曲两千年来一直在使用。

汉代酒的品种日渐多样，有廉价的行酒，有少曲多米一宿而熟的甘酒，有叫“醝”的白酒，有叫“醽”的红酒，还有叫“醠”的清酒。清酒发酵周期长，酒味醇香酽烈。清酒中的“中山冬酿”尤为著名。汉代自张骞从大宛国带回葡萄在西北及中原种植后，至东汉时期，民间开始有了葡萄酒。

晋代又出现了一种新的制曲法，即在酒曲中加入草药。晋人嵇含的《南方草术状》中记载有制曲时加入植物枝叶及汁液的方法。

南北朝时，北魏末期的贾思勰在《齐民要术》中总结出了 9 种酿酒曲的制作方法和 39 种酒的酿造法。这种全面的记述在当时世界上也是首屈一指的。

宋代的朱翼中又在他的《北方酒经》中介绍了 13 种制曲的方法，而这时的工艺更简捷了，制曲原料种类多了，酿出的酒的风格也多了。

大约是唐宋时期，中国的发酵工艺又有了一个重大发展，就是发明了红曲，但这种方法酿造的酒，酒精含量不高。为了提高酒的酒精度，酿酒的人发明了蒸馏法，造出了酒精含量为 60% 的烧酒，这是中国酿酒史上的一次飞跃。

⑤饮酒的风尚

酒与人结下不解之缘。人们饮酒的同时，先后出现了多种娱乐方式，到西晋时已有了行酒令。晋初，晋武帝降服了吴王孙皓，设庆功宴。晋武帝在酒宴上问孙皓："闻南人好作乐汝歌，颇能为不？" 孙皓举杯咏道："昔与汝为邻，今与汝为臣，上尔一杯酒，祝尔寿万春。" 晋武帝听了酒兴大增。从此以后，凡酒宴，即令在座者即席赋诗，不能者罚酒，这便是酒令了。后来酒令由于使喝酒人尽兴、欢娱，故而不断发展，流入民间。

魏晋时期，战乱频仍，社会动荡，许多有识之士远离时政，视酒为知己，酣饮为常。当时的名士才子嵇康、阮籍、山涛、向秀、阮咸、王戎、刘伶经常在河南辉县西南七十里的竹林寺放歌纵饮，世称"竹林七贤"。田园诗人陶渊明归隐田园，以酒为伴，寄酒为迹，借诗抒怀。

东晋书法家王羲之被后人称为"书圣"，其代表作《兰亭序》就是在酒酣之际，乘兴挥毫而作。全文"之"字最多，个个别开生面。酒醒后他自己都不信能写出这样俊逸绝伦的字。后来他曾多次写《兰亭序》，却再也未达到那次酒兴正浓时所写的境地。

唐代是中国历史上的昌盛期，酿酒业和酒文化也随之兴盛起来。唐太宗攻破高昌，把当地的马乳葡萄带回长安，种在御园中，并用这种葡萄酿出味香酷烈的葡萄酒。随着葡萄的广泛种植，葡萄酒的酿制在唐代得到空前发展。

唐代的酒品名目繁多。据考证，五粮液就是在古酒重碧酒的基础上发展而来的。杜甫在《宴戎州杨使君东楼》中有"重碧拈春酒"之句，指的是戎州（今宜宾）名酒"重碧酒"。在李白和杜甫的诗句中也有"东阳酒"、"老春酒"和"郫筒酒"。另外，长安的名酒有"清苏"和"紫腻"。当时各地广泛流行的名酒还有山西杏花村的"汾酒"，四川的"锦江春"、"绵竹酒”，江西的“麻姑酒”，山东的“秋露白”，等等，不胜枚举。

唐代的酒器也十分讲究，有玉雕琢的夜光杯、银制的银杯。唐代最有趣一种被称为“舞仙”的酒杯，斟满酒会有一个小仙人出来翩翩起舞，还有瑞香毬子落到杯外来，令人惊叹不已。

唐代是诗歌创作的黄金时代，诗人辈出，唐代诗人几乎无不喜酒。唐诗中有大量的歌酒、赞酒和借酒抒情的诗篇。李白被冠以“酒圣”、“酒仙”的称号，王安石说李白的诗“十句九句言好酒耳”。李白的饮酒诗豪放洒脱，“百年三万六千日，一日须倾三百杯”是他在《襄阳歌》中的诗句。此外，杜甫、孟浩然、王昌龄等大诗人都以酒为伴，吟咏诗文，抒唱心曲。

太白醉酒图　清　苏六朋

唐人饮酒必行酒令，酒令佐欢乐。文人雅士喜行古令、雅令，一般人行通令。酒令流行到唐代，形式越来越丰富，花样越来越多，有赋诗、作歌、唱和、联句、谜语、对联、绕口令、笑话、掷色子、猜拳、报数等，使人喝酒尽兴娱乐。

宋初，赵匡胤为巩固皇权，独揽兵权，设“鸿门宴”，演出了历史上有名的“杯酒释兵权”的故事。

宋代之后，中国的酒文化进入了更加成熟的时代，在戏曲小说中多有对饮酒场面淋漓尽致的描写。《水浒》、《三国演义》中的英雄豪杰无不以酒表其豪气。古典名著《红楼梦》中对饮酒场面的描写更是精彩绝伦：“……有小丫鬟调桌安椅，摆设酒馔。真是：琼浆满泛玻璃盏，玉液浓斟琥珀杯，更不用再说那肴馔之盛。宝玉因闻得此酒清香甘洌、异于寻常，又不禁相问。警幻道，此酒乃以百花之蕊，万木之汁，加以麟髓之醅、凤乳之曲酿成，因名曰‘万艳同杯’。”在这段文字里，曹雪芹对酒作了浪漫主义的描写，同时又一语双关，暗示万艳同悲，真可谓神来之笔。

明清之时，酒在民间经千百年的演变，形成了既定的模式，同时花样又不断翻新，成为人们饮食文化中必不可少的一部分。

“无酒不成俗”：礼节与酒

酒与民俗的关系首先表现在传统节日上。每逢新春佳节，亲朋好友欢聚一堂，必喝新春酒。二月社日，办社酒，祭祀社稷神，祈求丰收。清明节，上自帝王、下至庶民都要洒酒祭祖。端午节，人们洒雄黄酒，避恶求祥；饮菖蒲酒，驱瘟除邪。九九重阳节，人们结伴出游，登高饮酒。重阳节饮菊花酒，据说能驱除瘟魔。

酒文化不仅体现在节日上，更明显的是表现在民俗礼仪中。敬神祭祖是中华民族的习俗，酒是圣洁之物，敬祭品中，酒是不可缺少的，“凡饮酒，先酹之，以祭天也”。农人耕种前，要奉酒祭田神，行船老板要办开船酒和拢岸酒，祭江河水神以求平安。金榜题名者，必欢饮数日以示庆贺。人生大事，婚姻为首，男女成婚要喝合卺酒、合欢酒。生子育女，添丁进口，要喝三朝酒，办满月酒。老人做寿要办寿酒。客人临门，设酒款待。朋友远足，把酒饯行。此外，兴文举武、求雨择吉、造屋上梁、祝年庆丰、帮会结拜、求师学艺、聚会游艺、羁旅消遣等，也都少不了酒。酒渗透到中国人生活的方方面面，有酒即欢，有酒成慰藉，无酒不成敬意，无酒不成礼仪。

酒是人类物质文明的产物，酒文化则是人类精神文明的表现。在浩瀚的历史长河中，人们歌颂酒功酒德，供奉着酒神酒仙，涉足于酒肆酒家，欣赏着酒器酒肴，品评着酒色酒香，娱玩着酒令酒筹，更遵从着酒俗酒礼。人们在饮酒中表达喜怒哀乐，抒发感情趣事，创造着丰富的酒的文化和艺术。

三、食文化

中国的食文化历史悠久，内容丰富，包括烹饪的理论、烹饪的技术、食料食器、餐宴风俗以及饮食文学等诸多方面。

烹饪的历史

①烹饪溯源

据传说，燧人氏发明火以化腥臊；伏羲氏始作网罟进行渔猎，并驯养牲畜，以供庖厨；神农氏尝百草、教人稼穑；黄帝始造灶并发明釜甑等烹饪工具。这是人类食文化的开端。

从考古资料上可知，旧石器晚期的山顶洞人已能人工取火，由“茹毛饮血”的饮食方式进化到了食熟食的新纪元。到了新石器时代，以裴李岗、仰韶、河姆渡等文化为代表，中国的早期人类已学会了种植小米、水稻等农作物，并开始饲养猪、犬、羊等家畜，为食文化积累了物质基础。与此同时，原始陶器的生产，为饮食器具的进步创造了良好条件，当时已有了鼎、鬲、甑等烹饪器具。

夏商周时代是中国烹饪文化的真正形成时期，经过从夏代至战国末近两千年的历史发展，中国传统烹饪文化的特点已基本形成。首先，从食料上来说，早在西周时，已是黍、稷、菽、麦、稻五谷皆备，还有芋头、山药等杂粮。蔬菜品种已有数十种，包括常见的蔓青、萝卜、竹笋、木耳等，肉类产品除了猪、羊、犬等，还有象、鹿、兔等。

②调和五味：先秦食文化理论形成

先秦时期烹饪文化的主要发展与烹饪基本理论的建立，首先就是五味调和之说。《尚书·洪范》中说：“（金、木、水、火、土五行）水曰润下、火曰炎上、木曰曲直、金曰从革、土爰稼穑。润下作咸、炎上作苦、曲直作酸、从革作辛、稼穑作甘。”这也确立了中国烹饪的五味类型。到了春秋末期，齐国的政治家晏婴尤其精妙地阐明了“五味调和”说的精蕴。他认为成功的烹饪在于原料、调料、汤水、火力等要素的巧妙配合，尤其要补充原料的不足和除去原料中的不利因素。晏婴的说法总结了烹饪调味的基本法则，也足已表现当时烹饪的高超水平。

其次是美食标准的建立。春秋末期儒家的集大成者孔子在《论语·乡党》中说：“食不厌精，脍不厌细。色恶不食，臭恶不食，失饪不食，不时不食，割不正不食，不得其酱不食。”他提出了色、香（臭）、味（得其酱）、形（割）的要求。这一原则为后来的名厨和美食家所继承和发展。另外，孔子在《论语》中还对饮食卫生提出了相关的要求，比如不吃腐败的食物，“鱼馁而肉败，不食”，还讲了不要吃沿街小贩的食品、不多食、食不语等饮食习惯。他还着重提出“肉虽多，不胜食气”，就是讲以粮食为主食。这正是中国千百年来一直遵循的饮食习惯。

③先秦的宫廷食俗

先秦时《周礼》中有详细的关于宫廷生活和厨师制度的记载。《周礼》

对于服务宫廷的厨事人员有着不同的分类，其中有“膳夫”、“庖人”、“烹人”、“向师”、“腊人”、“食医”、“酒正”、“酒人”、“醢人”、“醯人”等众多职位，数目多达数千。有的专司五谷，有的专管海鲜，有的主管宴会事务。据《周礼》记载，天子的饮食定制是“馈食用五谷，膳用六牲，饮用六清，馐用百二十品，珍用八物，酱用百有二十饔”。天子每天要举行一次宴会，逢特殊节日一日三宴。席上有十二只鼎，还有许多装各种食品的容器，用餐时必有乐队伴奏和舞蹈表演。其他贵族都有相应的规定，只是鼎数及舞者要少一些。贵族追求珍肴美味成风。《吕氏春秋·本味》中列举了许多山珍海味，如“猩猩之唇”、“獾獾之炙”、“隽燕之翠”、“旄象之约”，等等。追求食料的珍稀以及宴会的排场，成为后来中国贵族食俗的特点。

④汉代宴饮及民间小吃的兴起

封建庄园的大地主们的饮食也相当奢华。山东沂南画《丰收宴饮图》展现了庄园秋收时节的日常生活情景：两位管家边坐品佳茗，边监督家奴收谷租，另有众多家奴在忙着烫猪、椎牛、宰羊、切鱼、酿酒、蒸馍和炒菜。《乐舞百戏图》则刻画了大庄园主在宴饮时的各种助兴表演的情景，表演有骑术、车戏、走索、扭七盘舞等，真是百戏助兴、钟鸣鼎食。

汉代的民间食品也日益丰富起来，其中豆腐的问世与糕点的发展尤为突出。传说汉淮南王刘安发明了点卤制豆腐。豆制品的品种很多，如豆腐干、千张、豆筋、腐竹等。汉代的糕饼点心一般分为发酵和不发酵两种。面食一般统称饼，平底锅油煎的叫烙饼，水煮面条或饺子叫汤饼，甑锅蒸的馒头和包子叫蒸饼。传说馒头是诸葛亮发明的。到了南北朝时，面饼的种类已经很多了，如白饼、鸡子饼、髓饼等，其中鸡子饼在发酵面中加蛋、牛奶、牛油等，非常松脆可口。用米面粉蒸成的大块松糕叫饵，如果在制作时加糖、植物油、豆沙、果料等可制成高级糕点。另外，炸油条、糖胶糯米团、茭白壳包的咸甜粽子已经问世。相传粽子是为祭投江的屈原，由竹筒贮米演化而来，并形成端午吃粽子的习俗。

⑤宗教对中国食文化的影响

汉代自尊奉儒术以来，儒家的饮食思想和饮食的养生观，如讲究营养、注重卫生、食精脍细和以饮食涵养人性、完善人的修养等，对中国的饮食文化的发展影响深远。

道教虽然对饮食没有固定的要求，但在辟谷导引术的影响下，少食熟制谷、肉等，多食疏菜、野果、花蕊等，以求清肠胃、轻体重等已经深入人心。道教的饮食摄生对身心健康起到了一定的作用。

汉代佛教逐渐传入，后经统治者的信奉与提倡，至南北朝时达到全盛。僧侣的饮食是提钵化缘，食无戒规，后改为寺院自制伙食，名为“香积饭”。由于南北朝梁武帝提倡全戒荤而茹素，故寺院伙食向素食转化，最终形成全素斋。佛教倡导素食影响了民间食俗，使素菜地位不断提高。佛教的腊八节是释迦牟尼佛的成道日，寺院要用各种香谷果实煮粥献佛，以纪念释迦牟尼，后来演变为民间腊月初八吃腊八粥的习俗。

⑥“食经”

魏晋南北朝时期，出现了许多关于食的专著，据史书记载，有《崔氏食经》、《食经》、《食馔次第法》、《四时御食经》、《马琬食经》、《羹臛法》等，可惜这些著作已佚失无存。目前保存当时烹饪技法的只有贾思勰的《齐民要术》。《齐民要术》讲解了种植、养殖的经验，也讨论了食品制作和烹饪技法。所介绍的食谱中，常用的调味料有葱、姜、豉、花椒、蒜、桔皮、醋、酒等。肉类主要是猪、牛、羊、鸡、鸭、鱼。主食有各种面饼、面条等，菜肴以烤（炙）、蒸、煮为主，未见炒、熘等法。书中还介绍了当时的一种叫“酢”的食品加工法，即将鱼肉等发酵变酸的一种食法。《齐民要术》在中国食文化中具有极其重要的地位。

⑦曲江游宴：唐代食风

唐代宴饮习俗之奢华达到前所未有的程度，出现了船宴，就是将游乐与饮食结合起来，最著名的要数“曲江游宴”了。每逢上巳节、重九节，唐朝皇帝都要在曲江大宴群臣。通常是皇帝、后妃、宠臣在可俯看曲江全景的紫红楼上设筵，并特许宰相、翰林学士在彩船上设宴，而京城的大小文武官员则可携亲属在周围亭台、楼阁或临时绣帐里设筵，还允许城中的士、庶、僧、道来曲江游乐，以显官民同乐的太平盛世。曲江游宴一年一度，规模浩大，承袭了上百年。

另外，从唐代起，野宴也深入民间。在立春至谷雨间，甚至出现了仕女的“探春宴”。曲江游园时，青年妇女们以草地为席，周围插竹竿，将裙子挂成幕帐进行“裙幄宴”。

在唐代，公侯大臣还有向皇帝献食的风气，名曰“烧尾宴”。大臣初拜官，须向皇帝献食，以谢皇恩浩荡。唐代“烧尾宴”曾盛极一时，甚至平民入仕、晋升小官也要办“烧尾宴”，盛待来宾，取“鱼跃龙门火烧尾”之意。

⑧“四司六局”与市井风味

唐宋以来，城市是人们经济文化交流的中心。城市由于人口集中，各民族杂居，饮食业不仅囊括了各地、各民族饮食文化的精华，保留了其独特风味，而且各种饮食文化的互相交流和竞相发展，使得城市饮食业不断向高层次发展。

唐代的城市住宅坊和食市是分开的。到了宋代坊市已连成一片，五点开早市，夜市直至凌晨三四点。食市沿街铺面众多，有南食店、北食店、川食店、素食店、茶寮、酒肆等，还有小食摊和走街串巷的小食担等，买卖兴隆。

宋代茶肆与瓦肆结合，市民在肆中品茶喝酒、吃小吃，同时观看杂剧、胡旋舞、皮影戏，听说书、唱曲、相声等，以至这里成为群众性饮食娱乐场所。

宋代市面上的著名饭店可包办大规模的筵席，称“四司六局”。“四司六局”本是官府贵胄专设的饮食机构的总称。“四司”为：设帐司，专管饮宴的厅堂布置；厨司，专管备料烹调；菜酒司，专管茶茗、酒水和派座送迎；抬盘司，专管托盘、出食、劝酒、接盏等事宜。“六局”为：果子局、蜜饯局、菜蔬局、油烛局、香药局、排办局。后来被民间沿用专指有排场的大宴。大饭店的厨艺非同小可，菜肴的种类尤其繁多。吴自牧在《梦粱录》中记载，南宋临安大饭店的菜单有335款，食客想尝遍得需数月。

宋继承唐的“船宴”传统，杭州西湖、秦淮河都有兼办酒席的“画舫”大游船，卖河鲜海味的小船穿梭于画舫周围，是一个个游动的水上食摊。

宋代的文人墨客精于食道，其中苏东坡不仅撰《老饕赋》诵咏美味佳肴，还亲自设计和烹制出流传至今的名菜，如“东坡肉”、“芹菜鸠肉脍”等。

⑨极具民族特色的清宫食宴

辽、金、元以及清代的少数民族入主中原的同时，也向中国传统的食文化输入了其民族的特色食风。尤其是清代，在未入关前，满族特色的烹饪宴饮盛行的是“牛头宴”、“渔猎宴”。入关后，借鉴吸收汉族饮食精萃及礼仪特点，形成了宫廷饮食规范。清宫饮宴种类很多，皇帝登基有“元会宴”，皇帝大婚有“纳彩宴”，皇帝过生日有“万寿宴”，皇后生日则设“千秋宴”，太后过生日则为“圣寿宴”，招待文臣学士有“经筵宴”，武臣则有“凯旋宴”。而且每逢元旦、上元、端午、中秋、重阳、冬至、除夕，清宫都要大设宴席。康乾盛世时，还举行过规模浩大的“千叟宴”。

乾清宫座前的皇帝宴桌　清

清朝盛世时还出现了满汉全席。满汉全席是清代最高规格的宴席，是中国饮食文化的一个高峰。满汉全席集满族宴与汉宴于一席，规模大，礼仪隆重，用料珍贵，菜目繁多。点心也不限于满点，创新的品种均可入席。一般规格为：名菜百种以上，点心50种左右，果品、小菜20余种，水陆陈杂，分三次食用，称“三撤席”，吃一整天。满汉全席集中国名肴名食之大成，代表了清代烹饪技艺的最高水平，是中国烹饪文化的珍贵遗产。

⑩《随园食单》

在清代，出现了许多对膳食的撰述，最有名的是袁枚的《随园食单》。书中理论与实践并重，提出烹饪的20条须知，包括“先天（食材选取）、作料、洗刷、调剂、配搭、独用、火候、色臭、迟速、变换、器具、上菜、时节、多寡、洁净、用纤、选用、疑对、补救、本分”等，以之为厨师的基本要求。同时又提出一系列告诫，如“混浊”、“苟且”、“走油”之类。书中除讲菜肴的制作外，还讲了一些食俗的由来。《随园食单》反映了中国烹饪的最高成就和精华，在中国食文化史上有着极高的地位。

中国食文化的辉煌要算四大菜系了，四大菜系即苏、粤、川、鲁四种烹饪流派。这是由地理、气候、物产、文化的差异构成的中国烹饪文化的地域性特点。这四大流派很早就出现了，甚至可上溯至先秦，只是直至清代以后才真正定型。

鲁菜的发源地是山东，主要继承和发扬了齐都饮食和孔府菜特色。鲁菜历史悠久，从春秋战国时代至汉唐一直是“北菜”主角。

到元明清时，鲁菜和北京风味相结合，形成京菜体系，成为宫廷御膳的支柱。鲁菜在四大菜系中最富有宫廷风韵，庄重大方，蕴味精深，高级大菜颇多。它用料考究，善用燕窝、鱼翅、鲍鱼、海参、鹿肉、蘑菇、银耳等高档食料烹制厚味大菜。鲁菜的主要品种有九转大肠、德州扒鸡、油焖鱼、泰安三美等。鲁菜的烹法精于炒、熘、烩、扒，并善用汤调味。

苏菜是对江苏菜的总称，从广义上说包括浙江等东南沿海地区的烹饪系统，又称“淮扬菜”。苏菜讲究清淡，注重保持食料的原汁原味，善以江湖时令活鲜为原料烹制特色菜肴，如蟹黄狮子头、西湖醋鱼、鲜藕肉夹等。苏菜的点心精美，尤善以米制成各类糕团。

粤菜主要由广州、潮州、东江菜组成。粤菜不仅基于传统的潮汕食俗，还同时吸收了往来广东的外国人引进的异国风味。粤菜追求海鲜野味，比如蛇、龙虱等。粤菜在调料与烹饪技法上也有出新，不仅用蚝油、沙茶等地方调料，同时还用咖喱等外来调料。其独到的烹饪技法有焗、焗等。粤菜非常重视早餐，粥品、点心极具特色。粤菜的著名菜肴有烤乳猪、龙虎斗、东江盐焗鸡。另外，广州的“蛇王满”最为有名，相传有 80 多年的历史。粤菜的许多名品，都是在民间风味的基础上形成的。

川菜发源地是巴蜀。川菜继承了先秦巴蜀菜的特点，融汇了素食的精华。战国后汲取了迁徙入川的诸羌支系带来的河湟风味，汉、氐、羌流民带来的西北风味及西迁的百越人带来的岭南风味等，于唐宋时期发展成为中国最有影响的大菜系。川菜的特点是菜式繁多，一菜一格，百菜百味，麻辣醇香。川菜调味以麻辣著称。在制作手法上以小炒、小煎、干烧、干煸为主。著名菜点数不胜数，如麻婆豆腐、宫保鸡丁、棒棒鸡丝、水煮牛肉、毛肚火锅、干烧鱼等。四川的小吃也相当著名，如赖汤元、夫妻肺片、龙抄手、担担面等。

除苏、粤、川、鲁四大菜系外，京菜亦是鲁菜的一支，讲究运用烤、爆、炸、溜、炒、烧、烩等。京菜的烤鸭与涮羊肉最有特色，北京烤鸭以“全聚德”最为有名，涮羊肉是冬令菜肴，以“东来顺”享誉北方。

另外素菜系在中国也有悠久的历史和广泛的影响。先秦时在祭祀或月蚀、大灾时就有斋戒习俗，后来佛教的盛行促进了素菜系的形成，并倡导了素食风尚。

节日与饮食

在饮食民俗中，有关节日的食俗最为丰富。在民间，每逢节日，以求温饱的饮食生活惯制被打破了，转而讲求对神、祖先的崇拜、怀念和祭祀。节日的食品分三类，一是祭品、二是食品、三是礼品。祭品用的牲畜是供神享用的，祭后分给各家各户享用。

节日期间，人们总是创作饮食花样来丰富节日生活，同时还赋予食品不同的含义。正月十五吃元宵，五月端午吃粽子，八月十五吃月饼，腊月初八吃“腊八粥”，除夕夜吃年夜饭等。有时同一个节日，地区不同，民族不同，表现出的食俗也不同，比如壮族的春节，以吃“花糯米饭”为习俗。节日的食俗往往也反映出一个地区和民族的传统文化的特征。

饮食与礼仪

每个民族的食俗是与其社会的共同习俗相吻合的。食俗的礼仪包括：每日用餐的次数和时间；每次进餐时家庭成员座位的安排和程序；一年四季主、副食结构的调整和变化；对待客人的饮食礼仪；家居中特殊的用餐习俗，比如坐月子、对老人和病人的优待等。

中国广大地区和各民族，均实行早、午、晚三餐制，随着季节的变换和农忙与农闲的区别，也有四餐和两餐制的。广大汉族地区一直是三餐制。早餐比较简单，午餐、晚餐为正餐。除主食外，配以炒菜，形成明显的主副食结构。

居家饮食的礼仪较简便，如果家中有老人或贵客，进餐时的座位就要体现出对老人和客人的尊重。家规较严的家庭，父子不同席，公公与儿媳不同席，长者坐上席，晚辈坐下席，家庭人口多的要分席用餐，妇女和小孩常在一起用餐。有些少数民族，待客还有特殊的礼节。

走向世界的中国菜

中国菜在长期发展过程中，形成了自己独具一格的烹调技艺与富有民族风格传统的饮食风貌。不仅有色、香、味、形俱全及品种多样的美食，而且对于吃饭、做饭用的各种饮食烹饪器具，也同样讲究造型精美，质地上乘，典雅别致。除了美食配美器之外，还要配以抑扬顿挫、入耳动听的优美音乐……在中国，吃是一种享受。

①中国饮食文化的传播历史

早在秦汉时期，中国就开始了饮食文化的对外传播。据《史记》、《汉书》等记载，西汉张骞出使西域时，就通过丝绸之路同中亚各国开展了经济和文化的交流活动。张骞等人除了从西域引进了胡瓜、胡桃、胡荽、胡麻、胡萝卜、石榴等物产外，也把中原的桃、李、杏、梨、姜、茶叶等物产以及饮食文化传到了西域。中国传统烧烤技术中有一种啖炙法，也通过丝绸之路传到了中亚和西亚。汉代的时候，中国人卫满曾一度在朝鲜称王，此时中国的饮食文化对朝鲜的影响最深。朝鲜习惯使用筷子吃饭，朝鲜人的烹饪原料、饭菜的搭配，都明显地带有中国的特色。甚至在烹饪理论上，朝鲜也讲究中国的“五味”、“五色”等说法。

受中国饮食文化影响更大的国家是日本。唐朝著名高僧鉴真6次东渡日本，把中国的饮食文化带到了日本，日本人吃饭时使用筷子就是受中国的影响。鉴真还带去了干薄饼、干蒸饼、胡饼等糕点的制作工具和技术，当时在日本市场上能够买到的唐果子就有20多种。之后，在中国的日本留学生几乎把全套的中国岁时食俗带回了本国，如元旦饮屠苏酒、正月初七吃7种菜、三月上巳摆曲水宴、五月初五饮菖蒲酒、九月初九饮菊花酒等。唐时，日本还从中国引入了面条、馒头、饺子、馄饨和制酱法等。清代，中国僧人黄檗宗将素食菜肴带到日本，被日本人称之为“普茶料理”。之后，中国荤素菜肴传入日本，被日本人称为“卓袱料理”。卓袱料理对日本的餐饮业影响很大，它的代表菜如“胡麻豆腐”、“松肉汤”等，至今仍是日本人的最爱。

元代，意大利人马可·波罗来到了中国。在他的《马可·波罗游记》上记载了许多中国美食。他对中国的面条有着浓厚兴趣，不但吃得津津有味，而且把学到的手工带回他的祖国。他回去时还带着中国的调味料和食品，使中国菜进入欧洲大陆。

明代，郑和七下西洋，出行了亚非等30多个国家和地区，随行人数众多，与各国进行了政治、经济以及烹饪文化的交流与传播，中国菜进一步扩大了影响。

清代，西方游人赫氏在道光年间曾游历中国各地并且到达了西藏，其所著的游记中盛赞中国菜。他说："中国文明之先端，饮食尤以中国调味为世界之冠"，而海外盛传中国饮食之风的原因在于"中国烹饪法之精良，又非欧美所可并驾"，中国菜"比之今日欧美最高明医学卫生家所发明之最新学理更高明"。

中国菜传到美洲大陆大约在19世纪中期，较早一批中餐馆是1867年在加拿大渥太华和1870年在美国旧金山出现的。随着中国与世界各国文化交流的日益频繁，中国菜更加受到世界各国人民的欢迎。

②中国烹饪文化受世界青睐

中国的烹饪文化经久不衰，从远古以来一步步地登上了光荣的殿堂。尤其是近年来，随着中国改革开放步伐的加快，东西文化交流的日益深入，中国烹饪文化作为中国传统文化遗产中璀璨的一颗明珠，受到了世界各国人民的青睐。亚洲的邻近国家可谓"近水楼台先得月"，中国菜已经遍及亚洲各国。在日本约有50000多家中国餐馆，其中东京及横滨就占一半多，特别是横滨的中华街，中国料理店及中国风味食品店鳞次栉比，非常有特色。在美国约有25000家中国餐馆，纽约就有5000多家，在唐人街随处可见中餐馆及中国食品店。在欧洲，法国巴黎约有16000家，英国约4000家，荷兰约3000家，比利时约3000多家，西班牙约4000多家中餐馆，遍布城区及沿海各旅游景区。色香味俱佳是中国菜遍及全世界的最重要的原因。在美国，有无数人为其所倾倒。大数学家陈景润先生在普林斯顿大学时，经常会前往纽约市唐人街的中国餐馆吃饭。他说那里的中国餐馆大多面积不大，里面却密密麻麻地放满了桌子，坐满了人。而等候吃饭的人，从餐馆里面排长队直到大门口，其中虽然有中国人，但更多的还是美国人。如果运气不好的话，吃一顿饭很可能要等上两三个小时。由此可见中国菜在美国是非常受欢迎的。

中国菜烹调中多选用新鲜蔬菜，肉用得不多，而炒的烹调技法还保留了蔬菜的养分。据报道，美国营养学家赫尔曼认为中国菜大多为植物油烹饪的新鲜蔬菜，配上各类杂粮主食，再加上姜、葱、蒜、辣椒、胡椒等具有杀菌清脂作用的佐料，对人体是非常有益的。另外，中国饮食养生、食疗食补和药膳等独具中国特色的菜肴更是备受外国友人的青睐。

服　饰

一、先秦服饰

原始时代的服饰

①兽皮与贝壳：从蒙昧到开化

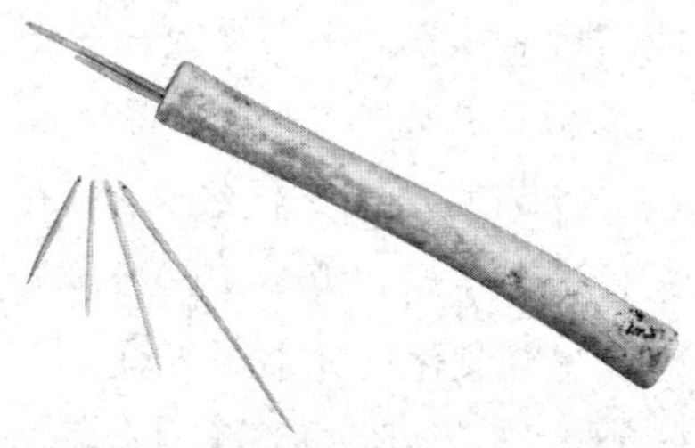

骨针　旧石器时代晚期

骨针和针筒都是由动物肢骨制成的，针尖锋利，针尾稍加磨平，并钻有穿线的孔。

骨针发明之前，原始人的服装无非是直接取材于大自然的兽皮、植物的叶子等，只不过在款式上有所不同罢了。不过，原始人的服装款式不是因为人们的审美观点不同而不同，而是直接由其生存条件决定的。在游牧部族中流行的“羊皮衣”、“虎皮衣”等的设计灵感就是来源于他们的生存环境，他们考虑的因素不仅局限于取暖，还要增加自身的安全系数。因为，由整块的羊皮或虎皮做成的“羊皮衣”、“虎皮衣”，仍保留着动物的原形，当用动物腿部的皮把衣服系在身上的时候，他们的形象几乎和动物没什么两样；而在以采摘为主要生活来源的民族中，人们则以穿着“植物服装”为时尚，他们多用自然界中随手可得的树叶草藤、鲜花香草缠绕在身上。

后来，随着骨针、线绳的发明，我们的祖先终于摆脱了直接从大自然寻找衣物的尴尬境遇，在他们灵魂中对于美的本能渴求开始迸发出来。或者还可以这样说，正是因为祖先们对美有了渴望和追求，才促使了骨针、线绳的发明。

不管怎么说，有了骨针、线绳后，他们的设计思路大为开阔了，原始社会的服装制作也就进入了一个新的阶段。他们开始在原始的兽皮、树皮面料上按照自己的需要进行设计、剪裁，再将切割成各种不同形状的皮片用骨针缝合到一起，做成外衣、腰裙、帽子、鞋子、头巾等，大大丰富了服装的形制与款式。

随着社会的进步，原始人的思想也得到了发展。他们开始懂得把对自身外表的美化意识及审美观念体现在服饰上。比如，他们在身上涂抹花纹，将头发梳成各种形状，用鸟的羽毛装饰帽子，还把不能吞食的兽骨、兽牙经过打磨、钻孔、染色，做成各种各样精美的装饰品，戴在身上。

原始人还给服饰赋予了更多的意义。在他们心目中，用兽骨做成的装饰品是具有一种特殊的美感。因为在原始社会，只有勇敢的人才能捕获到野兽，所以，这些饰品经常被人们当作互相馈赠的礼物或男女间的定情信物。在远古部落里，帽子也具有极特殊的意义，它经常被作为各部落的图腾崇拜和区别等级的标志。不同部落，不同种族的帽子各不相同。在本部落或者是本种族范围内，帽子的样式也是不同的，首领的帽子是一种权威，只有部落的首领才能戴着插有鲜艳羽毛的帽子。

②丝绸的出现：服饰的新时代

原始社会后期，中国先民逐步从狩猎进入渔猎、畜牧和农业阶段。他们在长期利用野生植物纤维和兽毛编结织物的基础上，发明了纺织的原始工具——陶和石制纺轮，并利用麻葛及畜毛纤维织布，取植物颜料染色，制作简单的服装。原始纺织的出现，从根本上改变了中国先民的衣着状况，为服装形式逐渐完善奠定了基础。

养蚕、缫丝、织绸，是中国先民对服装发展做出的世界性贡献。中国先民利用蚕丝纺织衣料，距今已有 5000 年的历史，养蚕取丝的历史则更早。丝织服装柔软轻盈，富有光泽，它的出现改善了服装的使用性能。

③上衣下裳：中国服装形制之始

中国古代何时出现具有基本形制的服装，目前尚无实物可考，但从古代文献及出土的陶器人形图样推断，传说中的黄帝时代，是服装形制的发端。随着服装形制的初具，其质料也逐渐完成了以纺织品代替兽皮的过渡。当时的服装，由上下分式的衣和裳组成，初步形制为：上身着缝制袖筒、前开式的衣装，下体围遮障、防护性器官的裙裳。上衣下裳形制是中国古代最早的服装款式。

原始社会里，中国先民对玄秘的自然无法解释，出现了自然崇拜。受这一因素的影响，当时的服饰色彩及纹饰多取象自然。衣用玄色，裳用黄色，并施以取象自然界日月山川及鸟兽虫草之纹的服饰，在当时已经流行。

夏商周礼服

①夏商衣饰

公元前21世纪，夏王朝建立，中国历史进入了奴隶制社会。公元前16世纪，夏代被商代所取代，奴隶制社会进一步发展，夏商时期，中国古代服饰在原始社会基础上有了初步发展。当时的农业生产因金属工具的应用而更加兴盛，同时，畜牧业、手工业及染织业也达到了新的水平。在甲骨文中，已出现有“桑”、“丝”、“蚕”、“帛”、“衣”、“裘”、“巾”等文字，河南安阳殷墟出土的青铜器表面上带有丝绸残迹，而且除平纹外，还有菱形纹、方格纹及暗花回纹，这表明商朝已经掌握了提花斜纹织制的纺织技术。在出土的石玉雕制成的人形实物中，可以看到具体的形象，其装束为：头戴巾帽，上穿交领右衽衣，下着裳，腰围带，下系韠。这一人形雕像，服装轮廓清晰，为了解商代服饰提供了最直接的依据，并和有关文献记载相印证。

商代的衣形，主要由衣领、衣衽、衣袖、衣带组成。奴隶主贵族穿着的上衣、领袖、下裙等部位，均施以镶边工艺，以获得增固及美观的效果。交领右衽是中国最早的上衣领式，其形制为两衽交掩于前胸，前衽向右斜垂于袖下。右衽形式经历代传袭，成为汉民族衣式的主要特征之一。商代衣袖多为窄袖制，而衣袖的出现，说明服装形制摆脱了原始的围裹状，开始适应生活。依体定形原则在商代已经确立。下裳是中国古代遮蔽下体的最早服装形式。“裳”也可写作“常”，“常”字在《说文解字》中释为“下帬帬也”，“瑱”为裙的古体字，裳、裙相同。围系于身体下部的原始裙装，发展到黄帝时代，演变为下裳，至周代趋于完备。

首饰作为服装整体的一部分，随着服装形式的具备，在原始首饰的基础上达到了一个新水平。这一时期，主要首饰种类有发饰、颈饰、耳饰、手饰等。殷商妇好墓出土的499件骨笄和28件玉笄展示了当时主要发饰笄的精美。笄为针状，初为束发固髻之用，以后发展为实用与装饰兼得而以装饰为主，秦汉后称为簪，两股分叉状的称为钗。颈饰在新石器时代就已具审美意义。耳饰又称珰、珥纆、耳环等，《古今事物考》曰：“珥，女子耳珠也，自妲己始之，以效岛夷之饰。”是说商王纣的宠妃妲己仿效边域少数民族开始戴珥。耳饰分穿耳饰和不穿耳饰两种，质料从石发展到玉、金等。手饰分为戴于手指的指环（也称戒指、代指、驱环等）和戴于手腕的镯钏（即手镯、腕环等）。

②周代的服饰制度

由西周至汉代，是中国服饰文化发展的定型阶段。周代的社会经济在殷商的基础上又有了长足的发展。在作为生活物质生产领域的纺织业中，育蚕、纺绩、练漂、染色以及服装制作等分工愈加繁细，并设有专门的机构进行管理。由于纺织技术的提高，服装材料除麻葛织物及罗、帛、纱、绫、绢、绮、纨等丝织物外，又出现了锦这一品种。锦字从“金”部，与帛组合，可知其制技繁难，其价如金。

跪式玉人　商

此玉人衣饰精妙绝美，身上插有器具，头部戴卷帘冠，是商朝贵族的形象。

周代分封制的建立，使阶级间的差别极为明显。周代为了维护其统治，除沿袭商代宗法思想外，还利用宗法关系以及等级制，建立了一套完整严格的礼仪制度。服饰作为标识等级、服务于礼仪规范的外在形式，也有系统、严谨的制度，当时上至天子、卿士，下至庶民百姓，服饰各有等别，不得僭越。周代的这一别尊卑、昭等威的服饰制度，在中国古代社会影响深远，为历代统治者所推崇，被视为服制之源，效仿传承。

据《周礼》等书记载，周代帝王后妃及百官在吉、凶、军、宾、嘉等五大礼仪中，根据不同身份等级，衣冠有别、各有其制，并设有“司服”官，专门掌管其服制的实施。冕服源于夏商，是帝王、诸侯及卿大夫等在祭祀、登基、朝贺等重大礼仪场合穿着的礼服。其在周代形成定制，成为周代服装制度的重要组成部分。冕冠是各种礼仪中所戴的最为显贵的礼冠。玄衣纁是冕服的主体服装，为上衣下裳形制。玄衣即为黑色的上衣，祎为绛色的围裳，并采用十二章纹作为图案，装饰于衣裳之上，所饰纹样还有绘衣、绣裳之别。十二章即日、月、星辰、山、龙、华虫、宗彝、藻、火、粉米、黼、黻十二种。每一章纹图像皆有特定的含义，象征帝王贵族的操行品德及威仪。

周代对王后、贵妇也设礼仪服制，如定褖衣、揄狄、阙翟、鞠衣、展衣、袆衣六种衣式为王后礼服，亦称王后六服。六服中惟鹖衣为王后专用，另外五服为其他贵族妇女所用，在礼仪场合按等级穿用。

周代除冕服外，另有弁服、裘、袍、深衣等衣制。弁服为古代次于冕服的一种服饰。裘为一种寒衣，以白色狐裘为贵，天子才能穿。袍为长衣式服装，上下连体，无衣、裳之别，袍设夹里，内絮丝绵。因当时丝绵有限，除天子百官外，庶民则只絮粗麻等物。袍初为内衣，战国时期开始作为外服穿用，汉代以后逐渐普及。深衣形制早于袍，是中国古代继上衣下裳之后出现的又一服装类型，其特点为上衣下裳缝合连属，通体一式。深衣与上衣下裳并称为中国古代两大服装形制，对后世的服装影响很大。以后出现的袍服、长衫、禅衣等通体服装，均沿于深衣形制。

周代除礼仪场合足下着舄外，便居时则穿着屦。屦也为先秦鞋的通称，汉代则通称履。屦一般用麻葛材料制作，单底以适宜便居穿用。战国时期，西北游牧民族的靴渐渐传入中原。靴为皮制，多为高筒，适宜骑乘。冠帽发式作为服饰整体的一部分，至周代得到进一步的完善，同时也具有了礼俗色彩。这一时期，上层男子 20 岁成年，需进行加冠之礼，谓之“冠礼”。女子插笄不但用于束发固髻，也作为成年、婚否的标识。按定制，女子许嫁者 15 岁举行笄礼，以插笄区分女性身份。

二、春秋战国服饰

创新多样的春秋战国服饰

儒家思想的代表孔子提倡“宪章文武”，他认为服饰不可以不分贵贱，必须“约之以礼”，这是儒家服饰观的基本准则。在他看来，服饰应该具有启发陶冶人的性情、使人愿意做仁义之事的内在功能，这样才能够体现出社会的伦理规范和个体的内心欲求的统一，使得服饰成为统治者的有力工具，这也是中国服饰数千年来一直遵循儒家观念的原因。

孔子提出了自己的审美标准后，其他诸子也不甘落后。道家提倡“被褐怀玉，顺其自然”，意思是只要维持服饰的最低水平就可以了。这种看法不重视衣服的审美功能，重视实际，但不利于服饰的发展。法家的观点与道家有点相似，也是崇尚自然，反对修饰。但是他们都强调服饰要从封建制度出发，强调服饰对统治的作用。墨家提倡“节用”，主张“衣必常暖，然后求丽”，衣冠服饰要讲求“尚用”，不应该过分追求华丽奢侈，更不应该受到繁文缛节的等级制度的约束。

楚国男女衣着华丽，红绿缤纷。他们的整体造型，包括领、袖、襟、腰、下摆等多为曲线形式，衣的领缘较宽，绕襟旋转而下，衣上布满用印、绘、绣等手法绘制的各式云纹、几何纹、散点纹图案，这些图案也同样呈现曲线状。最特别的是，楚国的青年男女皆以宽带束腰，显得腰身曲线分外玲珑，别有一番韵味，和那些宽衣大袍形成了鲜明的对比。

春秋战国时期纹样的设计思想非常活跃，而且高度成熟。这一时期的纹样能继承商周时期的矩形、三角形几何框架和对称手法，却不受几何框架的束缚，充分利用这些几何图形的框架特点，并以这些框架为依据灵活布局。在具体设计中，图案纹样可以根据创作意图超越几何框架的边界，或对称，或移位，或交错，灵活多变。这种设计思路不但打破了几何框架的局限性，也使得纹样既有严整的秩序，又有灵巧的穿插变化。虽然结构繁复，层层穿插重叠，却是繁而不乱。

春秋战国时期服装纹样的题材，还具有一定的象征含义。龙凤既寓意宫廷昌隆，又象征婚姻美满；鹤与鹿象征长寿；翟鸟是后妃身份的标志；鸱鸮（猫头鹰）象征胜利。丝织纹样因受提花工艺的限制，战国时多限于菱形纹、方棋纹、复合菱形纹及在这类几何纹内填充人物、车马、动物等的变体纹样。

春秋战国时期的冠，称之为首服，又称元服，有鸡冠、帬冠、高山冠、远游冠、巨冠、缁布冠、皮冠、高冠等。冕是古代帝王、诸侯以及卿大夫祭祀的时候戴的礼冠。弁也是当时比较尊贵的帽子，有皮弁、爵弁等。还有一种帽子是胄，也就是头盔，有铁胄、皮胄，作为防身之用。还有平民戴的巾、帻。平民老百姓的帻是青色或者黑色的，所以战国时期称人民为“黔首”。笠是当时的雨帽，主要是用竹篾和草编成的。

在春秋战国时期，冠不仅是成年男子和“童子”的区别，它还是君子的象征。冠不只是头上之物，还是“礼”与“非礼”的界限，是文明与蛮夷的区别。

深衣的流行

深衣实际就是长袍，在当时的流行服装中，是一种比较突出的式样。

它将上衣、下裳合为一体，连成一件，虽然不合乎人体的曲线，但男女款式显得既大气磅礴，又不失阴柔娇媚。深衣的款式多种多样，宽博型的、窄小型的，完全可以因人而异，凭自己的喜好打扮自己。深衣最大的一个优点是穿着方便，既利于活动，又能严密地包裹住身体。

春秋时期的深衣大多用白色细麻布制成，战国以后则以彩帛制作的居多，衣服的领、袖、襟、裾等部位通常都以彩锦缘边。

深衣的颜色受伦理思想的影响很深，一般说来，如果父母、祖父母全都健在的，就穿绿色的深衣；父母全在，而祖父母不全在的，或父存母亡的用青色；父亡母存用素色；平常衣料的颜色要避免用素色，是对父母表达孝心的一种方式。

当时南北各国因为文化意识的不同，深衣的款式也不相同。北方衣袖窄长，上衣紧贴身体，下面的衣裾宽大曳地。而南方仅楚国的深衣款式就有多种。衣袖肥大而下垂，袖口突然收紧，衣裾的下部宽大而拖长。还有一种式样，袖子从肩部向下开始变窄，形成一种细长窄小的袖口，衣裾拂地不露足。此外，楚国还拓展了深衣的款式，像皇室流行的九头鸟礼服就是在深衣的基础上演变出来的款式，它的样式大多是直裾右衽，并配有腰带，颜色丰富，而且还有花纹。还有一款“绕襟谓裙”在楚国也相当流行，它用料轻薄，把人体的美用另外一种方式体现了出来，在一定程度上解决了深衣的不足。“绕襟谓裙”就是宽边的下身缠绕式的肥大衣服，这种缠绕是将前襟向后身围裹的式样，比普通深衣更有欣赏价值和美感。为了防止薄衣缠身，“绕襟谓裙”利用横线与斜线的空间互补，产生了静中有动和动中有静的装饰效果，还采用平挺的锦类织物镶边，边上再装饰上云纹图案，也就是所谓的“衣作绣，锦为沿”，将实用与审美巧妙地结合起来。

深衣一直流行到东汉时期，魏晋以后才不再流行。但是，它的影响却是极为深远的，现在的许多服装款式，如长衫、旗袍和连衣裙以及日本的和服都是深衣的遗制。

赵武灵王力推胡服

战国时期，越武灵王进行了服饰改革，他力推胡服，把裳去掉，改成合裆长裤，上衣是力求紧身合体的窄袖短衣。他还引进了靴子、帽子和带子（腰带）。有利于在水草之间跋涉的有筒皮靴，便于骑马的精练、利落的长裤，长仅与上身齐、方便射箭的上衣……整套胡服穿在身上，人确实显得英武挺拔、利落多了。

用皮革制成的腰带考虑得非常周全，皮带上扎有小孔，带头装一金属环扣，缀有扣针，使用时将皮带穿过环扣，收紧之后以扣针固定，不易散开。赵国还对这种腰带做了改进，除镶上金属搭扣外，还附有铸镂各种纹饰的金属牌饰。这种牌饰不但有装饰功能，还有实用价值。因为在牌饰的下端，常连着一个铰具，铰具上结有金属带钩，随身应用的东西就都可以挂在腰带上。

战国时期的带钩，比西周初时有很大进展，用料十分讲究，有用玉做的，也有用金、银、铜、铁各种不同材料制成的。做工也都非常精细，有雕镂花纹的，镶嵌绿松石，错金嵌银的等，不一而足。当时的带钩总的来说钩体都呈 S 形，下面有柱，但式样也各不相同，有八种之多，有动物形的，有琵琶形的，还有各种几何图形，如长方形、圆形、正方形等。

赵国采用这些服饰，极大地方便了作战，军事力量迅速增强，相继灭了中山、东胡、楼烦及雁门，疆域向北扩展千余里，以“胡服之功”，赵国一跃成为战国时期的强国。

胡服虽只是在赵国流行，但是，在以后的岁月里，短衣、长裤却逐渐成为汉民族服装式样的一个重要组成部分，经过了两千多年的岁月变迁，一直沿用到今天。

三、秦汉六朝服饰

秦汉服饰仪制

①从今弃古，统一服制

公元前 221 年，秦灭六国，建立了中国第一个中央集权的封建国家，并在全国颁行“书同文，车同轨，兼收六国车旗服御”等一系列措施，建立起包括衣冠服制在内的各项统一制度，对中国封建社会的发展产生了重大影响。秦代的服饰制度，遵循从今弃古的原则，废除周代繁缛的冕服制度，仅保留在典仪上最轻的小祀礼服玄冕，作为礼仪之服。

袍服至秦代已较为普及，秦代规定三品以上职官可穿深袍、深衣，庶民为白袍。对于其他服饰，秦代一般在沿用春秋战国某些形制的基础上，加以简化，力求实用。

②峨冠博带

汉代是中国古代传统服装的定型时期。西汉时期，为维护统治阶级的尊卑等级秩序，对一般官吏及商贾的冠戴及服装质料，朝廷均颁有明文律令，这成为颁行服禁的开端。东汉时期，礼仪服饰恢复了周代的冕服制度，并不断增加新内容。这一时期，中国古代服饰日趋完备，成为历代服饰发展的基础。汉代天子的袍服随五时行色，即春服青色，夏服朱色，季夏服黄色，秋服白色，冬服黑色。汉代仕宦的便居常服多为禅衣。禅衣与袍服形制类同，用单层布帛制作，汉代文人庶民也多穿用。汉代除深衣、袍、禅衣等上下连体的服装外，另有衫、襦两式短衣，男子穿着也较为普遍。

男立俑 西汉

这是贵族家中身份较高的家臣形象，他头戴尚冠，身着深衣，下身缠曲裙，低眉敛目，表情严谨，反映了贵族的家臣讲究规矩礼仪的特点。

在中国古代，裤装的产生比衣裙晚，至商代末期才在一定范围内穿用。可知早期裤装为无裆的套裤形状。

秦汉时期男子的首服在前代的基础上变化较大。战国以前，男子大多只用帽冠罩戴于发髻之上，一作首服，二又约发。战国以后至秦汉时期，则开始用巾裹头。巾用一种方形的布帛裁制而成。

汉代的冠帽，作为区别尊卑等差的标识，形制在承袭周代古制、兼收战国式样的基础上，不断创新，逐渐形成品式繁多、较为完备的冠戴制度。先秦时期的冠帽，主要从属于礼仪规范，而汉代的冠帽则更多地从属于尊卑有序的封建制度。

汉代的等级秩序，不仅体现在冠巾上，也体现在腰间系束的佩绶上。其绶带的颜色、织制方法等都因佩带人官阶、身份的不同而各异。

秦汉时期，深衣制的连体长衣已成为妇女的主要装束。由于上体襦衫短衣和下体长裙等衣式逐渐完善，中国古代女装中典型的裙衣配用形制，也基本确立。

汉代裙服，在古制下裳的基础上，已形成上窄下阔、下长曳地的基本定式，褶裥已被应用，纹饰也愈加丰富。下裳成为妇女不分贵贱皆可穿用的装束。

秦代以后，足装均称为履，式样品种日益增多，主要有出行时穿着的木履，用丝、帛、皮革、麻草制作的各式鞋履等。岐头履为汉代的足装，其形为鞋头上翘，也称翘头履。鞋头上翘为中国古代足履形状的重要特色，形式均为定俗。

挽髻为中国古代妇女主要的发式装饰形式。汉代妇女的发髻上，多插加各种首饰。步摇为贵族妇女发髻上的主要首饰。

③军旅戎装

甲胄是古代战争中用于防护身体的特殊服装。春秋战国至秦汉，随着战争规模的扩大，用于防护身首的甲胄也日臻完备，铁质的铠甲已广泛应用，穿缀成衣的鱼鳞状甲片更加细密，结构也更趋合理。在兵戎相见的战场上，身着铠甲，头戴兜鍪参战，既能有效地防护身体，又可壮其军威。

魏晋崇尚宽衣博带

魏晋至唐代是中国服饰发展的丰富阶段。

魏晋时期的服饰，由于受宗教观念、玄学思想、多民族文化交融三方面的冲击，发生了较大的变化，其形制在继承秦汉传统的基础上，形成了变异出新的时代风貌。晋代葛洪在《抱朴子·讥惑篇》中有段生动的记述：“丧乱以来，事物屡变，冠履衣服，袖袂财制，日月改易，无复一定，乍长乍短，一广一狭，忽高忽卑，或粗或细，所饰无常以同为快。”

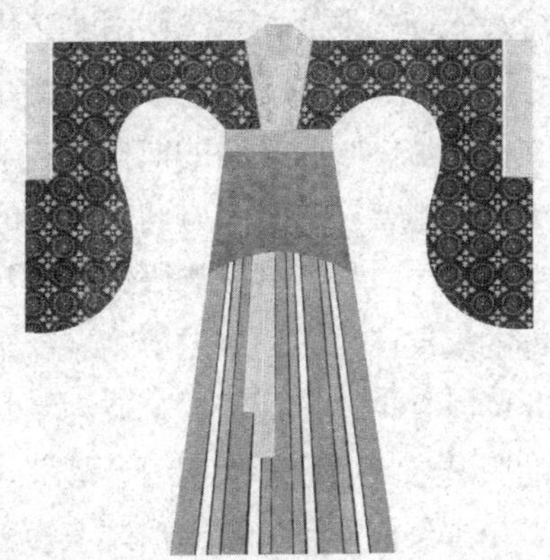

西晋大袖衫穿戴展示图

本图所绘的服饰，在当时带有普遍性，河南洛阳等地出土的陶塑妇女，也穿这类服装。特点是对襟束腰，衣袖宽大，袖口缀有一块不同颜色的贴袖；下着条纹间色裙。当时妇女的下裳，除穿间色裙外，还有其他裙式。

魏晋时期，凡帝后公卿百官朝祭等礼仪之服，一般均承袭秦汉遗制，但士大夫们的日常服装则有巨大变化，衣式宽博为其主要表现。当时上至王公名士，下及庶民百姓，均以宽衫大袖、褒衣博带为服饰习尚。这一时期的宽褒衫衣，分单、夹两类，多为对襟衣式，且两襟连带，可束系于胸前。此外，长袍、襦裙及裤装，也为男子较为普遍的服饰。

魏晋男子的首服及足装，在承秦汉巾冠及鞋履形制的基础上，也有变化和发展。魏时创制的便帽，目的就是模仿古代皮弁之遗风。这一时期，木履已成为男女通用的足装。

魏晋妇女的服饰，仍以秦汉传统的襦、袄裙、深衣为一般常服，同时也受褒衣博带的影响，并效仿成俗。另一方面，晋代妇女服饰受北方民族装束的影响，部分衣式习尚窄袖、束腰、紧身，而裙装依然宽博，呈上俭下丰之势，这种风格的衣式至南北朝时更为盛行，成为一时特色。上层妇女的服饰多追求浮华靡丽之奢。

受其时尚所染，妇女的发式也较汉代为多，其中灵蛇髻及高髻最具代表性。灵蛇髻的发式可随意变化，能衍出多种形状，具有玲珑、雅致的特色。

胡装与汉服并行

魏晋以后的南北朝时期，中国广大地区战争频繁、南北分裂，由于中原大批汉民迁入南方地区，并带去了先进的纺织等技术，促进了南方地区经济及服饰的发展，汉民族南北文化礼俗也逐渐统一。

在北朝，由于北方游牧及半游牧民族入居中原，一方面，汉族服饰在文化交流中吸收胡装的很多形式，出现变化，同时胡装被全社会所接受，并大范围地普及；另一方面，汉族的服制礼仪亦被各少数民族政权统治者所采用。这个时期，各民族服饰在自身传统的基础上，融合改进，对中国古代服饰的发展产生了积极的影响。汉末及魏晋时期，裤褶已传入中原地区，至南北朝时期得以广泛流行，成为当时最为普遍的服饰。裤褶实为一种上衣下裤的服装形式，质料有锦缎、绫罗、麻布、兽皮等，一般根据季节及穿着者的尊卑等级而有别。裤褶形制窄短，用于礼服则有悖于汉制礼仪。

南北朝时期，各少数民族政权统治者受汉族文化礼俗的影响，衣式冠履渐从汉制。北魏孝文帝实行文化改革，其中规定汉制冕服为礼仪之服，皇帝及群臣百官皆服汉制衣冠，并依尊卑等级而衣锦有别，同时颁令约禁胡装。这一时期的袍服与汉无异，袍色使用五色及红、紫、绿等，领裾、袖以杂色缘边，此衣式为隋唐时期品色服先制。

四、大唐风范——唐代服饰

唐代的服饰制度

隋唐时期，中国南北重新统一，社会安定，百业旺达，纺织业也得到了迅速发展。隋朝历史短暂，服饰没有形成明显特色，但服制在考证古今衣冠及礼仪的基础上进行了统一颁定，使朝仪典庆服制有序。

唐代服饰制度在隋旧制的基础上重新颁行：皇帝及群臣百官所服衣制分为祭服、朝服、公服、常服等。皇帝的常服承隋制着赤黄色，黄色此时成为至尊色，为皇帝专用。一般以紫、绿、青等色别来分辨尊卑等级。

以袍衫为主的唐代男装

唐代一般男子的服装以袍衫为主，其结构形式在秦汉和魏晋时期袍服的基础上，又掺揉了胡装风格，其款式特点为圆领、窄袖，领、袖、裾等部位不设缘边装饰，袍长至膝或及足，腰束革带。袍衫在唐代穿着普遍，帝王常服及百官品色服均为袍式，一般士庶亦可穿着，但服色受限，故多穿白色袍衫。

胡装在中原地区流行，自战国始至唐代达到极盛。盛行胡装的原因同唐代社会文化的开放性和包容性有关，从出土的唐代士俑、唐三彩及壁画中，到处可见身着胡服的人物形象。

唐代男子普遍穿着的服装除袍衫、胡装外，还有半臂。半臂是一种半袖上衣，原为隋内官服装，后四方效仿，唐时流行于民间。其形式为合领、对襟、半袖、衣长至膝，常春秋穿着。

唐代男子的首服，以幞头巾帽应用得最广泛，为这一时期典型首服。幞头是一种经过裁制的四脚巾帛，前两角缀两个大带，后两脚缀两个小带，戴时将前面两脚包过前额绕至脑后结系在大带下垂着，另外两角由后朝前，自下而上收系于脑顶发髻上。

追求奇丽的唐代女装

唐代疆固物丰，世风开放，妇女装束呈现出纷繁瑰柔和求奇追丽的风貌。这一时期的衣式以襦裙服为代表。袒襦衫初为宫女及宫廷歌舞伎穿着，后成为上层贵妇及仕女的时尚服饰。半臂及披帛也是襦裙装的重要组成部分。

唐代裙装以裙腰高束至胸部、裙长曳地为主要特征。但是衣服太长会妨碍走路，因而唐代女子的鞋多是高翘式的，鞋的前端高高翘起，可以将过长的裙摆勾在鞋子上，就不会妨碍走路了。

唐代妇女除以襦裙服为主要衣式外，还以石榴裙、胡服及男装为时尚。除了注重服装上的搭配外，唐代妇女在化妆与修饰上也颇有建树，与前朝化妆相比，不但形式增加了，化妆品也得到了大大的丰富，出现了白粉、花黄、眉炭、斜红和花钿。唐代妇女化妆大致包括施铅粉、抹胭脂、涂鹅黄、画黛眉、点唇脂、画面靥、贴花钿等内容。

五、保守谨严——宋元时期的服饰

等级化的宋代服饰

北宋时期，服饰由于受理学思想的影响，总体上趋于保守、谨严，服制经多次更修逐渐确定：皇帝冕服为冕冠前后十二旒、衣裳十二章纹饰、蔽膝、佩绶、大带等制齐备。公服中除幞头首服外，袍衫为主要衣式，袍长过膝，腰束革带。三品以上着紫色，五品以上着朱色，七品以上着绿色，九品以上着青色。革带为三品束玉带，四品以上束金带，其余官品按相应质料束用。

宋庶民服色以皂、白两色为主，文人雅士以深衣作为礼服，在冠礼、婚礼、祭祀、宴居时穿着。衫也是文人学士的常服，其中以襕衫、帽衫为典型。

宋代贵妃、贵族妇女礼服以袆衣、褕翟、鞠衣、朱衣、礼衣、大袖衣、长罗裙、褙子、霞帔为常服。褙子是宋代女装中最具特色的一种。宋代裙装受晚唐五代的影响，贵族妇女多穿罗裙、石榴裙，甚至穿用郁金香草染制的郁金裙。

宋代妇女的冠帽有花冠、高冠、团冠、珠冠、盖头等，冠上除装饰金银珠玉、鲜花或绢花外，还流行插梳。

辽、金、元的民族服饰

辽、金、元在不同时期建立了三个少数民族统治政权，在汉文化影响下，丝织物加金技术又有新的提高，织金锦缎用于服饰也较为流行。辽制胡装以长袍为主要衣式，男女上下同制。皇帝大祀时穿白绫袍，朝服着格缝红袍，常服着绿花窄袍。

金是继辽之后由女真族为主体建立的少数民族统治政权，其传统服饰秋冬多用动物皮革缝制，春夏则用纻麻丝及白细布帛制成，质料贫富有别。

元代是以北方游牧的蒙古民族为主建立的少数民族统治政权，服装具有简朴、实用的特色，除皇帝及百官穿着汉制的冕服、朝服、祭服外，其他则延用蒙古族装束。另外，长袍也是有元代传统特色的服装。

六、正统与变异——明清服饰

明代恢复传统服制

明代的服装制度基本定形，朝臣百官的冠帽衣履也恢复了传统朝服、祭服、公服、常服之设。明服制中绣绘龙饰的袍服，沿承前制为帝王专用，一般男子的服装主要有衲徼、罩甲、袍服等式。这一时期的袍服，为文人学士及庶民百姓的主要服装，服色因禁黄、紫而以青、黑色为主。贵族妇女的服饰，也沿承唐宋传统分为礼服及常服两类，大袖衫为帝王后妃的主要服装，凤冠是贵族妇女最为华贵、庄重的礼冠。

褙子、衫、袄、襦与掩足长裙配套穿着，仍为明代主要装束。明代妇女穿裤装已不多见，裙装以传统的多幅裁制、腰间的折褶装饰为主要形式，贵族妇女裙装的色彩绣纹丰富华贵，庶民妇女则以淡雅为尚。这一时期妇女的领襟等处已开始用扣系结，而扣饰的出现，摆脱了中国服饰用带束系的传统，应用于女装之中，更增添了女性端丽、纤巧的风韵。明末，民间曾有一种用不同颜色、不同形状布帛拼接缝制的外衣，看去似块块水田，故称为水田衣。因式样奇丽，一度成为年轻妇女的时尚之服。

明代妇女的梳妆，也有新的特色。年轻妇女中戴额帕非常盛行，贵妇则有貂、獭等皮毛裹饰。

满族服饰的宫廷化

清代是满族贵族建立的统治政权，也是中国最后一个封建王朝。清初，满族统治者强令在全国范围内改冠易服，薙发垂辫，故汉族传统服饰受到相当冲击，并终被满族服饰所取代。因汉人的衣冠传统是根深蒂固的，为缓解矛盾，清政府宽允汉族妇女沿袭明代服饰。汉民族某些服饰礼俗、程式及标识纹样等，也渐被清代服制所采纳。故此，清代形成了以满族服饰为主体的

孝全成皇后钮祜禄氏及爱子咸丰帝便服像 清

衣制。

清代的服装制度，在满族入关前的初制基础上，参考辽、金、元遗制，经多次更修而定，其服制对冠戴衣履的式样、颜色、纹饰及质料等都有详细规定。由于满族统治者把坚持本民族特色的服饰制度视为固国之本，所以清代数百年来始终以满族传统服饰为基本模式。

清代的服制包括衮服、朝服、龙服、补服、公服、蟒袍、常服袍、行袍行裳、端罩、行褂、马褂、常服褂、雨衣雨裳等。

衮服为皇帝在祭圆丘、祈谷、祈雨等隆重场合穿着的大礼服。龙袍为皇帝在一般庆典活动中穿着的礼服。清代服制中的衣式以袍服为主，有平常便居的常服袍以及出行骑乘的行袍等。褂服是清代服制中重要的衣式，皇帝、后妃、群臣百官皆作外服穿用。

清代服制中，对领围及领肩部位甚为重视，有披肩和领衣两种肩饰。

清代皇帝、皇族及近臣显官的冬衣以裘毛制作的端罩为贵。服制中规定的冠饰有朝冠、吉服冠、行冠、常服冠等，朝珠的佩戴是清代服制的又一特色。

清代一般男子的服饰有袍衫、马褂、马甲、裤装及各类便帽、鞋靴等。

满族妇女的典型服装为衣裳连属的旗人长袍，即旗袍。旗袍外习惯加罩坎肩。坎肩形式有对襟、大襟、一字襟、琵琶襟及斜直下襟等，坎肩的交襟处及边缘多镶绣宽阔繁褥的边饰。

清代汉族妇女装束沿袭明代，一般为上着袄、衫，下着长裙。

七、东西交替——晚清和民国服饰

剪辫易服

戊戌变法失败后，大批青年走出国门，他们不但吸收了西方的科学技术、思想文化，还耳濡目染了西方的生活方式。他们受到国外进步思想的影响，纷纷剪去头发，穿上西装革履，掀起了剪辫易服的风潮。

中国自上而下地开始接受西式服装与服饰习惯。当时的大礼服就是西式礼服，有昼夜之分。白天穿的长礼服为黑色，身长及膝盖，袖长及手脉，前为对襟，后下端开衩，脚穿黑色过脚踝的靴子，头戴高而平顶的有沿帽子；晚礼服类似欧式的燕尾服，与晚礼服配套的是较短、露出袜子的靴，靴前缀黑结。

中国人终于可以按照自己的喜好进行装扮，无论是款式、色彩，还是纹样，都可以各取自己所好。从此，传统服饰退出了历史舞台，中国服饰文化进入空前繁荣、空前活跃的时代。

欧风东渐

民国初年，男子最普遍的服装是长袍（长衫）和马褂。它们都是比较正式的服饰，在款式、质地、颜色和尺寸上都有一定的格式，所以它们都可以被作为礼服来穿。但是，长衫和马褂又都可以当作便服来穿，无论身份如何，高官也好，跑腿的伙计也罢，在经济条件允许的情况下，尽可以敞开来穿。

用作礼服的长袍多采用蓝色，大襟是右衽的，长及脚踝。袖子的长度和马褂是一样的，两侧的下摆处各开长衩。马褂一般是用黑色丝麻棉毛织品做成的，对襟，袖子窄窄的，下面一直到肚子上，前襟有五个纽扣。这只是作为礼服的长袍、马褂的大概模式，在那样一个年代，其中的变化当然不会少的。

至于用作便服的袍、褂就更是没有一个统一的规定了。可以随意地搭配，甚至可以用没有袖子的马甲代替马褂，也可以仅仅穿着长袍，外面不套马褂。

学生装是和西装同时流行的一种服装样式。其实它也是一种西装，只不过，它的形制比较简单。一般都不用翻领，只有一条窄而低的领子，穿着的时候用纽扣系紧，不需要打领带、领结等装饰物品。衣服的正面下方，左右各有一个暗袋，左侧胸前还有一个小袋。穿这种服装的人，自然而然就产生一种庄重、精神头很足的感觉。因此在广大的青年和学生当中非常流行。

中山装的形制是小翻领、四袋、五扣，是在学生装的基础上，创新而成的。中山装在直领上加一翻领，具备了硬领的功能，使得上衣看起来挺阔。中山装还装了四个明袋，给服装增加了均衡对称之感，很符合中国人的审美观点，所以看起来比三个明袋的学生装舒服多了。另外，中山装的四个明袋上还设计了有纽扣的软盖，不但增加了美感，还可防止袋内物品丢失。尤其是下面的两个明袋，设计得像“手风琴”一样能缩涨自如，足可以放进书、本之类的稍大一点的物品。在纽扣上，中山装的设计者也颇花费了心思，由七个改成五个，更方便穿用。

20 世纪 20 年代初，旗袍开始普及起来，样式和清代的旗袍没有多大的差别。从 20 年代末开始，旗袍不仅开始收腰，而且由于受欧美短裙流行潮流的影响，下摆线也到了膝盖以下，袖口也变小了，在色彩搭配上讲究淡雅和谐，滚边也不像以前那样宽阔。

也就是在这个时期，旗袍奠定了它在中国服装史上的重要地位，成为中国女人的身份证明。完美成熟、经典的旗袍都是在这个时期出现的，甚至到了让后世的旗袍无法跳出这种轮廓的地步。这个时候的旗袍，采用高立领、盘香纽、斜襟、高开衩，并且采用了缩胸和缩腰的技术，同时第一次出现肩缝和装袖，使旗袍更加适身合体，展露出女性玲珑突兀的优美体态。纱、绉、绸、缎、花呢、棉布等面料都可以应用。

当时有一种很流行的西式服装叫“番花”，它的样式狭窄、修长，裙子也没有刺绣的花纹。时髦的女子穿上这种衣服，再配上手表，椭圆形的蓝色眼镜，挎上精致的皮包，拿着绢质的雨伞，和一个外国的少女基本上没有什么两样了。

民　俗

天人合一——中国传统节日礼俗

中国的民俗文化源远流长。中国的先民早在远古时代就随着生产生活的需要约定俗成了许多美妙的节日，并形成了丰富多彩的节日民俗文化。在众多的民俗文化中，汉民族的民俗文化因为在浓厚的文化氛围中形成，因此更臻丰富，更具审美意味；而各少数民俗文化则有着独特的民族特色和朴实的风味。

春节与元旦：说“过年”

春节原名“元旦”，隋代的杜台卿在《五烛宝典》中说：“正月为端月，其一日为元日，亦云上日，亦云正朝，亦云元朔。”“元”就是“开始”，因为这一天按历法是一年的第一天、春季的第一天、正月的第一天，所以称为“三元”；也有的称“三朝”，因为这一天还是年之朝、月之朝、日之朝；又因为这一天是第一个朔日，所以又称“元朔”。宋代的吴自牧在《梦粱录》中说：“正月朔日，谓之‘元旦’。”《说文解字》上对“旦”字的解释为：“从日见一上，一，地也。”表示太阳刚刚从地平线上升起，就是早晨的意思。因为它表示一年的第一个早晨，正月的第一个早晨，所以称“元旦”。中国的元旦一般指农历的正月初一。

“春节”这一词，在古代还有不同的特指。汉朝时人们称二十四节气的“立春”为春节；南北朝时，人们把整个春季叫“春节”。

1949 年 9 月 27 日，中国人民政治协商会议第一届全体会议通过，使用世界上通用的公历纪元，把公历的元月一日定为元旦，为新年。因为农历正月初一一般都是在立春前后，因而把农历的正月初一定为春节。

在民间，传统意义上的春节是从腊八的腊祭或腊月二十三的祭灶一直到正月十五，其中以除夕和正月初一为高潮。

《吕氏春秋·季冬纪》记载，古人在新年的前一天，击鼓驱逐“疫疠之鬼”，这就是除夕节的由来。

除夕之夜民间有守岁的习俗。关于除夕守岁的最早记载是西晋周处的《风土志》。《风土志》上说，除夕之夜，彼此相与赠送，称曰“馈岁”；酒食相邀，称为“别岁”；长幼聚欢，祝颂完备，称曰“分岁”；大家终夜不眠以待天明，称曰“守岁”。古时守岁有两种含义：年长者守岁为“辞旧岁”，有珍惜光阴的意思；年轻人守岁，是为延长父母寿命。自汉代以来新旧年交替的时刻为夜半时分。

除夕夜最讲究灯明火旺。俗语道：“新年到，新年到，姑娘要花，小子要炮，老头戴顶新毡帽，灯明火旺最重要。”

在这样喜庆的日子里，人们又要贴对联、贴福字，还要放爆竹、放烟花。在饮食上，讲究吃饺子和吃年糕，取“年年高”的谐音以图吉利。在南方，人们多在年夜饭中有道全鱼菜，取“年年有余”之意。

除夕一过，新年的第一天开始拜年，人们辞旧迎新，相互表达美好的祝愿，小辈还可得到长辈的压岁钱。

在春节这一传统节日期间，中国的汉族和大多数少数民族都要举行各种活动来庆祝。这些活动以祭祀神佛、祭奠祖先、除旧布新、迎禧接福、祈求丰年为主要内容。活动丰富多彩，具有鲜明的民族特色。比如踩高跷、跑旱船、扭秧歌等，增添了节日的娱乐气氛。

闹元宵

元宵节又叫“灯节”、“上元节”，是中国民间隆重热闹的节日。

元宵节起源于汉朝，但在民间中传说不一。据史料记载，元宵节源于汉朝皇帝祭祀泰一神。司马迁建议汉武帝修改历法、创建“太初历”（太初元年即公元前104年）时，就把元宵节列为重大节日。《史记·乐书》载：“汉家常以正月上元祭祀太一甘泉，以昏时夜祭，至明而终”。“太一”又称“太乙”，是主宰一切的神。正月上元是朝廷的祭祀大典，全城张灯结彩，通宵达旦。《事物纪原》说：汉代西都长安城有执金吾负责宵禁，“晓暝传呼，以禁夜行”，唯有正月十五日夜晚，皇帝特许执金吾驰禁，前后各一日，允许士民踏月观灯。这就是元宵节时许多地方写有“金吾不禁”的由来。

汉武帝时，正月十五日祭祀泰一神，第一次把正月十五日称为“上元燃灯节”。到东汉时佛教传入中国，正月十五燃灯增加了节日的又一层意义。

由于统治者的提倡，自唐中期以后，上元灯会、元宵赛灯和看灯已成为元宵节的主要内容。唐玄宗在先天二年元宵节上，在长安安福门外做了20丈高的灯轮，以华丽的绢纱丝绸和名贵的金银珠宝装饰，在周围燃起5万盏灯，看上去像一棵开满灯花的树。在唐代，千姿百态的花灯品种繁多，而在灯光下的乐舞百戏更是一道景观。成千上万的宫女衣罗绮、穿锦绣、耀珠翠、施香粉，与民间少女一起在辉煌如昼的灯火下边歌边舞。唐代诗人张说在《十五日夜御前口号踏歌词》中，生动地描绘了唐朝元宵节观灯的空前盛况：“花萼楼前雨露新，长安城里太平人。龙衔火树千重焰，鸡踏莲花万岁春。”“帝宫三五戏春台，行雨流风莫妬来。西域灯轮千影树，东华金阙万重开。”

到了宋代，元宵节有了新的发展，唐的“上元前后各一日”的放灯时间，增至十八日，而且灯笼的制作比唐代更豪华。有名的要数无骨琉璃灯和用白玉制成的各种花灯，上绘山水人物、花卉翎毛等。这些灯设有机关或用热力推动，灯中所绘之图在灯的旋转中活动起来。宋朝流行一种灯景叫鳌山，是灯节中的主要景物。“山灯凡数千百种，极其新巧……百艺群工，竞呈技巧。”

由于宋朝的商业发达，在市面上还逐渐出现了“灯市”。到了明清元宵节灯更是精巧百出。《清嘉录》上历数花灯的品种：像人物，则有嫦娥奔月、西施采莲、刘海戏蟾、招财进宝之属；花果则有荷花、栀子、葡萄等；百族则有各种飞禽走兽；论奇巧有琉璃灯、万眼灯，等等，品目繁多，不胜枚举。在清代，与各种花灯相比，冰灯别有一番情趣。冰灯流行于北方较寒冷的地区，据说松花江沿岸的渔民在冬季凿冰捕鱼时，常用水桶冻一个“冰坨子”，中间的水放出点一盏灯，既可照明又可防风。随着满族入主中原，冰灯开始在中原出现。每逢正月十五日，人们制作出各种小冰灯，孩子们提着它互相媲美，许多城市还要举办冰灯游园会。

在中国，元宵节不仅是一个灯的节，人们还在元宵节期间吃元宵、猜灯谜，还要进行放歌、舞龙、耍狮、踩高跷、扭秧歌、跑旱船等丰富多彩的活动，因此人们习惯上将元宵节期间的一系列活动称为“闹元宵”。

迎春神：立春

中国以农立国，农业生产季节性很强。为了不误农时，立春这天，皇帝也要以身作则，举行耕田典礼。各地官府都要举行迎春大典，亲自鞭打春牛，表示春耕即将开始。民间还要举行迎春神、咬春、演春等庆祝活动。

立春的确定，要上溯到汉代以前。立春是二十四节气的第一个节气，所以古代也把它称作节气之首或“岁始”。迎春神早在三千多年前的周朝就有记载了，在立春之日，天子亲率三公、公卿、诸侯、大夫以迎春于东郊。迎春的队伍都是青年，举青旗，着青衣，吹着牛角号，唱着迎春的《青阳曲》，跳着迎春的云翘舞。在立春这天，官

唐代用来迎春用的陶春牛

府在城镇集市的广场上，用黄土塑一头象征耕种的春牛和一个农夫打扮的芒神。芒神就是传说中东夷首领少皞氏，或说是西方天帝的长子，名重，常持一大圆规，负责观察天象，编制节令，主管万物生机和植物繁茂。芒神和春牛的位置也是有讲究的。立春在腊月十五日前后，则芒神在前、春牛在后，表示当年的耕种要早些；立春时间在岁末年初，就把芒神和春牛并立安排，表示耕种适时，不早不晚；立春在正月十五前后，则芒神在后，春牛在前，表示这年的耕种应晚一些。

在中国谚语中，有“春打五九尾，家家吃白米；春打六九尾，家家买黄牛；春打六九头，麦稻必有收”的民谣。

立春这天，各地都有“咬春”的习俗，即吃生萝卜和春饼、春卷，此俗形成于唐朝以前。立春日早上，无论男女老幼都吃一块生萝卜，据说可以消食、止咳，不生牙病，还可避免春困。

“二月二，龙抬头”

“二月二，龙抬头”是民间的谚语，这里面包含着中国古代天文学的知识。

在中国古代，天文学家将日、月、五星行经的黄道带划分成二十八个天区，用以表示日、月、五星在天空中的位置，同时用二十八宿来判断季节，就是根据昏旦时在东方地平线上初现的星宿来判断季节。中国古代二十八宿分四个部分，称为“四象”，或“四神”。角、亢、氐、房、心、尾、箕七宿为东方苍龙；斗、牛、女、虚、危、室、壁七宿为北方玄武；奎、娄、胃、昂、毕、觜、参七宿为西方白虎；井、鬼、柳、星、张、翼、轸七宿为南方朱雀。其中东方苍龙的角宿为龙的角，亢宿为龙之颈，氐宿为龙之胸，房宿为龙之腹，心宿为龙之心，尾、箕二宿为龙的尾。二月二日这天，东方地平线上出现龙角星，整个东方苍龙还没完全显露，故称“龙抬头”。

龙在中国古代被视为威力最大的动物神，它可兴云布雨，滋生万物。在二月二这天的“龙抬头”更有新的意义。民间传说，在二月二这天，龙神要从沉睡中醒来，届时，人们要焚香祭祀龙神，祈求龙神按时兴云布雨，保佑国泰民安，五谷丰登。

二月二这天，人们不仅要祭龙神，据说因为还是土地神的生日，在中国各地还有在这一天祭拜土地神的习俗。

人们二月二都要剃头，称为剃龙头。据说在这一天剃头，可以使人健康，将来像龙一样飞黄腾达。

在民间，二月二与其他节日一样，也有许多饮食、习俗相随出现，比如大约在清朝时，北京、开封等地在二月二这天盛行吃面食。因为是龙抬头日，所以冠以龙的名目，吃的面是龙须面，烙饼叫龙鳞，饺子称龙牙等。在其他地区也有各种节日性的饮食出现，比如天津二月二吃焖子，南方有些地区要吃煎年糕，称为“年腰糕”等。

清明节

清明是农历三月的一个节气。因这天正值暮春，天气明朗、空气明净，故名清明。在中国，节气与节日在同一天的只有清明节。

在清明节前的一两天，还有一个节日叫寒食节。寒食节的起源有多种说法，但流传最普遍的说法是为纪念春秋时代晋国的贤臣介子推。

介子推是跟随晋公子重耳逃亡的臣子，在颠沛流离的流亡路上，他们迷了路，重耳饿得头晕眼花，想到自己若饿死，只怕将来晋国百姓受苦。介子推感其爱民，将自己大腿上的肉割下来，烤熟给重耳充饥。19 年后重耳即位，封赏当年伴他流亡的人，唯独忘了介子推，后经人提醒，重耳十分内疚。这时介子推已携老母隐居山中，晋文公在大臣的建议下烧山三面，留一面以期介子推从山中走出。可是当大火熄灭后，他发现介子推已被烧死。晋文公十分懊悔，下令礼葬介子推，并把介子推隐居的绵山封给他，改名为“介山”。另外他还规定了介子推被烧死的这天要禁火，吃寒食，以示对介子推的怀念。

因寒食节的时间与清明节相近，大约从唐朝开始，人们逐渐把寒食节与清明节合为一节了。

最早的寒食节食品是“饧大麦粥”，做法是先将大麦磨成麦浆，煮熟，再将捣碎的杏仁拌入，冷凝后切成块状，食时浇上糖稀即可。其余还有枣糕、干粥和馓子等。

寒食节禁火寒食的风俗在中国大部分地区已不流传。

寒食节一过，紧接着是清明节，此时人们到郊外游玩，谓之踏青。按传统习俗，清明节的主要活动是扫墓祭祖、凭吊先人。同时在这一节气农事活动就要开始进行了，谚云：“清明到，农夫跳……清明前后，种瓜点豆。”在清明节，人们还放风筝，有的地方在这一天还要摘柳条佩带，表示吉利。

端午节

端午是中国夏季最重要的节日，它的起源有不同的说法。在古代因午与五同音，故端午又称“端五”、“香五”。古人在这天以兰草汤沐浴，又称浴兰节。道教则称此日为“地腊节”。明清时的北京人又称端午节为“女儿节”、“五月节”。

五月五日在中国古代被认为是“恶月”、“恶日”，所以过端午节有驱疫逐邪的巫术因素。许多人认为端午节是为了纪念屈原的，实际上这是后人附会于端午节的一则优美传说。巫术活动是端午节的最初起因。《风俗通》中说，汉代五月五日用青、赤、黄、白、黑五种丝线合成细素，系于臂上，以驱瘟病，除邪止恶。《后汉书·礼仪志》上说，汉代五月五日“以朱索五色为门户饰，以止恶气”。“天中五端”的蒲剑、艾虎、梅花、蒜头、龙船花，皆是药用植物，艾虎可治疾除病，悬于门户可禳毒气，龙船花的根、皮可驱虫。此外端午节还有饮雄黄酒的风俗，也是为驱除病疫。

中秋节

农历八月十五日是中国传统节日中以庆贺为主的节日，时在农历秋季的孟、仲、季三个月之中的月半，故得名为中秋节。

中秋节早在《周礼》中就有记载，每逢中秋，夜晚要举行迎寒和祭月活动。汉代已有中秋节的雏形，不过中秋节是在立秋的那天。晋时有中秋赏月之举，不过还未形成风俗。唐初时，八月初一是节日。到唐明皇时，传说有一个名叫叶法善的道士，在八月十五做法，让唐明皇夜游月宫。自此以后，登台观月、泛舟赏月、饮酒对月等活动就时兴起来了。民间就把八月十五日作为中秋节。

中秋节吃月饼据传也是源于唐明皇。唐明皇游月宫后，每年中秋与杨贵妃赏月。赏月时，一边品尝形如秋月的甜饼，一面欣赏歌舞，这大概是月饼的起源吧。宋代，月饼成为人们喜爱吃的食品，苏东坡有诗描写道：“小饼如嚼月，中有酥和饴。”南宋时，月饼开始在饮食市场上出现。当时的月饼还是一种蒸食品，还没有与中秋有多大联系。到了明代，赏月活动盛行不变，而且祭月习俗也很盛行。祭月供品除点灯外，还有团圆月饼。在当时的北京城，市面上已出现了以果作馅的月饼，百姓这天也制成各色月饼互相赠送，取其团圆和吉庆祝愿之意。在山西一些地方，还有全家围坐分食团圆月饼的习俗。到了清代，中秋之夜已是十分隆重了。中秋节人们互相送礼，礼品多为月饼、糍粑、酒等，家家摆上酒宴，装饰中秋佳节。

中秋宴席各地也有异，安徽等地必食塘鱼，江苏一带食烤鸭或盐水鸭，湖南民间说这天是芋头生日，蒸一盆“粉蒸芋头肉”作为宴席上的丰盛佳肴。

重阳节

重阳节又称“重九节”、“茱萸节”。据史料记载，重阳节的起源，最早可追溯到汉朝初期，当时皇宫中就在每年的九月九日饮菊花酒，吃“蓬饵”，戴茱萸，以求长寿。到汉朝末年，这一习俗在民间流行了。后来到魏晋南北朝，重阳登高、赋诗赏景成为当时的雅事。

重阳节登高饮菊花酒的习俗，到了唐代开始盛行。菊花不仅形态美丽，而且有一种傲然性格和刚强气质，令文人大夫礼赞，由之，重阳赏菊成为古代的习俗。

此外，有关重阳的谚语也很多，如“重阳无雨一冬干”，“三月三、九月九，无事莫到江边走”等。

腊八节

“腊”是古代的一种祭礼，即一年辛勤耕作，喜获丰收，至年底举行的一种对自然界风调雨顺的答谢祭。在中国古代，先民多在十二月腊祭先祖百神，所以十二月称腊月。后来这个腊祭的日子就选定在每年的十二月初八，即称腊八。到了南北朝时代，腊八就成为祭祀节日了。

腊八节主要是供献天帝、祭祀神灵、祭奠祖先、祭鬼禳灾等，后来又增加了“赤豆打鬼”和吃“腊八粥”等食俗。

腊八节的规定可能与当时佛教的传播和信仰有关。相传农历十二月初八是佛祖释迦牟尼成道的日子，称“佛成道节”。佛在成道前曾苦行六年，每日仅食一麻一米，后来一牧羊女供给饭食，佛在菩提树下成道。后来各大佛寺在腊八时做粥馈赠四方善男信女。传到民间，平民百姓也加以效法，用各色杂粮做腊八粥，并逐渐成为习俗。

另外，中国民间“赤豆打鬼”的传说讲的是共工的儿子死后变成了撒播瘟疫的鬼，这个鬼天不怕地不怕，单怕赤豆，故有“腊八赤豆打鬼”之说。腊八粥多以豆煮就与此有关。

今天的腊八节，人们仍喜欢吃腊八粥，多用黄米、江米、小米以及各种豆类、杏仁、瓜子、花生、松子等熬成，乃至出现了“八宝粥”这样的风味名吃。

“过小年”

民间称腊月二十三为小年，当天晚上称“小年夜”。小年意味一年的结束，从这一天起，人们开始准备迎接新一年的到来。

在这一天民间有祭灶、扫尘、采办年货的习俗。祭灶是民间古老的习俗，它的起源可能和古人对火的崇拜有关。《淮南子·汜论训》载：“炎帝作火，死而为灶。”《礼记·礼器》孔颖达疏：“颛顼氏有子曰黎，祀以为灶神。”旧时，灶神每家必供，它同门神、井神、厕神、中霤神一起成为五位家堂神，职责是保护家宅安宁，不使闲神野鬼骚扰，称为“五祀”。每到腊月二十四日，灶君上天朝玉帝，前一天晚上，人们就在锅台边摆上糖果、黏糕等供品，贴上“上天言好事，下界保平安”的对联，焚香膜拜。据说灶王到二十三日就准备启程上天汇报述职，人们唯恐他说人间坏话，就用糖瓜、黏糖把他的嘴黏住，以免引起灾祸。到宋代供品还增加了酒以灌醉灶王，使他告不了状。明清以来，祭灶习俗更盛。

“扫尘”，北方称扫房，南方称“掸尘”。北方以腊月二十三为小年，南方则以腊月二十四为小年。扫尘的习俗源于尧舜时代的“扫年”这种古代先民驱除病疫的一种宗教仪式。到唐代，扫年之风盛行，那也是祈新岁平安的表示，以后才发展成扫尘节。由于是迎接新的一年，又有清洁卫生、除疫灭病的良好习俗，便流传至今而不衰。人们从扫尘日开始一直到除夕，都是忙于操办年货，打扫环境和室内卫生，扫尘布新，迎接新春佳节。民谚：“二十四，扫房子；二十五，磨豆腐；二十六，宰猪肉；二十七，洗疚疾；二十八，贴窗花；二十九，去打酒；年三十，贴对子。”这些正是小年民俗的生动写照。